Spanish for Mastery
Bienvenidos

Jean-Paul Valette

Rebecca M. Valette

Contributing Writer
Frederick Suárez Richard

Editor-Consultants
Teresa Carrera Hanley
Clara Inés Olaya

TEACHER'S EDITION

 D. C. HEATH AND COMPANY
Lexington, Massachusetts   Toronto

CONSULTANTS
Kenneth Chastain, University of Virginia
Alicia G. Andreu, Middlebury College
Susan Crichton, Lynnefield H.S., Massachusetts
Karen Davis, McLean Middle School, Texas
Elena Marsh, Columbine H.S., Colorado
Judith Morrow, Bloomington H.S. South, Indiana
Delores Rodriguez, San Jose Unified School Dist., California

The authors wish to thank Sheila Irvine, Gene Kupferschmid, Cathy Linder-Marczyk, Elba E. López, Ana María Migliassi, and Argentina Palacios for their assistance in the course of the project. The authors would also like to express their appreciation to Roger Coulombe, Victoria Devlin, Pamela Evans, and Josephine McGrath of D.C. Heath and Company.

Introduction

The Teacher's Edition for BIENVENIDOS is an enlarged version of the Student Text. The front matter consists of four parts: a description of the characteristics and organization of the BIENVENIDOS program; suggestions about how to use the various components of the program; hints on how to supplement the basic materials; and a Reference Guide containing useful classroom expressions and a detailed listing of the contents of the program.

In the textbook itself, an overprint of small, blue type provides teachers with several kinds of information:

- Chapter summaries of the main grammatical objectives
- Supplementary questions (on presentation material, cultural notes, photographs and illustrations)
- Supplementary grammatical information
- Supplementary cultural information
- Supplementary vocabulary
- Suggestions for expanding and modifying exercises
- Suggested realia to enliven the presentation of culture
- Suggested optional activities
- Responses to all comprehension and *Observaciones* questions, and to quizzes and puzzles
- Material designated as optional

It is important to note here that the term "optional" does not mean that the material should be left out. It simply designates material which can be adapted or omitted according to the specific objectives of the class, and/or which can be assigned as supplementary material for the better student, or for the student who has a particular interest in the topic.

The following symbol is used in the overprint to designate material recorded on the Tape Program: ▭ .

The key **Est. A, B, C or D** is used to cross-reference the *Observaciones* to the *Estructura* section(s) to which they correspond.

Contents

Part One:

Description of BIENVENIDOS

1. General Characteristics of the Program

BIENVENIDOS/DÍA A DÍA is a two-volume edition of SPANISH FOR MASTERY 1. Units 1-5 of SPANISH FOR MASTERY 1 comprise the text for BIENVENIDOS. Units 6-10, and a new opening unit which systematically reviews the material presented in BIENVENIDOS, comprise the text for DÍA A DÍA. This division of SPANISH FOR MASTERY 1 allows for greater flexibility when using the program at the junior high school level or with slower learners.

The BIENVENIDOS program includes three components: the Student Text, the Teacher's Edition and the Workbook, the last of which is optional. The Tape Program, Tape Activity Masters, Tapescript, and Testing Program of SPANISH FOR MASTERY 1 are also adaptable for use with this program.

1.1 Objectives and Philosophy

The basic objective of BIENVENIDOS is twofold:

— To help each student attain an acceptable degree of proficiency in the four skills of listening, speaking, reading, and writing within a minimum period of time and with a minimum of effort

— To present the language within the context of the contemporary Spanish-speaking world and its culture

In order to attain this goal, the authors and contributing writers have adopted a pragmatic approach and have purposely avoided relying on any single linguistic theory of language learning. Their guiding principle has been that the material in itself should elicit a high level of student participation in the learning process. To this end, they have evaluated a variety of pedagogical techniques and have selected those which have given the best results both within and outside the formal classroom. This interweaving and integration of techniques is at the heart of BIENVENIDOS. Teachers can adapt the program to their own teaching styles and to the needs of their own students.

1.2 Key Features

1.2.1 Broad cultural focus. In BIENVENIDOS, language is presented in conjunction with the culture of the Spanish-speaking world. The cultural material is contained in

— the *Nota cultural* section of the lessons

— the three *Vistas*, which are separate, full-color illustrated sections of the text

1

— the ***Rincón cultural*** sections of the Workbook

From the start, students are made aware of the geographic and cultural variety of the Spanish-speaking world, from South America to the Caribbean, from Mexico and Central America to Europe. A secondary but no less important goal is to have the students realize that the Hispanic culture in their own country is a reality which directly affects their lives in many ways. For many students this awareness will open a new dimension in their studies and stimulate their interest in learning.

1.2.2 Accent on youth. An effective way of involving students in the learning of a foreign language is to make communication in the new language relevant to their own lives and subculture. The majority of the activities in this program have a youth-related theme (e.g., hobbies, travel, schoolwork, dating, choice of career, relationships with parents, and attitudes towards love, friendship, money, success, and failure).

1.2.3 Adaptability of the program. BIENVENIDOS can be used in a variety of teaching situations:

— Large or small classes

— Slow or fast tracks

— Audio-lingual or traditional classes

It is also adaptable to small-group teaching and lends itself to individualized and self-paced instruction. Part Two of this manual will suggest the various approaches available to the teacher.

1.2.4 Several approaches to grammar. Because there is no one way of teaching a foreign language, BIENVENIDOS incorporates several classroom-proven approaches to the presentation of Spanish structures:

• *Guided discovery approach.* The new structures in each lesson are presented in key sentences in the presentation itself. Then, in the ***Conversación/Observación*** section, the students are asked a limited number of short questions which pertain to the new structures. These questions are so phrased as to induce the learners to formulate their own generalizations about the new material.

• *Descriptive approach.* In the ***Estructura*** sections, the new structures are explained in English, and, where appropriate, are presented graphically, with additional examples and related exercises. These sections also serve as a grammar reference manual.

• *Modified contrastive approach.* When appropriate, new structures are compared and contrasted with previously learned Spanish structures or with English equivalents. Areas of potential interference between Spanish and English are mentioned explicitly.

• *Analytic-synthetic approach.* More complex points of grammar are introduced across two or more lessons in minimal learning steps. Finally the entire pattern is summarized in a table (e.g., the presentation of possessive adjectives, Unit 5).

1.2.5 Variety in the learning material. Variety in presentation as well as in the content of the material is an essential element in fostering and maintaining student interest. Throughout BIENVENIDOS this feature has been given particular attention. For instance, instead of relying exclusively on dialogs, the lessons are built around narratives, interviews, questionnaires, and cartoon series. Similarly, the exercises encompass a wide variety of formats: role-playing activities, *Preguntas personales*, sentence-building exercises, etc.

1.2.6 Focus on communication. To elicit the students' active participation in the learning process, all exercises of BIENVENIDOS, including those of the Tape Program, and the Workbook, are set in situational contexts. The situations are sometimes practical (planning a trip, answering an ad in the newspaper, selecting dishes from a menu) and sometimes humorous (being late for a date, playing the roles of an angel and devil). The purpose of these contextual exercises is to induce the students to use Spanish for communication and self-expression rather than as a rote response to artificial drill stimuli. One result of this approach is extra emphasis on the yo and tú forms, as students communicate with one another.

1.2.7 Flexibility and efficiency in developing language skills. The language is presented and practiced through all four language skills. However, if the teacher wishes to focus on only one or two skills, the components of the program emphasizing these skills can be stressed. For instance, if speaking is to be highlighted, the teacher can stress the communication activities of the program (*Preguntas personales*, the *Diálogo* exercises and the *Entre nostros* sections of the Student Text and the *Speaking* activities of the Tape Program), and use the *Rincón cultural* sections of the Workbook to promote conversation.

Each skill is developed in its several aspects. For instance, the basic reading component, *Variedades*, is not limited to the presentation of several types of reading material. Its varied formats are followed by an *El arte de la lectura* segment. This specialized section offers many suggestions for building reading skills (e.g., identification of cognates, logical derivations of the meanings of new words from their components). Similar breadth of development characterizes the listening activities of the Tape Program, which involve active listening to recorded material from the Student Text, selective listening for grammatical signals (verb tenses, forms of determiners, singular and plural markers), and general listening comprehension of unfamiliar passages.

1.2.8 Logical organization. The learning pace is carefully and coherently programmed through a concise, measured grammatical progression. The presentation of the simpler and more frequently used structures precedes that of the more complex and less common ones. Each lesson in BIENVENIDOS concentrates on two to four aspects of grammar and limited new vocabulary. The introductory presentation of the lesson incorporates the new material into the context of previously mastered patterns and structures. Any new vocabulary or major new structures are side-glossed before actually being taught.

1.2.9 Systematic reentry of grammar and vocabulary. Most active vocabulary is formally introduced in the *Vocabulario especializado* sections of the text. All *Expresiones* sections as well as vocabulary in the *Estructura* notes are also considered "active." As the program progresses, the structures and vocabulary items are reentered in the exercises. Suggestions for reviewing the structures and vocabulary are made in the overprint if the mastery of these elements is a requisite for learning the new material of the lesson. A distinction is made between active vocabulary (over which the student should have control in communicative situations), which appears in the aforementioned sections, and passive vocabulary (for recognition only), which is glossed. Active vocabulary is listed by unit on ditto masters.

All basic aspects of grammar and vocabulary are incorporated in the *Test/Repaso* that concludes each chapter of the Workbook. These tests can be used informally for review if desired.

DÍA A DÍA opens with a systematic review, in new contexts, of all important material presented in BIENVENIDOS. Because of this articulation between the two levels, second-year students who have not completed BIENVENIDOS or who have used other material, can confidently begin the school year with the material in DÍA A DÍA.

1.2.10 Emphasis on Spanish. BIENVENIDOS has been written so that Spanish can be used almost exclusively. Thus, Spanish names (see page xi) and classroom expressions (see Reference Guide, section 7.1) should be introduced from the beginning.

1.2.11 Naturalness of the language. Language presented to beginning students must be simple, yet it must also be natural and idiomatic. The apparent conflict between simplicity and authenticity is lessened in BIENVENIDOS by the addition of *Expresiones para la conversación*. In this section, the students learn authentic, common expressions through dialog. Expressions introduced in this way (e.g., ¡Mira!, ¡Oye!) are then reentered in the presentation material of subsequent lessons.

1.2.12 Careful vocabulary choice. The concern for simplicity and authenticity is also reflected in the choice of vocabulary. In instances in which Spanish speakers from different areas have different words for an object or concept, BIENVENIDOS has chosen the word which consultants felt would be most appropriate for American secondary school students. The existence of variants, however, is pointed out in the readings. For instance, the word **autobús** is used throughout the text, but variants such as **omnibus** and **guagua** are mentioned in a *Variedades* section.

The *Pronunciación* sections reflect Latin American rather than Castilian pronunciation, though variants are given in the teacher's overprint.

2. Organization of BIENVENIDOS

The following pages describe BIENVENIDOS; the DÍA A DÍA program has a similar organization with some slight modifications, as indicated in the Teacher's Edition of that text. Included here is a description of the Tape Program, the Tape Activity Masters and the Testing Program. These components were originally designed to supplement the Student Text of SPANISH FOR MASTERY 1. However, they can also be successfully used with the BIENVENIDOS/DÍA A DÍA texts. Units 1-5 of the components correspond to the material in BIENVENIDOS. Units 6-10 of the components correspond to the material in DÍA A DÍA.

2.1 The Student Text

The Student Text contains five basic units and three illustrated culture sections. The book concludes with appendices, a complete Spanish-English vocabulary, and an active English-Spanish vocabulary.

2.1.1 Organization of a unit.
Each unit is built around a particular theme (such as friends or family life) and has a main grammatical focus (such as object pronouns or adjectives). It is divided into four basic lessons which present the new structures and vocabulary of the unit, and ends with the reading section *Variedades*.

Unit organization	
Lesson 1	Presentation of new material (structure and vocabulary)
Lesson 2	
Lesson 3	
Lesson 4	
Variedades	Reading practice

2.1.2 Organization of a basic lesson. Each basic lesson consists of three parts: the presentation material, the instruction material, and the recombination material. The diagram shows the construction of a typical lesson.

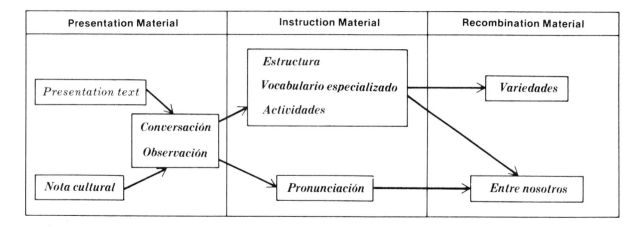

• *The Presentation Material.* The function of the *Presentation text* is to introduce, in context, samples of the basic structures and vocabulary taught in the lesson. The context may assume a variety of formats:

—A dialog (¿Qué tiempo hace? - Lesson 1.6)

—A narrative (Olivia Ortiz, puertorriqueña de Nueva York - Lesson 5.1)

—A personality or psychological questionnaire (¿Eres servicial? - Lesson 5.4)

—A series of humorous cartoons (El edificio de apartamentos - Lesson 5.3)

—Correspondence (Un club internacional – Lesson 3.4)

The presentation material is built on previously learned material plus the new structures and vocabulary of the lesson. Words unfamiliar to the students are glossed and are usually part of the *Vocabulario especializado.*

The *Nota cultural* elucidates and develops cultural references made in the *Presentation text.* (E.g., in Lesson 1.4, after a dialog about being late for a date, the *Nota cultural* explains Hispanic attitudes towards time.)

The *Conversación/Observación* section provides the link between the presentation material and the instruction material. Through the *Observación* questions, the students are able to generalize about the new grammatical material of the lesson.

• *The Instruction Material.* In the *Estructura* section, new grammar is explained in a simple, clear, and schematic manner. Immediately after the grammar explanations the rules are applied in situational exercises, question and answer drills, and conversation activities.

The exercises assume a variety of formats:

— Situational activities, which are simple transformational drills

— *Diálogos*, which are activities that two or more students act out, often requiring a personal yes/no answer

— *Preguntas personales*, which are yes/no and open-ended questions about the student's life, incorporating the new grammatical structures of the lesson while reviewing previously learned structures

With the exception of the *Diálogos*, all of the above activities can be done either orally or in writing.

In the *Vocabulario especializado*, vocabulary items are grouped thematically (animals, family, transportation, etc.) for ease in assimilation. Wherever possible the items are presented in a pictorial or sentence context.

The *Pronunciación* sections, which are also recorded in the Tape Program, introduce new sounds, intonation patterns, and points of spelling. As the course progresses, specific elements are reentered for practice or additional elucidation. Only when absolutely necessary are certain sounds transcribed in the International Phonetic Alphabet.

In Unit 5, the lessons contain an amusingly illustrated Spanish proverb or saying (*Refrán*) based on a vocabulary or structural item of the lesson.

• *The Recombination Material.* The *Entre nosotros* sections reinforce the new material of the lesson. These sections contain *Mini-diálogos* that help the students to further develop conversation skills through dramatization and directed dialog. In addition, a sub-section, *Expresiones,* helps to improve the students' fluency and to make speaking Spanish fun.

2.1.3 *Variedades.* Reading skills are formally developed in the final section of each unit, the *Variedades*. The section begins with a reading passage in the form of a narrative, a guessing game, a culture capsule, or a personality quiz, in which the new material presented in the unit is recombined.

The second part of this section is called *El arte de la lectura.* Its purpose is to expand the students' ability to read for meaning by focusing their attention on specific elements (such as how to recognize cognates and utilize their increasing knowledge of suffixes and word families).

2.1.4 *Vista.* The purpose of the three illustrated *Vista* sections is twofold:

— To show the breadth of the Spanish-speaking world — both within the United States, in order to encourage the students to learn their "second national language," and without, in order to appreciate the culture belonging to the people who speak it from birth

— To focus on the world of Hispanic young people and their particular concerns

CONTENTS	
Vista 1	El mundo hispánico
Vista 2	El mundo de los estudios
Vista 3	El mundo de los deportes

Since the *Vistas* are entirely in Spanish, they provide additional practice in reading skills. The format is that of a colorful youth magazine, with short, lively "spots" that can be easily comprehended as separate "articles" or as a whole. The various photographs, realia, and illustrations can provide points of departure for conversational activities. Each *Vista* is followed by its *Actividades*, a simple game section.

2.1.5 End matter. The end matter contains the following elements:

— Appendices:
  Appendix 1 — Numbers
  Appendix 2 — Verb charts
— Spanish-English Vocabulary
  This vocabulary lists all the words in the text, including most cognates, except for specialty words glossed in the *Vistas* and *Notas culturales*.
— English-Spanish Vocabulary
  This vocabulary lists only the active words and expressions (those found in the *Vocabulario especializado, Expresiones,* and *Estructura* sections).

2.2 The Workbook

The Workbook supplements the Student Text and has been adapted from the Workbook of SPANISH FOR MASTERY 1. In addition to providing written exercises to accompany the basic instructional material of the Student Text, each unit of the Workbook contains a *Test/Repaso*, an illustrated cultural section, *Rincón cultural*, and a game section.

2.2.1 Written exercises. For each basic lesson of the Student Text, the Workbook contains two to four pages of written exercises in situational contexts. These are always printed on the front and back of a single sheet of paper so that they can be easily removed and handed in to the teacher if desired.

To avoid monotony and to stimulate the students' interest, all basic exercises are set in a situational and/or game context. Most exercises require thoughtful rather than mechanical answers; many are based on visual cues.

2.2.2 Test/Repaso. Each unit closes with a *Test/Repaso* consisting of a series of situational review exercises. The students take these tests individually and check their responses against the Answer Key at the back of the Workbook. The Answer Key contains a diagnostic section to help the students interpret their results. It refers them back to sections of the unit for additional study and review.

The *Test/Repaso* sections have been purposely designed to be relatively simple, in order to give the majority of the students a feeling of achievement. They prepare the students for the corresponding unit tests in the Testing Program.

2.2.3 Rincón cultural. Each Workbook unit ends with a section titled *Rincón cultural.* This section contains realia, games, and exercises. The realia reinforces the cultural themes developed in the unit. For Unit 5, for instance, which focuses on Hispanic families, the realia consist of wedding and birth announcements. The activities are based on the realia. In Unit 5, these activities include filling out a birth announcement and determining relationships among a wedding party.

The Answer Key at the end of the Workbook enables students to correct their own work. The teacher may prefer to remove the key and provide the answers to the appropriate exercises only after students have completed them.

2.3 The Tape Program for SPANISH FOR MASTERY 1

2.3.1 General Description. The Tape Program is designed to supplement the Student Text, providing additional practice in the development of audiolingual skills. It is available on either dual track 5-inch reels or cassettes. For each lesson, the Tape Program runs approximately 25 minutes. All activities included in the Tape Program are printed in the Tapescript.

2.3.2 Types of tape activities. The tape for each lesson contains a variety of activities. These are introduced in English so that all students may work independently with the Tape Program. The activities are of the following types:

• *Listening.* The students listen to an unpaused, dramatized reading of the Student Text *Presentation,* *Entre nosotros* dialog, and *Nota cultural.*

• *Listening and Repeating.* (1) The speaker models words or sentences from the *Pronunciación* sections of the Student Text. The students repeat the words and expressions in the pauses provided. (2) The speaker models words from the vocabulary, verb, and selected grammar charts. When the chart contains both a word and a sentence in which the word is used, the students will repeat the word and listen to the sentence.

• *Listening for Signals.* The students hear a series of sentences and are asked to discriminate among sounds which signal grammatical information: they will learn to distinguish between singular/plural, masculine/feminine, past/present, etc. Students may mark their responses either on the grid provided in the Tape Activity Masters or on a separate sheet of paper. Each sentence is read only once. Models are provided for most exercises. When unfamiliar words are used in the sentences, full comprehension is not essential to the successful completion of the exercise. At the end of the activity, the speaker gives the correct answers.

• *Understanding Vocabulary.* The students indicate whether they understand specific words or expressions heard on the tape. Exercises of this type are used mainly to practice numbers and expressions of time and weather.

• *Listening Comprehension with Visual Cues.* The students see a diagram or illustration and hear several statements pertaining to it. They are asked either to indicate whether these statements are true or false, to match statements, or to locate specific items. For example, students examine detailed portraits, listen to a corresponding number of self-descriptions, and decide which descriptions match which portraits.

• *Listening Comprehension Dialogs.* The students hear an original passage or dialog based on the Presentation material of the lesson. This is followed by two or three questions which are either true/false, completion, or short-answer types. The students answer these on the grids in the Tape Activity Masters. After the passage has been read a second time, the speaker gives the correct answers to the questions.

• *Speaking.* (1) Directed activities: The student participates in situation drills similar, but not identical, to the exercises in the Student Text. These provide variety in oral practice while helping to develop listening comprehension skills. In these activities, the cues are followed by a pause for the student response, and then a confirmation of the appropriate response is given by the speaker on the tape. (2) Open-ended activities: the speaker asks the students personal questions that incorporate the structures and vocabulary introduced in the lesson. Because the students give original answers, no corrective response is given on tape.

• *Spot Dictation.* The students see a short passage with certain words deleted. They must fill in the words while listening to the speaker read the entire passage. The passages are read twice.

• *Spanish songs.* Each unit features a different, traditional Spanish song. The melody serves as a recurrent theme that is heard at the start of the tape and at brief intervals between selected activities. At the end of each unit, the entire song is sung along with the melody by a Spanish speaker. Music and lyrics for student participation are printed in the Tape Activity Masters.

2.4 The Tape Activity Masters for SPANISH FOR MASTERY 1

The Tape Activity Masters are supplementary ditto masters containing the following components:

— The visual cues and answer grids for the *Listening for Signals* and *Listening Comprehension* activities of the Tape Program

— The dictation fill-ins and other written response activities

In addition, the Masters include lists of Useful Expressions (see TE section 7), unit-by-unit active vocabulary review sheets, a transcription of the songs on tape, and puzzle grids for the *Actividades* section of the *Vistas* in the Student Text.

2.5 The Testing Program for SPANISH FOR MASTERY 1

The Testing Program offers two types of tests: ten *Unit Tests* and five *Achievement Tests*. The printed portions of the tests are available on duplicating masters, and the recorded portions on cassettes. A Test Guide accompanies the Testing Program.

2.5.1 Unit Tests. The *Unit Tests* provide oral and written evaluation of the students' mastery of the structures and active vocabulary of the unit. Student record sheets (on duplicating masters) permit the teacher to keep track of each student's progress.

The exercises are presented in a variety of formats which include fill-ins, short answers, multiple-choice, two-choice, statement completion, and full answers. The exercises are based on visuals, tape, or printed word cues, to allow for all possible learning styles.

2.5.2 Achievement Tests. The *Achievement Tests* may be administered upon completion of Units 2 and 4 of BIENVENIDOS and Units 6, 8, and 10 of DÍA A DÍA. They consist of four sections: Listening, Writing and Structure, and Vocabulary and Culture. The items in the *Achievement Tests* focus on the essential content of the two preceding units, and also evaluate communication skills. Students are asked to use Spanish in practical situations, such as listening for specific information (a phone message, the time a movie is showing); in creative situations, such as deciding which of two expressions most logically completes a thought or sentence; and in cultural contexts.

Part Two:

Using BIENVENIDOS

3. Suggested Techniques

A basic characteristic of the BIENVENIDOS program is its flexibility. The classroom teacher can easily adapt the textbook and its related components to the needs and learning styles of the students. Each unit of BIENVENIDOS contains more activities than can be completed by the average class. The teacher should therefore select those that are most appropriate for specific classes and specific individuals. The purpose of this section is to help the teacher make these choices by showing how each of the components may be used. The suggestions are not exhaustive, but they form a base upon which the teacher may wish to build.

3.1 The First Day of Class

On the first day of class, the students should be made aware that Spanish is a very special foreign language. In fact, it is not a foreign language at all, since it is spoken by some 13 million American citizens. Spanish is indeed the second language of this country.

You may spend ten minutes of the first class (or even the whole hour) expanding on this point. The facts to use will vary according to the school's geographical location (i.e., whether it is located in or near a Spanish-speaking community, in a region rich in Spanish geographical names, etc.). You may want to emphasize these areas:

- *History.* You may point out that Spain had explored most of the South and Southwest before the Pilgrims landed in 1620. (Check encyclopedias and American History textbooks for information about Spaniards who influenced American history.)
- *Geography.* You may point out some of the many names of Spanish origin on a U.S. map:
  — States: Florida, Nevada, Texas, Montana, etc.
  — Cities: Los Angeles, San Antonio, San Jose, Amarillo, etc.
  — Rivers: Rio Grande, Colorado, etc.
- *Human environment.* You may bring realia to class that emphasizes the presence and importance of the Hispanic community in the U.S., such as
  — hispanic newspapers and magazines published in this country

— books and materials used in bilingual schools

— ads for Hispanic shops and/or products

— menus from Hispanic restaurants

Another important fact to emphasize from the beginning is the linguistic relationship between Spanish and English:

— You may ask students to identify the many Spanish-derived words used in English, such as *patio/poncho/tornado/mosquito/chocolate/fiesta.*

— You may show the students a very simple text containing a lot of cognates (such as a Spanish ad for an American product) and ask them to pick out the words they understand. Finally, you may end the class by showing that Spanish is also an international (and therefore useful) language by pointing out on a world map the various countries where it is spoken.

3.2 Teaching Unit 1

Learning a new language is an exciting experience, but it can also be frustrating, since the students are exposed to a new medium which they do not fully comprehend. Consequently, it is important that they feel comfortable with the material they are asked to handle. Unit 1 is a special unit that has been designed to meet this objective in the following ways:

— It is youth-oriented.

— It contains simple cultural material to which the students can easily relate.

— It is the only unit of the book in which the presentation texts are translated.

— It contains six shorter rather than four longer lessons.

— It does not contain any formal grammatical presentation.

Above all, it contains material which students not only learn easily, but are looking forward to learning, namely:

how to say their names	(Lesson 1)
how to greet others	(Lesson 2)
how to count	(Lesson 3)
how to tell time	(Lesson 4)
how to give the date	(Lesson 5)
how to speak about the weather	(Lesson 6)

Because Unit 1 presents no formal grammatical structures, you may decide either (1) to teach the lessons in the order in which they are presented (this is suggested if you begin Spanish in the seventh or eighth grade) or (2) to teach only the elements that you consider to be essential and intersperse the other elements in the course of the program as you see fit (you may prefer this if you begin Spanish in the ninth or tenth grade). The first unit teaches vocabulary only, and some teachers may wish to begin teaching grammar as soon as possible.

3.3 Teaching the Basic Lessons

Although the basic lessons of each unit follow the same general pattern and contain the same type of material, the manner of presentation varies from lesson to lesson.

3.3.1 Using the Presentation text. The *Presentation* is not intended for memorization, but rather for initial exposure to the basic structures of the lesson and as a point of departure for other activities. This material is available as an unpaused, dramatized recording in the Tape Program, and can be used in the following ways:

• *With the books open.* The students should first look at the illustrations, which enhance comprehension. Then, while the tape (or teacher) models the new sentences in the *Presentation*, the students can read along in the book. This can be done in the early part of instruction and with students who experience difficulty understanding.

• *With the books closed.* To develop listening comprehension, the students may be asked to keep their books closed while the tape is played for the first time. They are told that they will not understand everything, but should simply try to get the gist of what is being said. The tape is then played again and stopped whenever students indicate there is something they do not understand. The tape may also be stopped from time to time to permit the teacher to ask questions about the content.

Comprehension of the *Presentation text* is reinforced by many activities whose formats depend on the nature of the text itself:

• *Dialog.* The students and/or the teacher can play the roles.

• *Cartoon series.* The students and/or the teacher can act out some of the drawings.

• *Personality questionnaires.* The students answer the questions on a separate sheet of paper and then analyze their answers.

• *Comprehension questions.* The students answer questions about the *Presentation* material (these questions are in the overprint).

3.3.2 Using the *Nota cultural*. The purpose of the *Nota cultural* is twofold:
   — To stimulate and reinforce the students' reading comprehension
   — To awaken students to the culture of the Hispanic world

At the teacher's discretion, the cultural notes can be assigned as outside reading. Some may serve as the basis of research reports or surveys conducted in the community for extra credit.

3.3.3 Using the *Conversación/Observación.* The questions of the *Conversación* allow the students to use some of the new structures of the lesson; they also serve as a springboard to the *Observación* segment, which in turn leads to the *Estructura* sections.

In going over the *Observación* sections with the students, the teacher may ask them to open their textbooks to the appropriate page. In many lessons it is also possible, and sometimes preferable, to show the *Conversación* sentences on the chalkboard, on a chart, or on an overhead transparency. In this way, the teacher can more readily point to specific features of the sentences, drawing the students' attention to those points under discussion. If the sentences are reproduced on larger visuals, color or boxing may replace the boldface used in the text.

3.3.4 Teaching structure. In the *Estructura* sections, each grammar point is presented in a schematic fashion, with numerous examples and a succinct explanation in English. These descriptions, however, are intended to serve as reference sections, because in most classes the teacher will first introduce the grammar of the lesson orally. After the students can manipulate the new forms, sample sentences may be written on the chalkboard or shown on a prepared poster or transparency.

Once the new structures have been presented, they must be internalized by the students. At this point, differences in learning rate and learning mode become most apparent. BIENVENIDOS provides a wide range of learning activities (textbook exercises plus the variations suggested in the overprint of the Teacher's Edition, Tape Program activities which differ from the exercises in the Student Text, Workbook activities) so that even slow learners will have a variety of exercises and not be limited to repeating the same sentences over and over. In fact, the teacher will probably not be able to use all the activities suggested. The learning activities are of different types (role-play situations, questions, transformations) and emphasize different skills (listening, speaking, reading, writing) so that the students may practice the new structures under circumstances which reflect the students' preferred learning styles.

- *Simple situational activities.* These activities usually come immediately after the grammar presentation, requiring only simple grammatical transformations (using the appropriate definite article, the correct form of a verb, etc.). Since no complex manipulation of the language is involved, these activities should be done by all students.

- *Diálogos.* The guided dialog exercises are also relatively easy, since they involve only simple manipulation of the language: following a model, one student asks a question of another student, who responds either affirmatively or negatively. These exercises are especially suited to classes emphasizing communication skills: two students work together and practice asking and answering questions, while the teacher is available as a resource.

• *Preguntas personales.* These are either yes/no or open-ended questions that are both straightforward and easy to answer. This is a good activity to help build self-esteem, as the students are answering questions with real information, sharing a part of themselves with their peers.

Most of the textbook activities (especially the *Diálogos* and *Preguntas personales*) can be practiced in pairs or small groups. As the students take turns reading the cues and giving the responses, the teacher is free to circulate in the classroom, providing help as needed. Small-group work not only provides a change of pace, but also tends to increase attention and participation. If some activities seem too difficult, the teacher may first run through the entire exercise with the full class, and then ask the students to go quickly through the exercise again in pairs.

The textbook activities may be used directly or adapted for written practice. The *Preguntas personales* activities elicit different replies from different students. As written activities, these are more appropriate for homework or small-group work. The teacher will probably want to correct the papers individually and then ask the students to rewrite those sentences in which errors were made. If the *Preguntas personales* are used for full-class writing activities, the teacher may ask one student to give a personal answer and then have the entire class write out that student's response.

3.3.5 Teaching vocabulary. Two features of the vocabulary sections facilitate learning. First, the words and expressions are grouped by theme in the *Vocabulario especializado* sections. Second, they are illustrated by visuals or given a sentence context. The new vocabulary is practiced in textbook and workbook exercises as well as in the activities of the Tape Program. In addition, or as an alternative, the teacher may wish to introduce self-expression activities. For example students, either individually or in groups, may be asked to write a composition or to prepare a skit using certain new words. In another lesson, they may be asked to incorporate specific words into captions for pictures. The Tape Activity Masters include unit vocabulary lists for review.

3.3.6 Teaching pronunciation. Students should be induced to use as correct a pronunciation as possible from the very start of the course. The goal of BIENVENIDOS is to have students acquire fundamentals of Spanish pronunciation. The focus is on standard Latin American speech; however, the major Castilian and regional variants are mentioned in the overprint. Pronunciation explanations have been simplified for the benefit of the students and do not always enter into the finer details of Spanish phonetics. It is the conviction of the authors that a full study of phonetics should be postponed until the advanced levels.

• *The importance of listening.* In order for students to acquire a good Spanish pronunciation, they must listen to standard Spanish as much as possible. Above all, care must be taken to ensure that incorrect pronunciation patterns do not become internalized; if they do, it will be difficult to correct them later on.

The Tape Program provides a broad variety of listening activities (*Presentation text*, ***Vocabulario especializado, Entre nosotros, Pronunciación***). In the ***Pronunciación*** section of the lesson tape, students receive guided practice toward improving their accent.

It is important that the teacher make every effort to speak Spanish at a natural tempo, linking words within sense groups, maintaining normal stress and intonation patterns, and providing students with as authentic a model as possible to imitate. Students will speak hesitatingly at first, but they should develop a feeling for what "real Spanish" sounds like.

• *The sequencing of the pronunciation sections.* Each lesson ends with a short section which focuses on one or two aspects of Spanish pronunciation, beginning with a presentation of the alphabet. In the first part of the book, these sections treat specific vowel or consonant sounds. However, while repeating the practice words and sentences, the students will be indirectly acquiring Spanish linking, intonation, and stress patterns. Linking is formally introduced in Unit 3, while stress and accent are presented in Unit 4. Some of the more difficult Spanish sounds are reentered in DÍA A DÍA. (To find where specific aspects of pronunciation are practiced, see the chart in TE section 8.3)

• *References to English.* Occasionally the pronunciation sections compare Spanish sounds to related English sounds. You may wish to explain to students that Spanish vowels and consonants are generally sharper and more tense than their English counterparts. Even in unstressed syllables, Spanish vowels retain their distinctive characteristics and are not reduced to the schwa, or "uh" sound, of unstressed vowels in English.

• *The use of phonetic symbols.* Generally, phonetic symbols have been avoided. Occasionally, however, it seemed most practical to refer to specific sounds with symbols. The fricative sounds of *b*, *d* and *g* are indicated as /ƀ/, /đ/, /g̶/. The slash line is used to indicate a silent consonant: h̸ablo.

• *Spanish vowels.* In the interest of simplicity at the beginning level, the Spanish vowels are presented as /a/, /e/, /i/, /o/ and /u/. The sounds /ɛ/ and /ɔ/ are considered as positional variants of /e/ and /o/ and are not practiced separately, since students tend to produce them naturally. For example, **aprende**: /ɛ/, /e/; **ordinario**: /ɔ/, /o/.

• *Linking.* Students should be frequently reminded that Spanish speakers tend to link words more than English speakers do. The teacher should try to speak naturally, linking words as much as possible, so as to accustom students to the sound of "real" Spanish.

3.3.7 Using *Entre nosotros.* The *Entre nosotros* sections recombine the material of the lesson in a new format and stress oral communication skills. The *Entre nosotros* activities are optional and may be omitted at the discretion of the teacher. The *Expresiones para la conversación* should, however, be dealt with at least briefly, since these expressions, once introduced, recur frequently in the presentation material of subsequent lessons.

The ***Entre nosotros*** sections are in the form of ***Mini-diálogos*** and emphasize spoken exchanges between students. Models are provided to aid the students, and each ***Mini-diálogo*** is accompanied by visual cues that prompt the students' responses and eliminate the need for English or for complex Spanish instructions.

3.4 Using the *Variedades*

The *Variedades* sections, which occur at the end of the units, contain various types of reading material: narratives, personality questionnaires, and guessing games; many of these have a cultural focus, and all of them are youth-oriented. They provide a smooth, sometimes humorous transition from one unit to the next, and can be used in a variety of ways.

• *For in-class activities.* The *Variedades* sections can serve as the basis for classroom cultural discussions, comparing and contrasting Hispanic and American customs. They also promote conversation, as students discuss the validity of results they obtain through a personality questionnaire. (E.g., in **Los secretos de la cara**, Unit 3, students can decide whether the shape of a person's face influences his or her personality.) Where there are game-oriented activities, the teacher can hold team, group, or individual competitions to see who can correctly answer all the questions first. An activity such as this encourages quick reading for comprehension and can be of great help in improving reading skills. In addition, the *El arte de la lectura,* which follows each section, teaches students how to greatly expand their reading comprehension by recognizing cognates and word patterns.

• *For individual activities.* On days when the teacher is reviewing for a class test, those who do not need the review can read the **Variedades** section. They can summarize it in Spanish, to practice their writing skills.

• *For out-of-class activities.* The *Variedades* can be assigned as homework or extra-credit work. Students could be encouraged to find pictures in magazines or newspapers which illustrate the topics of the *Variedades,* and label them with the appropriate vocabulary terms. Artistic students might want to draw their own pictures. These illustrations can become bulletin board or class decorations, and will serve as a good review of previously learned vocabulary and structures.

The *Variedades* sections do not have to be done at the end of the units they accompany. Although they should probably not be used before their accompanying unit has been studied, they can be used any time afterwards, to reinforce grammar, to review vocabulary, or to provide a change of pace before or after a vacation.

3.5 Using the *Vistas*

The purpose of the *Vistas* is, first and foremost, to interest and engage the students and encourage them to explore Hispanic culture and civilization. The *Vistas* also furnish additional reading practice and can provide the basis for discussions and mini-speeches in Spanish. They should be considered optional and supplementary to the units themselves.

At all stages of instruction, the *Vistas* can be used as a way of reinforcing oral communication skills. In the beginning, simple questions can be asked about the passage and/or the illustrations, using vocabulary that the students already know.

Toward the middle of the year, students can give mini-talks in which they describe one of the illustrations or ask the class simple questions about it, thereby gaining practice in a much-needed and seldom-taught skill. The *Vistas* can be used to encourage students to actively develop their cultural knowledge of the Hispanic world:

(1) Using one of the topics in the *Vistas* as a springboard, have students write a research paper or do a classroom presentation on that topic or on one of its aspects. (E.g., in *Vista 1*, students could plan a trip to a Hispanic country, including the hours of departure and arrival, and an itinerary of their activities.)

(2) Have students write their own *Vistas*, using one of the passages as a model. (E.g., for *Vista 3*, students could present their favorite sport or athlete with photographs and explanatory captions.)

(3) Students who are artistically talented or creative should be encouraged to make posters, dioramas, or charts based on the information in the *Vistas*. (E.g., to illustrate the metric system in *Vista 2*, a student could make a growth chart using metric measurements, and the other students could determine their height in meters.)

The purpose of the cultural projects is to stimulate curiosity and to broaden understanding. Many of the projects may result in exhibits that can brighten the classroom or that may be displayed in the halls of the school, thus fostering greater interest in foreign language study.

3.6 Using the Workbook

Like the Student Text, the Workbook can be used in a variety of ways, according to student needs and teacher preference.

3.6.1 Using the written exercises. The written exercises, which are presented in situational contexts, constitute the main portion of the Workbook. For most lessons, the written exercises are printed on the front and back of a single sheet of paper so that assignments may, at the teacher's discretion, be torn out and handed in by the students.

While the teacher may not want to assign the more difficult exercises (especially those that involve self-expression) to the slower learners, he or she may use the illustrations of the Workbook as a basis for extra activities for the better students (e.g., describe the scene you see, describe your reactions to the scene, describe how you would act if you were in the same situation, etc.).

Most teachers will wish to use the Workbook exercises for homework or individual writing activities in class. With slower students, the exercises may first be done orally with the entire group and then assigned for written practice. Students may work in small groups, discussing each item before writing down the responses. Pairs of students may do the exercises together, either in class or out of class, and include both names on the assignment, thus receiving the same grade (if Workbook activities are graded). While faster learners often prefer doing Workbook exercises alone, slower learners frequently perform better when allowed to work with others.

By using the Answer Key at the back of the Workbook, the students can check most of their own work. The teacher may prefer to tear out the Answer Key before giving the students the Workbook and then use the key only for in-class correction.

3.6.2 Using the *Test/Repaso*. The *Test/Repaso* provides a written review of the basic structures and vocabulary of the unit. The students may complete the test on their own. They may then check their work and make their own diagnoses by using the Answer Key. At the teacher's discretion, the test may be done orally as a full-class activity and then perhaps may be assigned as written homework. The test may also be completed in class by pairs or small groups of students, but in this case every member should write out the answers which are decided upon as a group. The *Test/Repaso* should precede any other unit test.

3.6.3 Using the *Rincón cultural*. An original feature of the Workbook is the *Rincón cultural* section at the end of the unit. This section provides a change of pace between units. It contains games and realia that introduce students to authentic samples of the Spanish language. The realia can provide a point of departure for oral communication activities. The wedding invitation (Unit 5), for example, could serve as reference for students as they discuss plans for their own weddings. The various games may be done outside of class as homework, or in class as written activities in pairs or small groups.

3.7 Using the Tape Program

The Tape Program introduces the student to spoken Spanish through the voices of several Spanish speakers, thus supplementing and complementing the model provided by the teacher. The tape activities are recorded at natural conversational speed to foster authentic listening comprehension. Students should be warned that they may not understand everything the first time they hear the tape. In some cases the teacher may wish to present a passage or exercise before playing the tape. At other times the teacher may stop the tape to have students repeat a sentence or phrase they have just heard. The more opportunity the students have to listen to the tape, the more readily they will grow to understand spoken Spanish.

Listening to the Presentation text. The teacher may wish to play the tape *Presentation* material as an introduction to the unit. The students can listen with their books closed, or follow the text with their books open, to get a general idea of what the text is about.

Listening for Signals. These exercises are designed to test the students' ability to distinguish among sounds which signal grammatical information: noun markers, verb forms, etc.

Speaking. The speaking exercises are similar to the situational textbook exercises. Since the students cannot read the cues, they are forced to listen carefully. Two types of activities form the basis of this section:

(1) directed activities, in which there is only one correct response; and

(2) open-ended activities, such as the simple personal questions which appear later on in the program.

Dictation. Students see a short printed passage with certain words deleted. They listen to a recording of the entire passage and fill in the deleted words. Each passage is read twice.

Listening Comprehension with Visual Cues. This activity is based on an illustration in the Tape Activity Masters. Students are actively involved, since the listening process is accompanied by "pencil work": they are asked to trace a path, to locate certain items by marking them with an X, to draw a picture, etc. Listening reinforced with a written activity causes the students to pay closer attention to what is being said, and the exercise becomes more meaningful to them.

Listening and Repeating. Students hear a recorded version of the **Pronunciación** sections, the **Vocabulario especializado**, and the verb charts, and practice imitating the new sounds.

Spanish songs. Each unit concludes with a song in Spanish, the melody of which will have been heard at intervals throughout. Students can sing along with the singer, reading from the lyrics and music available on the Tape Activity Masters. Songs feature simple lyrics, sometimes with a familiar melody ("Guantanamera," Unit 5). For extra credit, musical students could learn and perform the songs on guitar for the class; whole-class performances could become part of a larger festival.

3.8 Using the Testing Program

The Testing Program, which includes ten *Unit Tests* and five *Achievement Tests*, may be used with both BIENVENIDOS and DÍA A DÍA. The program allows for flexibility in that teachers may administer the entire test or parts thereof. Although there is no portion that tests speaking, or pronunciation, the accompanying Test Guide supplies ideas for testing these skills.

3.8.1 Using the Unit Tests. The ten *Unit Tests* are designed to be administered upon completion of each unit. All of the structures and vocabulary of the unit are evaluated in discrete-point exercises. In addition, the final section provides an opportunity for students to use their knowledge in written communicative exercises.

For slower classes, the teacher may wish to administer the test as a series of short quizzes given upon completion of the individual sections of the unit. If there are items the teacher does not wish to include, they may be designated as extra credit.

3.8.2 Using the Achievement Tests. Although the *Achievement Tests* are designed to be administered after completing two units, they may also form the basis of a term test. The *Achievement Tests* are more comprehensive than the *Unit Tests* and include sections that evaluate the listening comprehension skills.

4. Lesson Plans

Drawing up lesson plans helps the teacher to visualize how a unit is going to be presented. By emphasizing certain aspects of the program and playing down others, the teacher can change the focus of a unit to meet the students' needs. Provided here are sample lesson plans that show how BIENVENIDOS can be used successfully, whether a class meets five times a week or three times a week. A list of suggestions for adapting the material to slower and faster learners follows the lesson plans (TE sections 4.3 and 4.4).

4.1 Sample Lesson Plans

The charts on the following pages show, in abridged form, sample lesson plans for Unit 2, Lessons 1-4 for
- a class meeting 5 days a week for 45 minutes
- a class meeting 3 days a week for 45 minutes

The plan for each day is divided into five types of classroom activities: (1) review, (2) correction, (3) presentation, (4) oral activities, and (5) written activities and/or assignments. Additional information regarding these classroom activities follows the charts (TE section 4.2). The sequence of these activities during a class will depend on the teacher's preference and on the students' needs. Suggestions for teaching the various elements of the lesson and for using the various components of the program can be found in Part Two of this manual.

The following abbreviations are used in the sample lesson plans:

Ve = *Vocabulario especializado* Act. = *Actividad(es)*
Est. = *Estructura(s)* WB = Workbook

Notes:

(1) The lesson plan for the class that meets five days a week allows the teacher approximately ten minutes each day for additional activities. These can include selections from the *Vistas,* games based on the structures and on the vocabulary, vocabulary quizzes, dictations, or cultural activities. The lesson plan for the class that meets three days a week provides material for a full class period. This plan will have to be followed closely in order to complete the program in one year. To allow time for additional activities, some features of the lesson — and of the program — can be shortened or omitted. For the teacher's convenience, the structures and activities that can be omitted are labeled "optional" in the overprint of the Teacher's Edition.

(2) Since the lessons vary in length, the units will not all take the same number of days to complete.

(3) The Tape Program may be used effectively both in schools with labs and in schools without.

(4) The *Unit Test* may be administered over a two-day period by giving the listening portion on one day and the written portion on the other.

4.1.1 Lesson Plan for Unit 2 for a class meeting five days a week.

Day Unit/Lesson	Review (5-8 mins.)	Correction (5-10 mins.)	Presentation (10-20 mins.)	Oral Activities (10-15 mins.)	Written Activities and/or Assignments (5-10 mins.)
Day 1 2.1	Review the alphabet and vowel sounds		Presentation text p.50 Est. A: Los verbos que terminan en -ar Ve p.52	Presentation text p.50	Learn Ve p.52
Day 2 2.1	Presentation text p.50 Ve p.52		Nota cultural p.51 Conversación/ Observación Est. B: El presente: la forma yo	Act. 1 WB B1	Act. 1 WB B1
Day 3 2.1	Est. A,B	Act. 1 WB B1	Est. C: La negación Ve p.54	Act. 2,3	Act. 2,3 Learn Ve p.54
Day 4 2.1	Est. C Ve p.54	Act. 2,3	Pronunciación p.54	Act. 4 WB C1,C2	Act. 4 WB C1,C2
Day 5 2.1	Ve pp.52,54	Act. 4 WB C1,C2	Entre nosotros p.55	Mini-diálogos Tú tienes la palabra, in groups	WB Yo
Day 6 2.1	Presentation text p.50 Est. A,B,C	WB Yo		Present Tú tienes la palabra, in groups Tape activities for Lesson 1, using the Tape Activity Masters	Prepare for Lesson 1 Quiz
Day 7 2.2	yo form of -ar verbs		Presentation text p.56 Nota cultural p.57	Presentation text p.56	Lesson 1 Quiz Review Presentation text p.50
Day 8 2.2	Presentation text p.56	Go over Lesson 1 Quiz	Conversación/ Observación Est. A: El presente: las formas él/ella y ellos/ellas	Act. 1	Act. 1
Day 9 2.2	Est. A	Act. 1	Ve p.59	Act. 2,3 WB A1	Act. 2,3 WB A1 Learn Ve p.59

Day Unit/Lesson	Review (5-8 mins.)	Correction (5-10 mins.)	Presentation (10-20 mins.)	Oral Activities (10-15 mins.)	Written Activities and/or Assignments (5-10 mins.)
Day 10 2.2	Ve p.59	Act. 2,3 WB A1	Est. B: Pregun- tas con respuestas afirmativas y negativas	Act. 4,5 WB B1,B2	Act. 4,5 WB B1,B2
Day 11 2.2	Est. B	Act. 4,5 WB B1,B2	Pronunciación p.60 Entre nosotros p.61	Mini-diálogos Tú tienes la palabra, in groups	WB Mi familia
Day 12 2.2	Presentation text p.56 Est. A,B	WB Mi familia		Present Tú tienes la pala- bra, in groups Tape activities for Lesson 2, using the Tape Activity Masters	Prepare for Les- son 2 Quiz
Day 13 2.3	*yo, él/ella, ellos/ellas* forms of *-ar* verbs		Presentation text p.62 Nota cultural p.63	Presentation text p.62	Lesson 2 Quiz Review Presen- tation text p.56
Day 14 2.3	Presentation text p.62	Go over Lesson 2 Quiz	Conversación/ Observación Est. A: El pre- sente: las for- mas *tú* y *usted*	Act. 1,2,3	Act. 1,2,3
Day 15 2.3	Est. A	Act. 1,2,3	Est. B: El infinitivo	WB A1 Act. 4 WB B1	WB A1 Act. 4 WB B1
Day 16 2.3	Est. B	WB A1 Act. 4 WB B1	Est. C: Pregun- tas para obtener información Ve pp.66-67	Act. 5,6,7	Act. 5,6,7 Learn Ve pp.66-67
Day 17 2.3	Est. C Ve pp.66-67	Act. 5,6,7	Pronunciación p.68	WB C1,C2	WB C1,C2
Day 18 2.3	Presentation text p.62	WB C1,C2	Entre nosotros p.68	Mini-diálogos Tú tienes la palabra, in groups	WB Una carta
Day 19 2.3	Est. A,B,C Ve pp.66-67	WB Una carta		Present Tú tienes la pala- bra, in groups Tape activities for Lesson 3, using the Tape Activity Masters	Prepare for Les- son 3 Quiz

Day Unit/Lesson	Review (5-8 mins.)	Correction (5-10 mins.)	Presentation (10-20 mins.)	Oral Activities (10-15 mins.)	Written Activities and/or Assignments (5-10 mins.)
Day 20 2.4	*yo, tú, él/ella/ usted, ellos/ ellas* forms of *-ar* verbs		Presentation text p.70 Nota cultural p.71	Presentation text p.70	Lesson 3 Quiz Review Presentation text p.62
Day 21 2.4	Presentation text p.70	Go over Lesson 3 Quiz	Conversación/ Observación Est. A: El presente: las formas *nosotros* y *ustedes*	Act. 1	Act. 1
Day 22 2.4	Est. A	Act. 1	Est. B: Repaso: el presente de verbos que terminan en *-ar*	Act. 2 WB B1	Act. 2 WB B1
Day 23 2.4	Est. B	Act. 2 WB B1	Est. C: *Me gusta*	Act. 3 WB C1	Act. 3 WB C1
Day 24 2.4	Est. C	Act. 3 WB C1	Est. D: Pronombres con la preposición Pronunciación p.76	Act. 4,5,6	Act. 4,5,6
Day 25 2.4	Est. D	Act. 4,5,6	Entre nosotros p.77	Mini-diálogos Tú tienes la palabra, in groups	WB D1
Day 26 2.4	Presentation text p.70 Est. A,B,C,D	WB D1		Present Tú tienes la palabra, in groups Tape activities for Lesson 4, using the Tape Activity Masters	Prepare for Lesson 4 Quiz
Day 27 2.4	Review *-er* verbs		Variedades	El arte de la lectura	Lesson 4 Quiz Ejercicio de lectura
Day 28 2.4	Variedades	Go over Lesson 4 Quiz Ejercicio de lectura		WB El rincón cultural WB Game section	Test/Repaso (1-5)
Day 29 Unit 2	Vocabulary and structures of Unit 2	Test/Repaso (1-5)		Review Presentation texts of Unit 2	Test/Repaso (6-8)
Day 30 Unit 2	Comprehensive review of Unit 2	Test/Repaso (6-8)		Learn unit song	Prepare for Unit Test 2
Day 31 Unit 2					Unit Test 2

4.1.2 Lesson Plan for Unit 2 for a class meeting three days a week.

Day Unit/Lesson	Review (5-8 mins.)	Correction (5-10 mins.)	Presentation (10-20 mins.)	Oral Activities (10-15 mins.)	Written Activities and/or Assignments (5-10 mins.)
Day 1 2.1	Review the alphabet and vowel sounds		Presentation text p.50 Est. A: Los verbos que terminan en -ar Ve p.52	Presentation text p.50	Learn Ve p.52
Day 2 2.1	Presentation text p.50 Ve p.52		Nota cultural p.51 Conversación/ Observación Est. B: El presente: la forma yo	Act. 1 WB B1	Act. 1 WB B1
Day 3 2.1	Est. A,B	Act. 1 WB B1	Est. C: La negación Ve p.54	Act. 2,3,4 WB C1,C2	Act. 2,3,4 WB C1,C2
Day 4 2.1	Est. C Ve p.54	Act. 2,3,4 WB C1,C2	Pronunciación p.54 Entre nosotros p.55	Mini-diálogos Tú tienes la palabra, in groups	WB Yo
Day 5 2.1	Presentation text p.50 Est. A,B,C Ve pp.52,54	WB Yo		Present Tú tienes la palabra, in groups Tape activities for Lesson 1, using the Tape Activity Masters	Prepare for Lesson 1 Quiz
Day 6 2.2	yo form of -ar verbs		Presentation text p.56 Conversación/ Observación Est. A: El presente: las formas él/ella y ellos/ellas	Act. 1	Lesson 1 Quiz Act. 1
Day 7 2.2	Presentation text p.56 Est. A	Go over Lesson 1 Quiz Act. 1	Nota cultural p.57 Ve p.59 Est. B: Preguntas con respuestas afirmativas y negativas	Act. 2,3 WB A1 Act. 4,5	Act. 2,3 WB A1 Act. 4,5
Day 8 2.2	Ve p.59 Est. B	Act. 2,3 WB A1 Act. 4,5	Pronunciación p.60 Entre nosotros p.61	Mini-diálogos Tú tienes la palabra, in groups	WB B1,B2 WB Mi familia

Day Unit/Lesson	Review (5-8 mins.)	Correction (5-10 mins.)	Presentation (10-20 mins.)	Oral Activities (10-15 mins.)	Written Activities and/or Assignments (5-10 mins.)
Day 9 2.2	Presentation text p.56 Est. A,B	WB B1,B2 WB Mi familia		Present Tú tienes la pala- bra, in groups Tape activities for Lesson 2, using the Tape Activity Masters	Prepare for Les- son 2 Quiz
Day 10 2.3	*yo, él/ella, ellos/ ellas* forms of *-ar* verbs		Presentation text p.62 Conversación/ Observación Est. A: El pre- sente: las for- mas *tú* y *usted*	Act. 1,2,3	Lesson 2 Quiz Act. 1,2,3
Day 11 2.3	Presentation text p.62 Est. A	Go over Lesson 2 Quiz Act. 1,2,3	Nota cultural p.63 Est. B: El infinitivo	WB A1 Act. 4 WB B1	WB A1 Act. 4 WB B1
Day 12 2.3	Est. B	WB A1 Act. 4 WB B1	Est. C: Pregun- tas para ob- tener informa- ción Ve pp.66-67	Act. 5,6,7 WB C1,C2	Act. 5,6,7 WB C1,C2 Learn Ve pp.66-67
Day 13 2.3	Est. C Ve pp.66-67	Act. 5,6,7 WB C1,C2	Pronunciación p.68 Entre nosotros p.68	Mini-diálogos Tú tienes la palabra, in groups	WB Una carta
Day 14 2.3	Est. A,B,C Ve pp.66-67	WB Una carta		Present Tú tienes la pala- bra, in groups Tape activities for Lesson 3, using the Tape Activity Masters	Prepare for Les- son 3 Quiz
Day 15 2.4	*yo, tú, él/ella/ usted, ellos/ ellas* forms of *-ar* verbs		Presentation text p.70 Conversación/ Observación Est. A: El pre- sente: las for- mas *nosotros* y *ustedes*	Act. 1	Lesson 3 Quiz Act. 1

Day Unit/Lesson	Review (5-8 mins.)	Correction (5-10 mins.)	Presentation (10-20 mins.)	Oral Activities (10-15 mins.)	Written Activities and/or Assignments (5-10 mins.)
Day 16 2.4	Presentation text p.70 Est. A	Go over Lesson 3 Act. 1	Nota cultural p.71 Est. B: Repaso: el presente de los verbos que terminan en -ar Est. C: Me gusta	Act. 2 WB B1 Act. 3 WB C1	Act. 2 WB B1 Act. 3 WB C1
Day 17 2.4	Est. B,C	Act. 2 WB B1 Act. 3 WB C1	Est. D: Pronombres con la preposición Pronunciación p.76	Act. 4,5,6	Act. 4,5,6 WB D1
Day 18 2.4	Presentation text p.70 Est. A,B,C,D	Act. 4,5,6 WB D1	Entre nosotros p.77	Mini-diálogos Tú tienes la palabra, in groups Tape activities for Lesson 4, using the Tape Activity Masters	Prepare for Lesson 4 Quiz
Day 19 Unit 2	Review vocabulary and structures of Unit 2		Variedades	WB El rincón cultural Learn unit song	Lesson 4 Quiz Test/Repaso
Day 20 Unit 2					Unit Test 2

4.2 Notes and Suggestions Regarding the Five Classroom Activities

- *Review (5-8 minutes).*
  - —Can be first activity in teaching sequence or can follow *Correction.*
  - —Can include items from previous day's homework, classwork or quiz. Teacher should review and/or correct common mistakes.
  - —Can be used to review items necessary for presentation of new material.
  - —Can include conversation, discussion of school or class events, of weekend, of weather, etc.
  - —Should be in Spanish whenever possible, since this sets the tone for the rest of the class.
  - —Will be especially important for a class that meets only three days a week.

- *Correction (5-10 minutes).*
  - —Should be in Spanish whenever possible. (Teacher should present the alphabet, grammatical terms, accents, and punctuation at the start of the course.)
  - —Can be first activity in teaching sequence.
  - —Can be used after quizzes for immediate correction. (This is especially effective after dictations and vocabulary quizzes.)
  - —Questions should be encouraged, concepts reviewed, and misunderstandings resolved.
  - —Should include any necessary reteaching. Teacher should point out common mistakes.
- *Presentation (10-20 minutes).*
  - —Can be first activity in teaching sequence or can follow *Review.*
  - —Tapes can be used when appropriate.
  - —Comments and explanations of new material should be in English only at first. The material should be reviewed in Spanish whenever possible.
  - —*Presentation* material should be recalled and used as a model, since it illustrates the structures of the lesson.
- *Oral Activities (10-15 minutes).*
  - —Activities that will later be written can first be presented orally. This reinforces what has been taught and minimizes the problem of students' not understanding the homework.
  - —Dramatic presentation of dialogs and conversations, as well as creative material (original skits, etc.), can be used.
  - —***Entre nosotros Mini-diálogos***, which are optional material, can be omitted and other material, such as the *Presentation text* of a lesson, substituted.
  - —Optional or enrichment material can be introduced: realia, selections from the ***Vistas, El rincón cultural***.
- *Written Activities and/or Assignments (5-10 minutes).*
  - —Not every item of every activity needs to be written out by every student. Faster learners may need to do only half of an exercise, perhaps the odd or the even numbers.
  - —Some activities can be done in class, some as homework. With a slower group, start each homework activity in class, so that students understand what to do.
  - —In the lesson plans, the Workbook activities have been introduced along with each item of structure. They may be used as well at the end of each lesson as a form of review.
  - —The *Unit Test* should be given at the beginning of class. Quizzes can be given at any time during the period.

— Time has been provided for teacher-prepared lesson quizzes. These quizzes should take about 20 minutes and will provide a quick and frequent evaluation of a student's progress. The quizzes can include fill-ins, multiple choice, statement completions, short answers, and full answers.

— Vocabulary quizzes can be added. These can include various activities.

-labeling an illustration, such as a house or a town

-writing the English equivalents to Spanish words or expressions

-writing the Spanish equivalents to English words or expressions

-spelling Spanish words or expressions correctly when they are said, then giving the English equivalents

-matching a list of Spanish terms with a list of English terms

-writing short sentences that illustrate the meanings of Spanish words or expressions

— Tests and quizzes should be corrected immediately whenever possible, or at least by the next class meeting. They should be reviewed by the entire class; corrections should be made; questions should be answered. This makes testing a time for teaching as well.

— Individual vocabulary notebooks or flashcards are a good way to help review vocabulary.

— Corrected compositions or themes can be copied into a special notebook.

— Teacher should print and hand out a syllabus of all written assignments for the lesson or the unit. Absent students will then know what to do next; no confusion will arise as to assignments; the class will progress at a good pace.

4.3 Suggestions for Adapting the Material to Younger or Slower Learners

— Maximum repetition of material is needed, with as much oral participation from students as possible.

— *Review* should include the same or similar items for several days in a row.

— Required memorization and recitation over several days helps students to retain material: days, numbers, months, verbs, pronouns, etc.

— Flags, stickers, stars, seals, stamps, happy faces, and expressions of encouragement, such as **fabuloso, sensacional, estupendo, muy bien** (see page 42 of **Vista 1**), really help when put on papers and quizzes.

— Post the best papers on the bulletin board.

— Have the students make vocabulary notebooks or flashcards.

— Rewriting words correctly several times helps to avoid further mistakes. Students can divide a sheet of paper into four columns, writing the English word in the first column and the Spanish word in the other three.

— Sufficient variety in material and class activities will provide an important change of pace.

— Do group work, board work, and have students check each other's work.

— Have students perform. They learn best when they are actively involved.

— Pictures, flashcards, charades, and objects will make the material stick in students' minds. These pictures can be hand-drawn or taken from magazine ads. Flashcards can be different colors: green for masculine nouns, blue for feminine nouns, yellow for verbs, etc.

— Invent games and use familiar ones to reinforce vocabulary and structure.

4.4 Suggestions for Adapting Material to Faster Learners

— Spanish should be used as much as possible in class. Use the alphabet, grammatical terms, classroom expressions, etc.

— Students can write original compositions, résumés, or dialogs once a week. A special notebook can be devoted to these activities.

— Students should not be required to write out every word of every drill. If they understand the material, allow them to do only half of an exercise, perhaps the odd or the even numbers.

— Assign additional reading material: readers, magazines, newspapers, etc.

— Use the optional or enrichment material.

— Good students can function as group leaders for certain activities.

— Assign students as tutors for other (younger) students.

— Discuss in Spanish topics such as the weekend, the concert, the dance, the school lunch.

— Students should be encouraged to perform (live or on videotape) scenes and skits.

— Students can write letters in Spanish to absent classmates.

— Students can take mini-sabbaticals (which exempt them from homework for a night) to Spanish events — a movie, a concert, a restaurant, an exhibition — with the idea that they report to the class.

5. Individualizing BIENVENIDOS

BIENVENIDOS contains features that make the program especially well suited for schools offering a student-centered curriculum or individualized instruction.

- *Logical organization.* Complex structures are presented in segments which students can easily assimilate. They also reappear in summary form at the end of the unit. All exercises proceed from the simple to the complex, in a carefully ordered progression.

- *Presentation through a variety of learning styles.* In order to accommodate each student's preferred learning style, BIENVENIDOS contains activities based on auditory, visual, and written stimuli. Students have the opportunity to express themselves orally and in writing, through role-play and guided self-expression.

- *Many student-centered activities.* BIENVENIDOS attempts to involve the students actively in the learning process as much as possible. Consequently, many activities have been specifically designed to be conducted in small groups by the students themselves. Additional suggestions for group activities in culture and free expression are found in the TE pages on the *Vista* sections of the text and the ***Rincón cultural*** pages of the Workbook.

- *Self-expression activities.* The various components of the program contain a wealth of activities (***Preguntas personales, Diálogos***) that elicit personal answers. Certain *Presentation texts*, written in the form of personality quizzes (e.g., ¿Eres servicial?), also prompt individual responses.

- *Self-correcting exercises.* The students can work independently of the teacher on the materials contained in the Tape Program, because all speaking and comprehension activities are immediately followed by confirmations of the correct responses. Likewise, the Answer Key of the Workbook provides the correct answers to all the written exercises.

- *Comprehensive **Test/Repaso** with diagnostic apparatus.* The students can check whether they have mastered the grammar and vocabulary content of each unit by doing the ***Test/Repaso*** that concludes each chapter of the Workbook. The Answer Key of each ***Test/Repaso*** is followed by a "diagnosis section" that pinpoints student weakness and prescribes specific sections for further study.

- *Individual projects and research topics.* For the students who learn best independently, for those who have a particular interest in an area of language and/or culture, and for the creative students seeking extra credit, BIENVENIDOS provides many suggestions for individual projects and research. Students are also encouraged to develop projects of their own.

Part Three:

How to Supplement BIENVENIDOS

6. Supplementary Material and Activities

Foreign language methodologists stress the importance of using realia and supplementary cultural activities for a number of reasons:
- They enliven the atmosphere of the class.
- They provide a sometimes much-needed change of pace.
- They allow for a freer exchange between student and teacher.
- They permit students who are not linguistically oriented to express themselves in other areas such as music, art, or cooking.
- They afford students a practical application of the skills they learn in the classroom.
- They provide an interdisciplinary link to students' other studies.

It is important that the teacher bear in mind, however, that such activities should not become the major focus of the class. The goal of the course is mastering the Spanish language.

6.1 How to Find and Use Realia

Spanish teachers, in contrast to teachers of other languages, are at a tremendous advantage: they have easy and immediate access to manifestations of the language they are teaching. From the Northeast to the Southwest, the United States is full of Spanish speakers and their culture; newspapers, magazines, information about food, music, dances, customs, and a wealth of other realia are accessible to everyone for the price of a postage stamp.

This section lists some good sources of materials, and suggests how and when to use them. The listing is not exhaustive, but seeks to provide variety. Depending on the teacher's geographical area, some of these materials may be easier or more difficult to obtain. In addition, every teacher will have a personal preference as to what materials he or she will want to use or will feel most comfortable with.

Spanish-language magazines and newspapers distributed in the United States

Name	Country	Approx. Cost	Type	Useful contents	(U.S.) Distributor*	Frequency
ABC	Spain	.75	news	ads money tables (values) stock market weather reports		weekly
a s color	Spain	$1.35	sports	pictures cartoons		weekly
Blanco y Negro	Spain	$1.75	news	TV section cultural pictures surveys, charts chess, bridge columns	Prensa Española, S.A. Serrano 61 Madrid-6 Spain	weekly
Buenhogar	Panama	$1.25	family	ads articles with checklists recipes horoscope cartoons personality questionnaires correspondence	Hispano-American Publications, Inc. 10-39 44 Drive LIC, NY 11101 Editora y Distribudora Nacional, S.A. P.O. Box 2145 San Ysidro, CA 92073	bi-weekly
El Diario	U.S.	.35	newspaper	horoscope entertainment section comics Sunday colored section ads	El Diario 181 Hudson St. New York, NY 10013	daily except Sat.

Magazine	Country	Price	Category	Features	Distributor / Address	Frequency
Estrellas	Puerto Rico	.85	personality	ads		monthly
Fascinación	Venezuela	$1.00	fashion decorating beauty	ads recipes	Hispano-American Publications American Distributors 178 E. 80 St. Room 5A New York, NY 10021	monthly
GeoMundo	Panama	$2.25	news	pictures ads	AD Weiss Lithograph Co., Inc. 2025 McKinley St. Hollywood, FL	monthly
¡Hola!	Spain	$1.50	personality	cartoons ads pictures		weekly
Lecturas	Spain	$1.40	personality	ads cartoons TV section horoscope		weekly
MT El mundo de los toros	Spain	$1.25	sports	ads pictures	Cartera de suscripción C1 Francisco Sancho, 22-30A Palma de Mallorca, Spain	weekly
Réplica	U.S.	.75	personality	ads horoscope comics	José Alea P.O. Box 4358 Tampa, FL 33677	weekly
Semana	Spain	$1.55	general	ads with forms cartoons TV section horoscope		weekly
Siete días	Argentina	$2.75	news	ads cartoons chess section	Castellon Corp. 51 Cianci St. Paterson, NJ	weekly
Vanidades	Panama	$1.25	modern living	ads forms to fill out recipes horoscope (wordless) comics	AD Weiss Lithograph	monthly
Vistazo	Ecuador	$1.60	news current events sports	ads with forms charts		weekly

* If there are no American distributors, teachers can try shops that sell foreign language periodicals.

U.S. magazine printed in Spanish:
Selecciones del Reader's Digest

37

6.1.2 The spoken language. In many states and certainly in most of the large urban centers of the country, there are a variety of Spanish-language radio broadcasts. If your state does not have a station that broadcasts programs in Spanish, you still might be able to receive broadcasts from one in a nearby state (check your local newspapers for radio station listings).

Local Spanish Radio Programs

City	State	Radio station call letters
Boston	MA	WCOP; WERS/FM; WRBB/FM
Chicago	IL	WCRW; WCYC/FM; WEDC; WLS; WSBC
Houston	TX	KHCB/FM; KPTF/FM
Kansas City	KS	KCKN
Los Angeles	CA	KUSC/FM
Miami	FL	WCMQ; WFAB; WQBA
New York	NY	WADO; WBNX; WHOM; WKCR/FM
Philadelphia	PA	WTEL
San Antonio	TX	KCOR; KSYM/FM; KUKA
San Francisco	CA	KALW/FM; KBRG/FM; KPOO/FM

Local Spanish Television Programs

City	State	TV station call letters
Amarillo	TX	KVII/TV
Chicago	IL	WCIU/TV
Los Angeles	CA	KMEX/TV; KWHY/TV
Miami	FL	WCIX/TV; WLTV; WTVJ
Newark	NJ	WNJU/TV
Paterson	NJ	WXTV
Providence	RI	WJAR/TV
San Francisco	CA	KEMO/TV
Tijuana	MEX	XETV; XEWT
Tucson	AZ	KGUN/TV; KOLD/TV

Even if your state does not have its own Spanish-language television stations, you may be within the reception area of another state that does. Again, check your local paper for listings.

Remember that there are Spanish-language shows on PBS such as "Villa Alegre" and "Calle Sésamo."

6.1.3 Other sources. The local community offers
- local clubs and organizations that sponsor Hispanic festivals, including food, song, and dance.
- stores and shops in Spanish-speaking neighborhoods.
- restaurants.
- travel agencies that usually have picture documentation (in English).
- consulates, embassies, and other cultural missions.
- food products. (The labels on the packaging of many foods, rice and olives for example, are now printed in both Spanish and English. These products can be found in most local supermarkets.)

An exchange program can also be arranged with a pen-pal class studying English in a Hispanic country. Classes can exchange letters, realia, and other cultural material that is difficult to locate in the United States.

6.1.4 How to use the material. Realia can supplement class activities and help students to make the transition from the textbook to the Hispanic world. However, remember that one of the main goals in the early stages of language instruction is to build up student confidence. It can be frustrating to expose students too early to material they cannot begin to handle linguistically. In using any type of realia, therefore, you should make sure that the students concentrate on what they already know or what you want them to learn. Be selective in what you use, and, especially at the beginning, select realia in which the visuals reinforce the meaning of the text. The advantage of using newspapers and magazines is that beyond the feature articles they include a wealth of materials that are easy to understand and that focus on the world of today. Items such as movie schedules, weather reports, TV programs, ads for clothing or food, calendars of sports events, or even headlines are good teaching material because the students can readily understand these items. They can be used for

— identification of vocabulary and structures already learned

— vocabulary building (new words — especially concrete nouns)

— culture expansion

— points of departure for conversation

Many Hispanic periodicals contain ads for U.S. products and carry publicity (and even articles) patterned on U.S. models. This may give the impression that the Spanish-speaking world tends to copy the American model. While "Americanization" is a very real phenomenon, you should make sure that your students understand that the Spanish speakers have their own traditions and values. (Observant students will notice that some U.S. products are marketed with different types of ads in Spanish, reflecting the Hispanic rather than the American value system.)

What realia should be used? This obviously depends on what you want to illustrate. However, since BIENVENIDOS focuses on the real world, especially the world of youth, it should not be difficult to find realia to support what you are teaching. Here are some possibilities:

(1) to illustrate Spanish names (Unit 1, Lesson 1): wedding or birth announcement (Students can circle the first names.)
(2) to illustrate weather (Unit 1, Lesson 6): weather report (Students can underline references to temperature or special weather conditions. Students can also select pictures that illustrate the weather report.)
(3) to illustrate everyday items (Unit 3, Lesson 3): newspaper or magazine ads for a department store sale (Students can create skits about going into a store and asking for something that is or is not in the ad. One student plays the customer and the other the salesperson.)
(4) to illustrate places (Unit 4, Lesson 2): map; pictures from magazines (Students can cut out pictures of buildings, places, and roads, and use them to create a city on the bulletin board. This city could also be used for oral review.)

(5) to illustrate ordinal numbers (Unit 5, Lesson 3): team standings from sports section (Students can report on their favorite team's position in the league standings.)

(6) to illustrate dates (Unit 1, Lesson 5): front page of newspaper; calendar of events (The teacher reads a date, and the students circle the event of that day.)

As the students' knowledge of Spanish increases, you may be able to use actual articles such as

— the description of an important political event

— the report of a sports event

— a psychological test

— the daily horoscope

Be careful to prepare or edit your realia before class. You may want to underline the words and structures that students already know. Avoid translation. The students should be encouraged to get the "gist" of what they read.

Radio and television programs are often difficult to understand. Encourage students to concentrate on what they would like to hear and can understand. The easiest things to understand are probably Spanish adaptations of English commercials. Students will recognize the name of the product and may be able to figure out what is being said. Generally, all radio and television commercials for stores and businesses are clearly enunciated and provide listening practice in numbers and addresses. Sometimes a newscast is easy to understand if the students are familiar with the news item from an English broadcast.

Some songs have easy lyrics with recurring phrases that are easy to understand. While listening to them, students can also pick up the pronunciation and intonation patterns of Spanish speakers.

6.2 How to Prepare and Use Games

There are many games which can be used to supplement the curriculum and to provide a change of pace. Games are good for several reasons:

— They provide a means for the students to do something with the language they have learned.

— They provide additional reinforcement for previously learned material and can be the basis for learning new material.

— Since they are not graded, they are non-threatening activities.

— They are accessible to every teacher.

The main purpose of games is to further the linguistic aim of the lesson. They should not become the exclusive focus of the class. The following section provides sample games that the teacher can use or adapt to fit the material that is being taught.

6.2.1 Commercial games. Many games that are popular in the United States are now available in Spanish editions. Games in this category include the

classics, like Monopoly (good practice in using numbers with dice and money), Scrabble (can be played in teams and simplified, for vocabulary practice), and Lotto (excellent vocabulary practice). There are many other Spanish games which have no American counterparts, but which are also useful in reviewing Spanish structures and vocabulary. These are all obtainable through the various companies that sell foreign language realia.

6.2.2 Teacher-created games. Teacher-created games have a distinct advantage over commercial games: they can be "custom made" to fit the needs of a particular class or of a particular lesson. They can be long or short, simple or complex, straightforward or challenging, individual or team-oriented. The following sections describe some of the types of games that teachers can use with their students.

(Oral games)

HANGMAN

One student thinks of a word in Spanish and then puts a dash on the chalkboard for each letter the word contains. One at a time the other students call out letters, trying to figure out the word. If a student calls out a letter that is in the word, the student who is "it" puts the letter in the appropriate space or spaces. The student who eventually guesses the word becomes "it" and he or she puts the next word on the board.

Whenever a letter is called out that is not in the word, "it" draws a part of a man who is being hanged. If the entire man gets drawn before the students guess the word, "it" selects another word.

This game can be used to review

— the alphabet — Students must call out the letters orally in Spanish.

— parts of the body — As the man is being hanged, "it" tells which part is being drawn. The man can be made very elaborate by using a longer word (or a phrase) and adding eyes, ears, nose, mouth, teeth, etc.

— specific vocabulary — The teacher can specify that the chosen word must come from the *Vocabulario especializado* section under study.

¡ADIÓS!

This game, similar to the English game "Ghost," is played in groups of five or six. One at a time the students say a letter that contributes to spelling a Spanish word, while trying to avoid finishing the word. Any student who must complete a word gets the letter "A." The second time, the student gets the letter "D", the third time "I," etc., until he or she has spelled out ¡**Adiós!**, at which time he or she is eliminated from the game. The last person remaining is declared the winner.

If a student says a letter that the next student does not believe would contribute to forming a word, he or she can challenge the student who said it. If the challenged student cannot come up with a word, he or she gets an "A" (or "D" or "I," etc.). However, if he or she does know a Spanish word with that sequence of letters, the student who challenged gets a letter.

WORD GEOGRAPHY

This game is an adaptation of the English game "Geography." One student starts by saying a word. The next student must say a word that begins with the last letter of the previous word. Anyone who fails to do so is eliminated, and the game continues until one person remains.

Example: Student 1: bueno
　　　　　Student 2: ojos
　　　　　Student 3: sol
　　　　　Student 4: la
　　　　　Student 5: aquí
　　　　　etc.

TWENTY QUESTIONS

One student thinks of an object (¿Qué es?), and the others, in turn, try to guess what it is by asking yes/no questions. The student who guesses correctly is "it," but if no one guesses after twenty questions, the student who was "it" thinks of another object and the game begins again.

(Other possible questions: **¿Quién soy?, ¿Dónde estoy?, ¿Cuál es mi profesión?**)

CHALLENGE

The teacher gives the students some categories (e.g., **cosas azules; cosas que hacemos con las manos; cosas que dice el profesor (la profesora) cuando** . . .) and lists on the board all the items the students can think of belonging to those categories.

TIC-TAC-TOE

The class is divided into two teams. A tic-tac-toe board is set up which has one subject pronoun written on each of the squares and then covered. One member of the team chooses a square. The teacher (or another student) uncovers the pronoun and gives the team member a verb to conjugate in a particular tense, corresponding to the subject pronoun. If the student does it correctly, his or her team wins the square. If not, the turn is forfeited and the other team selects a square. A team wins the game when it has three squares in a row uncovered.

¡CARAMBA!

The teacher distributes blank ditto sheets, divided into 16 squares. The teacher then gives the students a category (clothing, school, food, etc.), and the students fill in the spaces with Spanish words belonging to the category. One at a time, the teacher calls out words that belong to the category, and if the students have the word, they cross it off their sheets. The first one to get four in a row horizontally, vertically, or diagonally calls out ¡Caramba! and is declared the winner.

¡BÚSCALO!

This is an adaptation of the American card game "Go Fish," and is best played in groups of four or five. Five cards are given to each player, and any pairs are placed face up on the desk. The object of the game is to get the most pairs, and this is done by asking another group member if he or she has the card that would give the student a pair. The student can continue asking whomever he or she wishes for cards until someone does not have the card asked for. The player asking is then told "¡Búscalo!" He or she picks up the top card from the remaining deck, and the person to his or her right asks for cards. (ace = as; king = rey; queen = reina; jack = sota)

(Written games)

BUSCAPALABRAS

This can best be described as a "block of letters" in which are hidden various Spanish words. These words may be written forward, backward, diagonally or upside down, as long as there is consecutive placement of the letters of the word. The students are given the list of the words they are to find (in Spanish or in English) and are given a set amount of time to find them. The game may also be set up as a contest, the first student to find all the words being declared the winner.

P	R	O	S	O	M	I	L	I	A	B
R	A	T	R	A	B	A	J	A	R	M
E	T	A	R	L	R	A	T	R	O	C
P	R	E	E	A	E	C	H	O	C	O
A	A	V	C	H	V	E	A	M	T	S
R	B	S	I	A	I	R	B	U	S	C
A	U	T	V	B	V	E	L	P	A	P
B	T	S	O	M	E	M	O	C	R	A

BUSCAR
COMEMOS
CORTAR
HABLO

PREPARA
TRABAJAR
VIVE

CROSSWORD PUZZLES

These are simple to prepare and can be imaginative and creative. They can take any shape or form and be as long or as short as the teacher wishes. The following is an example of a puzzle that reviews clothing:

43

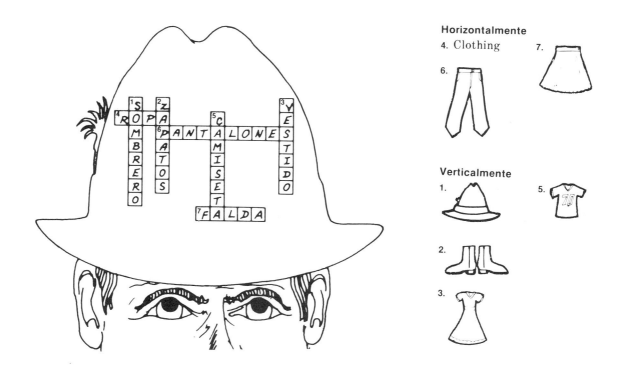

4. Clothing
7.

6.

Verticalmente
1.

2.

3.

5.

CATEGORIES

The students are given a chart with categories on the horizontal axis and letters on the vertical axis. The students must write one word for each category beginning with each of the letters.

	alimentos	lugares	colores
M	manzana	México	morado
A	azúcar	Argentina	azul
C	café	Colombia	café

FOLLOW THE DOTS

This is an adaptation of the juvenile game, with the numbers written out. The students connect them and discover a hidden figure or message.

44

The students must rearrange scrambled letters to form a Spanish word. Each group of scrambled words should pertain to a common theme.

EAIRNP = _P__I__E__R__N__A_

CAAR = _C__A__R__A_

PLEASAD = _E__S__P__A__L__D__A_

In addition to the above suggestions, teachers can adapt any popular television game show ("Password," "Jeopardy," "The $25,000 Pyramid," "Name That Tune," etc.) to Spanish. Students can also be asked to submit ideas for games, and as an extra-credit assignment can make up a game and write the rules.

6.3 Poems and Songs

Besides providing an excellent way to practice Spanish pronunciation and to reinforce grammar items, poems and songs can be used to teach Hispanic culture in a lively manner. Each poem or song should be preceded by a short introduction explaining its origin and/or its impact on the Hispanic people. At first, the teacher will want to use poems and songs with which the students may already be familiar and which make heavy use of repetition. Nursery rhymes and traditional songs ("Cielito Lindo," "La Cucaracha," etc.), combined with the Spanish versions of popular songs ("Jingle Bells," "Deck the Halls"), help students acquire a good pronunciation and provide a new medium for self-expression. Around the holiday season especially, songs provide ethnic flavor and an escape from the pre-holiday doldrums.

6.4 Cultural Activities

Since Hispanic communities in the United States are so numerous, it is not difficult to bring cultural activities into the classroom.

6.4.1 Dancing. By learning Hispanic dances, students will also be learning about Hispanic music. If information is available, the teacher should explain the origins and significance of the dance. If he or she is unfamiliar with this aspect of the Spanish-speaking world, there are several solutions:

— Attend a workshop or a dance studio where Hispanic dances are taught.

— Show students a film if you do not want to, or cannot because of space limitations, allow the students to dance in class.

— Persuade the gym teacher to include Hispanic dancing as part of the physical education program.

— Ask a student familiar with these dances to model the steps (perhaps as an extra-credit project).

6.4.2 Cooking. Cooking usually ranks as one of the students' favorite activities; even those who are not keen on preparing food will not turn down the opportunity to eat. Recipes for Hispanic dishes abound, and many are very simple to prepare (**plátanos fritos, tacos,** etc.).

6.4.3 Other classroom cultural activities. Some teachers regularly prepare "foreign festivals" which include regional food specialties, dances, and performances by students. These types of fiestas, which often occur during Foreign Language Week, require a great deal of preparation. If time does not permit such an enterprise, the class could try a "mini-fiesta":

— Students make, fill, and then break their own **piñatas,** as they do in Mexico at Christmastime.

— Students sample **mate** (a South American tea drunk by the gauchos of Argentina).

— Students hold a Hispanic crafts festival.

— Students have a "sing-in" — they learn the folk songs of a particular Hispanic country.

— Teacher arranges for foreign correspondence — the class can have a pen-pal class in a Hispanic country and exchange letters, journals, candy wrappers, records, etc.

6.4.4 Outside the classroom. The classroom can only provide an introduction to the life that exists on the outside. What better way to surround the students with another culture than by taking them into it? Classroom activities are limited by time and space, but the community outside has neither of these problems. After-school or weekend trips are possible, and the teacher may also be able to secure permission to go on a class trip during the school day.

In order for these outside activities to be successful, to have an impact on the students, and to make them see and experience the relevance of Spanish, they need to be carefully planned. Students could be given special assignments such as outside reading, research, etc., and could report to the class before the trip. Or the assignment could be given to everyone as homework. Some possible ideas for trips are

— *going to a Hispanic restaurant.* The teacher could call the restaurant a few days before the trip and get copies of the menu for the students. Ideally, a trip such as this would immediately follow a unit on food.

— *going to a Hispanic shop.* Many communities have shops selling Hispanic products, or which are owned and run by Hispanic people. Students can go in to make a list of the products that are sold (in a supermarket, gift shop, fashion boutique, etc.), to see in what ways our cultural products are similar and different.

— *going to a Hispanic museum.* Students will learn the history, architecture, and arts of the Hispanic world.

— *visiting a Hispanic community.* This is an excellent opportunity for students to observe firsthand how the people live, what they eat, what clothes they wear, etc.

— *going to Hispanic movies and plays.* Except in the case of dubbed or subtitled movies, or plays translated into English, the teacher will have to thoroughly prepare the students for what they will be seeing.

— *attending Hispanic festivals.* These are usually weekend celebrations; the students can participate in the Hispanic culture firsthand.

— *taking a summer trip to a Spanish-speaking country.* Depending on your geographical location, many of these summer trips are very affordable for students, and are the best motivators in the world.

Part Four:

Reference Guide for BIENVENIDOS

This part of the Teacher's Edition contains reference materials for easy accessibility.

7. Useful Expressions

The teacher who wishes to conduct the class entirely in Spanish may use the following vocabulary supplements.

7.1 Classroom Expressions

These classroom expressions may be copied and distributed to the students.

7.1.1 Palabras.

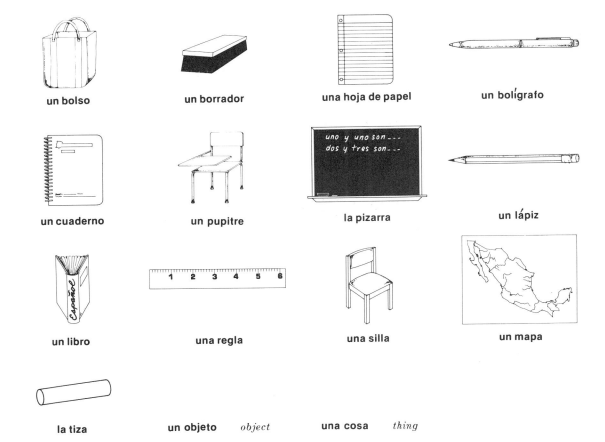

un bolso   **un borrador**   **una hoja de papel**   **un bolígrafo**

un cuaderno   **un pupitre**   **la pizarra**   **un lápiz**

un libro   **una regla**   **una silla**   **un mapa**

la tiza   **un objeto**   *object*   **una cosa**   *thing*

7.1.2 *Expresiones.*

Both the plural (**Escuchen**) and singular (**Escucha**) command forms are given here.

Escuchen (Escucha).	*Listen.*
Escuchen (Escucha) bien.	*Listen carefully.*
Repitan (Repite).	*Repeat.*
No repitan (No repitas).	*Don't repeat.*
Hablen (Habla) más alto.	*Speak up. Speak louder.*
Escuchen (Escucha) la pregunta.	*Listen to the question.*
Contesten (Contesta).	*Answer.*
No contesten (No contestes).	*Don't answer.*
Vengan (Ven) aquí (delante de la clase).	*Come here (in front of the class).*
Hagan (Haz) el papel de . . .	*Play the part of . . .*
Empiecen (Empieza).	*Begin.*
Gracias.	*Thank you.*
Siéntense (Siéntate).	*Sit down.*
Saquen (Saca) los libros (cuadernos).	*Take out your books (workbooks).*
Abran (Abre) los libros a la página . . .	*Open your books to page . . .*
Cierren (Cierra) los libros.	*Close your books.*
Saquen (Saca) un bolígrafo (un lápiz).	*Take out a pen (pencil).*
Saquen (Saca) papel.	*Take out some paper.*
Lean (Lee) en voz alta.	*Read aloud.*
Continúen (Continúa).	*Continue.*
Escriban (Escribe).	*Write.*
No escriban (No escribas).	*Don't write.*
Levántense (Levántate).	*Get up.*
Vayan (Ve) a la pizarra.	*Go to the board.*
Miren (Mira) la pizarra.	*Look at the board.*
Mírenme (Mírame).	*Look at me.*
Pongan (Pon) atención.	*Pay attention.*
Silencio.	*Silence.*
No hablen (No hables).	*Don't talk.*
Cuidado con la pronunciación (la ortografía).	*Careful with the pronunciation (spelling).*
Digan (Di) . . .	*Say . . .*
Díganle (Dile) . . .	*Tell him/her . . .*
Todos juntos.	*All together.*
Todo el mundo.	*Everyone.*
Otra vez.	*Again. Once more.*
¿Hay preguntas?	*Are there any questions?*
¿Comprenden? (¿Comprendes?)	*Do you understand?*
Levanten (Levanta) la mano.	*Raise your hand.*
En español.	*In Spanish.*
En inglés.	*In English.*

8. Detailed Listing of the Contents

This section lists the contents of BIENVENIDOS in chart form. The teacher will find these charts useful in preparing course objectives, lesson plans, study guides, and tests. As the course progresses, the teacher may use the charts to recall where specific sounds, words, structures, or cultural topics were introduced. Lists have been established under the following headings: Structure, Vocabulary, Pronunciation, Reading, and Culture.

8.1 Structure

These charts list the grammar sections of the Student Text and cross-reference of related exercises.

Estructuras	Text Exercises	Workbook Exercises
Unit 2 Nosotros los hispanoamericanos		
Lesson 2.1 A. Los verbos que terminan en -ar		
B. El presente: la forma *yo*	1	B1
C. La negación	2, 3	C1, C2
Lesson 2.2 A. El presente: las formas *el/ella y ellos/ellas*	1, 2, 3	A1
B. Preguntas con respuestas afirmativas y negativas	4, 5	B1, B2
Lesson 2.3 A. El presente: las formas *tú y usted*	1, 2, 3	A1
B. El infinitivo	4	B1
C. Preguntas para obtener información	5, 6, 7	C1, C2
Lesson 2.4 A. El presente: las formas *nosotros y ustedes*	1	
B. Repaso: el presente de verbos que terminan en -ar	2	B1
C. Me gusta	3	C1
D. Pronombres con la preposición	4, 5, 6	D1
Unit 3 Amigos . . . y amigas		
Lesson 3.1 A. El sustantivo y el artículo indefinido: masculino y femenino	1, 2	
B. Los artículos definidos: *el, la*	3	B1
C. *Ser*	4	C1
Lesson 3.2 A. Los adjetivos: formas del singular	1, 2, 3, 4	
B. La posición de los adjetivos	5, 6	B1, B2
Lesson 3.3 A. *Tener*	1, 2	
B. Sustantivos y artículos: formas del plural	4, 5	B1, B2
C. Adjetivos: formas del plural	6, 7, 8	C1
Lesson 3.4 A. Expresiones con *tener*	1, 2, 3, 4	
B. *Venir*	5, 6	B1
C. El pronombre relativo: *que*	8, 9, 10	C1

Estructuras	Text Exercises	Workbook Exercises
Unit 4 Y ahora . . . ¡México!		
Lesson 4.1 A. La *a* personal	1, 2	A1
B. Contracciones: *al* y *del*	4, 5, 6	B1, B2
Lesson 4.2 A. *Estar*	1, 2	A1
B. *Ir*	3, 4, 5	
C. El futuro próximo con *ir*		C1
Lesson 4.3 A. *Ser* y *estar*	1, 2, 3, 4	A1, A2
B. *Estar* + el participio presente	5, 6, 7	B1
Lesson 4.4 A. Los pronombres *lo, la, los, las*	1, 2, 3	A1, A2, A3
B. Los pronombres con el infinitivo	5, 6, 7	B1
Unit 5 Mi familia y yo		
Lesson 5.1 A. Verbos regulares que terminan en *-er* y en *-ir*	1, 2, 3	A1, A2
B. *Ver*	6	B1
C. El uso de *de* para indicar posesión	7	C1
Lesson 5.2 A. Los adjetivos posesivos: *mi* y *tu*	1, 2, 3	A1, A2
B. Sustantivo + *de* + sustantivo	4, 5	B1
C. *Hacer*	6, 7	C1
Lesson 5.3 A. *Decir*	1, 2	A1
B. El adjetivo posesivo: *su*	4, 5	B1, B2
C. El adjetivo posesivo: *nuestro*	6	
Lesson 5.4 A. Repaso: los adjetivos posesivos	1	A1
B. Repaso: los pronombres *lo, la, los, las*	2, 3, 4, 5	
C. *Dar*	6	C1
D. Los pronombres *le, les*	7, 8, 9, 10	D1, D2

8.2 Vocabulary

The following tables summarize the contents of the *Vocabulario especializado* sections.

Vocabulary Topic	Lesson	Page
Los números		
Los números de 0 a 10	1.3	16
Los números de 11 a 100	1.3	18
	Appendix I	214
El tiempo		
La hora	1.4	21, 24
El tiempo	1.6	33
	5.1	172
La temperatura	1.6	34
La fecha	1.5	28
La vida de todos los días		
Saludos y respuestas	1.2	11
La gente	3.1	85
La familia	5.2	179
Los animales domésticos	5.2	182
Actividades	2.1	52
	2.2	59
Unos objetos	3.3	100-101
Transportes	4.4	159
La descripción		
El país y la nacionalidad	3.4	112-113
La descripción de una persona	3.2	92-93
Adjetivos	5.3	187
Unos adjetivos	3.3	106
Otros adjetivos	4.3	151
En casa		
La casa	5.3	190
Los estudios		
La lectura	5.1	172
Verbos		
Otros verbos en *-ar*	4.1	134-135
Verbos que terminan en *-er* y en *-ir*	5.1	170-171
Verbos que usan objetos directos	5.4	196
Verbos utilizados con objetos indirectos	5.4	198
Expresiones útiles		
Lugares	4.2	142-143
Expresiones de lugar	4.2	145
Palabras interrogativas y responsivas	2.3	66-67
Palabras útiles	2.1	54
Palabras frecuentes	4.4	161

8.3 Pronunciation

The following list shows where specific phonemes (sounds), phonetic features and sound-spelling correspondences are introduced. Some consonants which show only slight phonetic differences between Spanish and English have not been given individual attention and practice.

Phonemes	Introduced on page. . .
Vowels	
a	12
e	18
i	24
u	30
o	36
Consonants	
h	54
jota	55
ll	60
v	68-69
r	76
ñ	115
d	138-139
s	146
c	146
z	146
b	174

Phonemes	Introduced on page. . .
rr	182
g	190-191
l	199
Special features	
alphabet	6
linking	88, 106
diphthongs	96
stress	154
accent marks	161

8.4 Reading

The following section summarizes the reading skills taught in the *El arte de la lectura* sections in Units 2 through 5.

Skill	Page
Understanding new words	79
Cognate patterns	118
Recognizing -ar verbs	165
Adjectives of nationality	202

8.5 Culture

The following list contains the cultural topic of each *Nota cultural* section and the *Vistas*. A specific cultural reading may be listed more than once if its topic fits several categories.

Topic	Vistas	Notas culturales
Los hispanohablantes		3
Los nombres hispanos		6
Los hispanos en los Estados Unidos	44	63, 71
Profesionales hispanohablantes	46-47	
	210-211	
La familia hispánica		177, 194
El cumpleaños y el día del santo		27
Monedas de los países hispánicos		15
El arte de regatear		17
Nuestra herencia hispánica		51
Un poco de historia		57
Influencia española en el origen de los nombres	45	
Los jóvenes		
Los saludos		10
Los «teenagers» hispanos		10
Jóvenes en Hispanoamérica y en España	40-41	
La escuela	120-128	133, 316
Los amigos		83, 91
Citas		99
Los pasatiempos		
Las fiestas		99
La música		141
El fútbol	203, 208-209	
Los deportes	204-212	
El mundo hispano		
Tres ciudades hispánicas		109
Caracas		185
Cuernavaca		141
Guadalajara y Manzanillo		149
El turismo en México		157
Las relaciones mexicano-norteamericanas		149
Nueva York, ciudad hispánica		169
Los americanos		109
Puebla		133
Viviendo en apartamentos		185
La hora hispánica		22
El sistema métrico	125	35
Los ruidos españoles	43	
Las estaciones		33

Spanish for Mastery
Bienvenidos

Jean-Paul Valette

Rebecca Valette

Contributing Writer
Frederick Suárez Richard

Editor-Consultants
Teresa Carrera Hanley
Clara Inés Olaya

 D. C. HEATH AND COMPANY
Lexington, Massachusetts   Toronto

ILLUSTRATIONS: Mel Dietmeier

MAPS: George Ulrich

COVER DESIGN: Robert and Marilyn Dustin

CONSULTANTS: Kenneth Chastain, University of Virginia
Alicia G. Andreu, Middlebury College
Susan Crichton, Lynnefield H.S., Massachusetts
Karen Davis, McLean Middle School, Texas
Judith Morrow, Bloomington H.S. South, Indiana
Delores Rodriguez, San Jose Unified School Dist., California

The authors wish to thank Sheila Irvine, Gene Kupferschmid, Cathy Linder-Marczyk, Elba E. López, Ana María Migliassi, Elena Marsh, and Argentina Palacios for their assistance in the course of the project. The authors would also like to express their appreciation to Roger Coulombe, Victoria Devlin, Pamela Evans, and Josephine McGrath of D.C. Heath and Company.

Published simultaneously in Canada.

Printed in the United States of America.

International Standard Book Number: 0-669-03734-6

Library of Congress Catalog Card Number: 80-82397

Queridos amigos,
Dear friends,

The language that you are going to study this year (and hopefully continue to study in the years to come) is a very special language. It is present all around us! Think of the many states, cities, rivers and mountains which bear Spanish names: Florida, Nevada, Colorado, Los Angeles, Santa Fe, El Paso, the Sierra Nevada, the Rio Grande.... The list is endless.

More important, Spanish is very much alive in the United States because some 13 million Americans speak it every day! Think of the people around you: you may have a friend with an Hispanic name, or you may have been to an Hispanic shop or restaurant in your town, or know of famous people whose names are Spanish, or you yourself may be of Hispanic heritage. ... For young Americans, learning Spanish is not learning a "foreign" language, but learning their second national language!

Obviously the domain of Spanish extends far beyond the boundaries of the United States. Spanish is the language of Spain, Mexico, Central America and most of South America. It is also spoken in parts of the Philippines and parts of Africa. It is the official language of 20 countries and is one of the five official languages of the United Nations. It is spoken daily by 250 million people around the world, and is understood by many millions more. All in all, Spanish is one of the most widely used and most useful languages of the world.

The study of Spanish is important for several other reasons. Language is part of culture. In learning a language, you learn not only how other people express themselves, but also how they live and what they think. It is often by comparing ourselves with others, by investigating how we differ and how we are similar, that we begin to learn who we really are. Your experience in learning Spanish will therefore help you understand your own culture better.

Soon you will discover many similarities between Spanish and English. They have many words in common, and others which are closely related. Knowing Spanish will help you understand *your* language better, and even increase your English vocabulary!

Spanish is the native language of many great writers, poets and artists whose ideas have shaped our own ways of thinking and feeling. Knowing Spanish may help you better understand these ideas and, consequently, the world in which we live.

Last, but not least, Spanish is a language used in business, in the professions and in the trades, both abroad and here in the United States. Americans who choose to serve their fellow citizens as doctors, nurses, lawyers, social workers, teachers, firefighters and law enforcement officers will find they can perform their tasks more effectively if they speak Spanish.

As you see, knowing Spanish is not an end in itself, but a step toward several worthwhile objectives: communication with others here and abroad, increased knowledge of the world in which we live, better understanding of ourselves ... and maybe an extra advantage when you are looking for a job!

Y ahora, ¡adelante con el español!
And now, forward with Spanish!

Jean-Paul Valette   Rebecca M. Valette

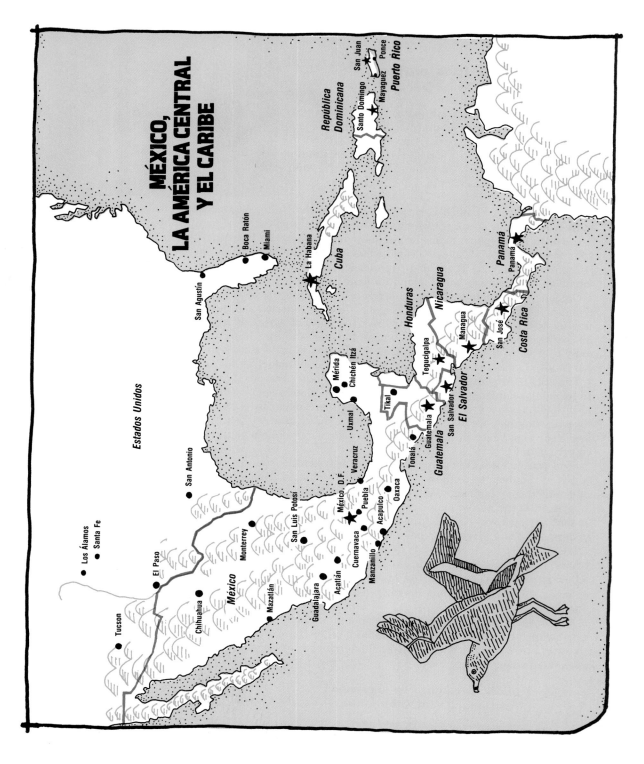

MÉXICO,
LA AMÉRICA CENTRAL
Y EL CARIBE

Estados Unidos

Los Álamos
Santa Fe
Tucson
Chihuahua
El Paso
San Antonio
Mazatlán
México
Monterrey
San Luis Potosí
Guadalajara
Acatlán
Cuernavaca
Manzanillo
México, D.F.
Puebla
Acapulco
Oaxaca
Veracruz
Tonalá
Uxmal
Chichén Itzá
Mérida
Guatemala
Tikal
Guatemala
San Salvador
El Salvador
Tegucigalpa
Honduras
Nicaragua
Managua
San José
Costa Rica
Panamá
Panamá
San Agustín
Boca Ratón
Miami
La Habana
Cuba
Santo Domingo
República Dominicana
Mayagüez
San Juan
Ponce
Puerto Rico

LA AMÉRICA
DEL SUR

Cartagena

Maracaibo

Caracas

Venezuela

GUYANA

SURINAM

GUAYANA FRANCESA

Bogotá

Colombia

Islas Galápagos

Ecuador

Quito

Guayaquil

BRASIL

Perú

Lima

Cuzco

Nazca

Bolivia

La Paz

Sucre

Paraguay

Chile

Asunción

Isla de Pascua

Córdoba

Valparaíso

Argentina

Uruguay

Santiago

Buenos Aires

Montevideo

ESPAÑA

FRANCIA

ASTURIAS
La Coruña
Santiago de Compostela
GALÍCIA
Vigo
LEÓN
PORTUGAL
EXTREMADURA

Bilbao
San Sebastián
VASCONGADAS
NAVARRA
Pamplona

Burgos
CASTILLA LA VIEJA

San Felíu de Guíxols
CATALUÑA
Barcelona

Valladolid
Segovia
Salamanca
Ávila
ARAGÓN
★ Madrid
Toledo
CASTILLA LA NUEVA
VALENCIA
Valencia

MURCIA

ISLAS BALEARES

Córdoba
Sevilla
ANDALUCÍA
Granada
Málaga
Cádiz

ISLAS CANARIAS

CONTENTS

Unidad 4   Y ahora . . . ¡México!   130

Me llamo . . .

Alberto
Alonso
Andrés
Antonio
Carlos
Diego
Domingo
Eduardo
Enrique
Esteban

Federico
Felipe
Francisco (Paco)
Guillermo
Jaime
Jesús
José (Pepe)
Juan
Luis
Manuel

Miguel
Pablo
Pedro
Ramón
Raúl
Rafael
Ricardo
Roberto
Salvador
Tomás

Alicia
Ana
Anita
Bárbara
Beatriz

Carolina
Carlota
Catalina
Clara
Cristina
Elena
Emilia
Francisca (Paca)
Inés
Isabel
Josefina (Pepita)
Juana
Juanita
Linda
Lucía

Luisa
Manuela
María
Mariana
Marta
Rosa
Rosalinda
Susana
Teresa
Verónica

Unidad 1

¡Bienvenidos!

1.1 Presentaciones

Boys in Oaxaca

1.2 ¡Hola!

Girl in Quito

1.3 ¿Cuánto es?

Market, Guadalajara

OBJECTIVES:
Language
This unit introduces students to the Spanish language and its sound system via basic stock phrases which relate to their daily environment.

Family in
Riobamba, Ecuador

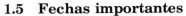

1.4 Una cita

1.5 Fechas importantes

1.6 ¿Qué tiempo hace?

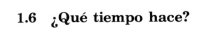

Resort, Gulf of Mexico

In Chapultepec Park, Mexico City

Communication
By the end of this unit, students will be able to use Spanish:
  • To introduce themselves
  • To greet others
  • To tell time and read timetables
  • To give the date
  • To use numbers up to 100 in discussing prices
  • To talk about the weather

Culture
In this unit, the students are introduced to the Spanish-speaking world, its
breadth and variety.

A. ¿CÓMO TE LLAMAS?

(On the first day of school in San Antonio, Texas)

Alicia: ¿Cómo te llamas?
Carlos: Me llamo Carlos, ¿y tú?
Alicia: ¡Me llamo Alicia!
Carlos: ¿Eres de Puerto Rico?
Alicia: ¡No!
Carlos: ¿Eres de México?
Alicia: ¡No!
Carlos: ¿Eres de Panamá?
Alicia: ¡No, no, no! Soy de San Antonio . . .
        ¡como tú!

A. WHAT'S YOUR NAME?

What's your name?
My name is Carlos; and yours?
My name is Alicia!
Are you from Puerto Rico?
No.
Are you from Mexico?
No.
Are you from Panama?
No, no, no! I'm from San Antonio,
like you!

Avoid giving word-for-word translations of expressions such as **¿Cómo te llamas?**. However, you may want to point out quickly that different languages have different ways of expressing the same idea. E.g., **¿Cómo te llamas?** literally means *How do you call yourself?*, and not *What's your name?*.

Anita Báez
México

Felipe Díaz
España

Ricardo Santana
Perú

Roberto Ávila
Puerto Rico

Nota cultural   OPTIONAL

Los hispanohablantes
(The Spanish-speakers)

Today, Spanish is spoken by about two hundred and fifty million people around the world. These people who share the same language are the Hispanic people. They live in Spain, South and Central America, Mexico, the Caribbean . . . and also in the United States. As many as twelve million Americans are of Hispanic background.

José Morales
Estados Unidos

Marisa Ochoa
Argentina

Dolores Jiménez
Costa Rica

Nombre			
Ávila, Roberto	Avenida Ponce de León	San Juan	Puerto Rico
Báez, Anita	Avenida Chapultepec	Puebla	México
Díaz, Felipe	Calle Cervantes	Toledo	España
García, Carmen	Avenida Colón	Bogotá	Colombia
Jiménez, Dolores	Avenida San Martín	San José	Costa Rica
Machado, Carlos	Avenida de la Libertad	Panamá	Panamá
Montero, María	Avenida José Martí	La Habana	Cuba
Morales, José	San Pedro Road	San Antonio	Texas, Estados Unidos
Ochoa, Marisa	Plaza de la República	Buenos Aires	Argentina
Pérez, Ricardo	Ponce de León Boulevard	Miami	Florida, Estados Unidos
Sánchez, Pedro	Avenida América	Quito	Ecuador
Santana, Ricardo	Avenida Emancipación	Lima	Perú
Vilar, Luisa	Avenida Simón Bolívar	La Paz	Bolivia

The above streets and avenues are real places. You may point out the various cities and countries on a world map.

ACTIVIDAD 1 **Presentaciones** *(Introductions)*

Imagine that you are in a school in Colombia. It is the first day of school and the new students are introducing themselves to one another. Play the roles of these students.

🔊 José / Anita

José: ¿Cómo te llamas?
Anita: Me llamo Anita, ¿y tú?
José: Me llamo José.

You can ask the students to find the English equivalents of these names.

1. Tomás / Teresa
2. Diego / Susana
3. Luis / Luisa
4. Miguel / Ana
5. Pablo / Emilia

6. Ramón / Inés
7. Ricardo / Clara
8. Juan / Anita
9. Felipe / María
10. Pedro / Isabel

NOTAS:
1. You may have noted the accent mark in certain names (José, María, Tomás, Inés). Accent marks are part of Spanish spelling. They should not be left out!

2. In Spanish, question marks and exclamation points occur at the beginning as well as at the end of a question or exclamation. These punctuation marks are written upside down at the place where the question (¿) or exclamation (¡) begins.

ACTIVIDAD 2 ¿De dónde eres? *(Where are you from?)*

Say where you are from. Then ask a classmate where he or she is from.

⟡ Estudiante 1: Soy de [San Antonio], ¿y tú?
  Estudiante 2: Soy de [Houston].

ACTIVIDAD 3 ¡Hola! OPTIONAL

Choose one of the Hispanic young people listed in the address book on the left and pretend to be that person. Introduce yourself to the class.

⟡ ¡Hola! Me llamo Roberto Ávila. Soy de San Juan.

ACTIVIDAD 4 ¿Quién eres? *(Who are you?)* OPTIONAL

A classmate will play the part of one of the young people in the address book. Have an interview according to the model.

VARIATION: Have "interviews" with the people on page 44.

⟡ Estudiante 1: ¡Hola! ¿Cómo te llamas?
  Estudiante 2: Me llamo Anita Báez.
  Estudiante 1: ¿Eres de México?
  Estudiante 2: ¡Sí! Soy de México.

B. ¿QUIÉN ES?

Alicia: ¿Quién es?
Carlos: ¡Es Dolores Hernández!
Alicia: ¿Dolores Fernández?
Carlos: ¡No! ¡Hernández, con H (hache)!

WHO IS THAT?

Who is that?
It's Dolores Hernández.
Dolores Fernández?
No, Hernández, with an H.

Nombres hispánicos
(Spanish names)

For many people in Spanish-speaking countries, the Catholic religion is a way of life which begins from birth. Spanish first names are usually given in honor of Catholic saints. Many girls' names refer to the Virgin Mary. The name *Dolores*, for instance, is an abbreviation of *Nuestra Señora de los Dolores* — Our Lady of the Sorrows. Other names which honor the Virgin Mary are: *Carmen, Concepción, Consuelo, Pilar, Mercedes.*

• The above names have the following origins: Carmen (Our Lady of Carmel), Concepción (Our Lady of the Immaculate Conception), Consuelo (Our Lady of Consolation), Pilar (Our Lady of the Pillar), Mercedes (Our Lady of Mercies).
• Hispanic people often have double names. Boys: Luis Manuel, Juan Carlos, José Luis, José Antonio. Girls: Ana María, Mari Carmen, Mari Luisa.
• Today non-Spanish names are becoming more common, especially in U.S. Hispanic communities and in large cities of the Spanish-speaking world.
SUGGESTED REALIA: photograph page of "**Los bebés de** *Buenhogar*," in every issue of that magazine.

Pronunciación   El alfabeto español

Knowing the Spanish alphabet will help you spell Spanish words. It will also help you practice pronouncing Spanish sounds. Here are the letters of the Spanish alphabet, along with their Spanish names.

The letters k and w are only found in words borrowed from other languages.

a	a	**j**	jota	**r**	ere
b	be	**k**	ka	**rr**	erre
c	ce	**l**	ele	**s**	ese
ch	che	**ll**	elle	**t**	te
d	de	**m**	eme	**u**	u
e	e	**n**	ene	**v**	ve
f	efe	**ñ**	eñe	**w**	doble ve
g	ge	**o**	o	**x**	equis
h	hache	**p**	pe	**y**	i griega
i	i	**q**	cu	**z**	zeta

The Spanish alphabet contains three more letters than the English alphabet: **ch, ll,** and **ñ.** When Spanish words are put in alphabetical order the letters **ch, ll,** and **ñ** come after **c, l,** and **n,** respectively.

ACTIVIDAD 5   Nombres   OPTIONAL   VARIATION: Spell out names of Hispanic countries.

Spell out loud the following names in Spanish:

　your first name
　your last name
　the names of your father and mother or brothers and sisters

Entre nosotros

Expresión para la conversación

aquí   *here*

Soy de **aquí**, como tú.   *I'm from here, like you.*
Y María, ¿es de **aquí**?   *And María, is she from here?*
Y Pablo, ¿es de **aquí**?   *And Pablo, is he from here?*

Mini-diálogos

Use the words in the pictures to replace the underlined words.

Miguel

Puerto Rico

Carmen: ¿Quién es?
José: ¡Es Miguel!
Carmen: ¿Es de aquí?
José: ¡No! ¡Es de Puerto Rico!

Isabel — México

Carlos — Ecuador

Panamá — Dolores

Colombia — Luisa

¡Hola!

¡Hola, Carlos!
¡Hola, María!

¡Hola, Felipe!
¿Qué tal, Carolina?

Hola, Luis, ¿qué tal?
Muy bien, ¿y tú?

¡Hola, José! ¿Cómo estás?
Bien, ¿y tú?

Buenos días, señora Sánchez.
Buenos días, señora Camacho.

¡Buenos días, señor Fonseca! ¿Cómo está usted?
¡Muy bien, señor Montero!

¡Adiós, Luisa!
¡Adiós, Miguel!

Hello, Carlos!
Hi, María!

Hi, Felipe!
How's it going, Carolina?

Hello Luis, how are you?
Very well, and you?

Hi, José! How are you?
Fine, and you?

Good morning, Mrs. Sánchez.
Good morning, Mrs. Camacho.

Good morning, Mr. Fonseca. How are you?
Very well, Mr. Montero!

Goodby, Luisa!
'Bye, Miguel!

Saludando a los amigos
(Greeting friends)

Hispanic people are very open in showing their friendship. Teenagers, for instance, greet each other not only with words, but also with marks of affection. Boys shake hands. Girls kiss each other on the cheek. Boys and girls shake hands. These signs of friendship are used every time that young people meet, even if it is several times a day.

Informalidad y formalidad

Spanish speakers tend to be more formal than English speakers. Here are two examples of this formality. In the United States, we say "Hi" or "Hello" when we meet a friend or a teacher. An Hispanic teenager will say *¡Hola!* to a friend, but when meeting a teacher may use the more formal greetings *¡Buenos días!, ¡Buenas tardes!* and *¡Buenas noches!*

In the United States we would ask "How are you?" of both close friends and more distant acquaintances. There are two ways of asking this question in Spanish, depending on the relationship between the speakers. Hispanic teenagers will say *¿Cómo estás?* to a friend or a member of the family. They will use the more formal *¿Cómo está usted?* with all other persons.

Hispanic formality is not a sign of reserve. It is a mark of respect and a way of life.

To greet someone . . .	*saludos*	*respuestas*
informally:	**¡Hola!**	**¡Hola!**
	¿Cómo estás?	**¡Muy bien! ¿y tú?**
	¿Qué tal?	**¡Bien, gracias!**
formally:		
(in the morning)	**¡Buenos días, señor!**	**¡Buenos días!**
(in the afternoon)	**¡Buenas tardes, señorita!**	**¡Buenas tardes!**
(in the evening)	**¡Buenas noches, señora!**	**¡Buenas noches!**
	¿Cómo está usted?	**¡Muy bien, gracias! ¿y usted?**
To say goodby. . .		
formally and informally:	**¡Adiós!**	**¡Adiós!**
	¡Hasta luego!	**¡Hasta luego!**
	¡Hasta la vista!	**¡Hasta la vista!**

Supply English equivalents for these common phrases as students need them.

NOTA: In written Spanish, the following abbreviations, which are always capitalized, are commonly used:

Sr. señor **Sra.** señora **Srta.** señorita **Ud.** (or **Vd.**) usted

ACTIVIDAD 1   En el restaurante

Imagine that you are eating lunch in a Spanish restaurant. You notice the following friends who are arriving with their parents. Greet each person, using **¡Hola!** or **¡Buenas tardes!** as appropriate.

- The de of a married woman's name is explained in the culture note, Lesson 10.3.
- "Mr. and Mrs. Vilar" would be **Los señores Vilar**.

🗫 Carlos   ¡Hola, Carlos!
   Señor Sánchez   ¡Buenas tardes, señor Sánchez!

1. Carmen	5. Luisa	9. Señora de López
2. Miguel	6. Teresa	10. Señor Ortiz
3. Felipe	7. Señor Pérez	11. Señorita Fonseca
4. Manuel	8. Señora de Vilar	12. Señorita Velázquez

ACTIVIDAD 2   En la calle

Imagine you meet the following people in the street at the time of day indicated. Greet them appropriately.

VARIATION: Greet the people on pages 46-47.

🗫 🌙 Señor Alonso   Buenas noches, señor Alonso.

1. ☀ Señor Morales   4. ☀ Señor Ortiz

2. 🌙 Señora de Santana   5. 🌥 Señora de Sera

3. 🌅 Señorita León   6. 🌙 Señorita Montero

ACTIVIDAD 3   De paseo (*Walking down the street*) OPTIONAL

Imagine that you are spending your vacation in Spain. After supper, you engage in one of the favorite Spanish activities which consists of strolling down the street. As you walk, you meet the following people and ask them how they are. Use **¿Cómo estás?** and **¿Cómo está Ud.?** as appropriate.

> Carlos   ¿Cómo estás, Carlos?
> Señor Sánchez   ¿Cómo está Ud., señor Sánchez?

1. Dolores
2. Señor García
3. Inés
4. Señora de Pascual
5. Roberto

6. Señor Guitarte
7. Paco
8. Señora de Iturbe
9. Luis
10. Señorita Meléndez

ACTIVIDAD 4   Adiós   OPTIONAL

Say goodby to the following people, using the expression suggested.

> Manuel (Adiós)   ¡Adiós, Manuel!

(Adiós)
1. Felipe
2. Ramón
3. Tomás

(Hasta luego)
4. Luisa
5. Sr. Martí
6. Sra. de Fonseca

(Hasta la vista)
7. Catalina
8. Sra. de Machado
9. Sr. Pacheco

 # Pronunciación   El sonido de la vocal *a*

Model word: <u>A</u>n<u>a</u>

Practice words: h<u>a</u>st<u>a</u> <u>A</u>nit<u>a</u> C<u>a</u>t<u>a</u>lin<u>a</u> P<u>a</u>n<u>a</u>má

Practice sentences: ¡H<u>a</u>st<u>a</u> l<u>a</u> vist<u>a</u>, <u>A</u>nit<u>a</u>!
              ¡Hol<u>a</u>, <u>A</u>n<u>a</u>! ¿Qué t<u>a</u>l?

Be sure students avoid the English a of "Ann."

The sound of the Spanish vowel **a** is similar to but shorter and more precise than the sound of the English vowel **a** of "father."

Entre nosotros

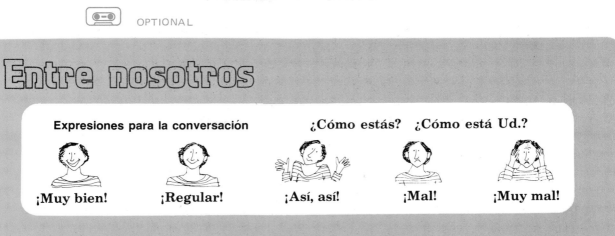

Expresiones para la conversación

¿Cómo estás? ¿Cómo está Ud.?

¡Muy bien!   ¡Regular!   ¡Así, así!   ¡Mal!   ¡Muy mal!

Mini-diálogos

Use the suggestions in the pictures to create new dialogs. Remember to use the appropriate level of formality.

Anita: ¡Buenos días, señor Chávez!
Sr. Chávez: ¡Buenos días, Anita!
Anita: ¿Cómo está Ud.?
Sr. Chávez: ¡Muy bien, gracias!

Anita y Sr. Chávez

Pilar y Luisa

Sra. de Martí y Sr. Sánchez

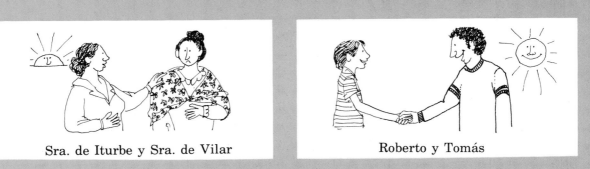

Sra. de Iturbe y Sra. de Vilar

Roberto y Tomás

13

Lección 3   *¿Cuánto es?*

A. MÉXICO — EN UN CAFÉ

Elena:	¡Camarero! Dos Coca-Colas, por favor.
Camarero:	Con mucho gusto, señorita.
Elena:	¿Cuánto es?
Camarero:	Seis pesos.
Elena:	Aquí tiene diez pesos.
Camarero:	Gracias, señorita.
	Aquí tiene el vuelto: siete, ocho, nueve, diez.
Elena:	Gracias.
Camarero:	De nada, señorita.

A. MEXICO — IN A CAFE

Waiter! Two Coca-Colas, please.
With pleasure, miss.
How much is that?
Six pesos.
Here's ten pesos.
Thank you, miss.
Here's your change: seven, eight, nine, ten.
Thanks.
You're welcome, miss.

Monedas de los países hispánicos
(Hispanic currency)

Although they share a common language, the various Hispanic countries are far from similar. Their people are different and so are their traditions, their customs, their forms of government, their economic systems . . . and their national currencies. Here are the monetary units of some of these countries.

la Argentina: el peso	Guatemala: el quetzal
Bolivia: el peso	el Perú: el sol
el Ecuador: el sucre	México: el peso
España: la peseta	Venezuela: el bolívar

• Refer to p. 217 for the peso's various values.
• SUGGESTED REALIA: currency from Hispanic countries.

• Venezuela and Ecuador have named their monetary units in honor of the heroes of their independence, Simón Bolívar and Antonio José de Sucre.
• Guatemala has given its currency the name of a beautiful Central American bird, the quetzal.
• Peru follows Inca tradition and honors the sun (el sol) on its national currency.

Lección tres

15

vocabulario especializado — Los números de 0 a 10

The word **cero** is of Arabic origin.

0	**cero**	3	**tres**	6	**seis**	9	**nueve**
1	**uno**	4	**cuatro**	7	**siete**	10	**diez**
2	**dos**	5	**cinco**	8	**ocho**		

Between the 8th and 15th centuries, most of Spain was occupied by the Arabs.

ACTIVIDAD 1   Números de teléfono

Imagine that the following Mexican teenagers are exchange students in your school. Give each person's phone number, according to the model.

Felipe 324-5278   El número de Felipe es tres-dos-cuatro-cinco-dos-siete-ocho.

1. Ramón 527-9031
2. Luisa 442-6839
3. Isabel 964-8701
4. Dolores 862-0483

5. Pilar 782-3942
6. Carmen 681-0357
7. Pedro 456-9801
8. Paco 612-3794

VARIATION: Have students give their own phone numbers.

ACTIVIDAD 2   En un café

Together with a classmate, play the roles of a customer and a waiter or waitress in a Mexican café. Use the menu which appears below. **¿Cuánto cuesta __?** means *How much does __ cost?* Follow the model.

Both masculine and feminine forms will be given in the dialogs until gender is explained on page 84.

el café   Cliente: ¡Camarero! (¡Camarera!)
Camarero(a): Sí, señor (señorita).
Cliente: ¿Cuánto cuesta el café?
Camarero(a): Cuatro pesos, señor (señorita).

(el) café	4 pesos	(el) sándwich	10 pesos
(el) té	4 pesos	(la) hamburguesa	10 pesos
(el) chocolate	5 pesos	(el) burrito	6 pesos
(la) Coca-Cola	3 pesos	(el) taco	6 pesos

The Mexican peso = about 4 cents U.S.

B. BOLIVIA — EN UN MERCADO

B. BOLIVIA — IN A MARKETPLACE

Pedro: ¡Perdón, señor! ¿Cuánto cuesta el sombrero?	Excuse me, sir! How much is the hat?
El vendedor: ¿El sombrero? ¡Treinta pesos, señor!	The hat? Thirty pesos, sir.
Pedro: ¡Veinte!	Twenty!
El vendedor: ¡No, señor! ¡Veinte y ocho pesos! ¡Menos, no!	No, sir. Twenty-eight pesos. No less!
Pedro: ¡Veinte y tres!	Twenty-three!
El vendedor: ¡No, veinte y seis!	No, twenty-six.
Pedro: ¡Veinte y cinco!	Twenty-five!
El vendedor: Bueno . . . ¡pero es un regalo!	OK . . . but it's a gift (a giveaway)!!

Nota cultural

OPTIONAL

El arte de regatear
(The art of bargaining)

In most cities, prices in shops are fixed and clearly indicated on the merchandise. Since there is no possible confusion about the cost of the articles for sale, trying to bargain for a lower price would be in bad taste. However, many small villages have outdoor markets. There it is possible — and indeed expected — to discuss prices.

11	once	20	veinte	29	veinte y nueve
12	doce	21	veinte y uno	30	treinta
13	trece	22	veinte y dos	40	cuarenta
14	catorce	23	veinte y tres	50	cincuenta
15	quince	24	veinte y cuatro	60	sesenta
16	diez y seis	25	veinte y cinco	70	setenta
17	diez y siete	26	veinte y seis	80	ochenta
18	diez y ocho	27	veinte y siete	90	noventa
19	diez y nueve	28	veinte y ocho	100	ciento (cien)

The numbers 16-19 and 21-29 are often written as one word. The y becomes i, z becomes c, and **veinte** drops its e: **dieciséis, diecisiete, veintiuno, veintidós**, etc. The three-word form is used in this text as it is easier for students to learn.

ACTIVIDAD 3   En el puesto de periódicos (*At the newsstand*)

Imagine that you are earning money in Mexico selling papers at a newsstand. Newspapers (**periódicos**) are two pesos each, and magazines (**revistas**) are three pesos. Say how much the following cost.

2 periódicos   Dos periódicos cuestan (*cost*) cuatro pesos.

1. 3 periódicos
2. 4 periódicos
3. 5 periódicos
4. 10 periódicos
5. 12 periódicos
6. 2 revistas
7. 3 revistas
8. 4 revistas
9. 5 revistas
10. 6 revistas
11. 2 periódicos y 2 revistas
12. 2 periódicos y 3 revistas
13. 3 periódicos y 3 revistas
14. 20 periódicos
15. 30 periódicos

ACTIVIDAD 4   En el mercado

Imagine that you are in Bolivia at the marketplace. Bargain for a lower price on the following items. A classmate will play the part of the merchant. Use dialog B as a model.

1. el sombrero: 30 pesos
2. el sombrero: 20 pesos
3. el sombrero: 40 pesos
4. el poncho: 80 pesos
5. el poncho: 100 pesos
6. el poncho: 90 pesos

Pronunciación   El sonido de la vocal e

Model word: Pepe
Practice words: peso   peseta   cero   tres   es   café   trece
Practice sentences: ¿Cuánto es? ¿Trece pesetas?
                    ¡Camarero! Tres cafés, por favor.

The sound of the Spanish vowel **e** is similar to but shorter and more precise than the sound of the English vowel **a** in "tape."

Be sure students avoid the "uh" sound when pronouncing **peseta**. For simplicity, the two sounds of the Spanish vocal e, as heard in the e's of **peseta**, are not differentiated here.

Entre nosotros

Expresiones para la conversación

Here are some expressions of politeness used by Spanish speakers:

¡Por favor!	*Please*	—Un café, **por favor.**
¡Con mucho gusto!	*With pleasure!*	—**Con mucho gusto,** señor.
¡Gracias! **¡Muchas gracias!** }	*Thank you*	—**Gracias.**
¡De nada! **¡No hay de qué!** }	*You're welcome*	—**De nada.**

Mini-diálogos

Imagine you are in a stationery store in Madrid. Create new dialogs by replacing the underlined words with the expressions suggested in the pictures.

el mapa

Cliente: Por favor, ¿cuánto cuesta <u>el mapa</u>?

Vendedor(a): <u>Ochenta</u> pesetas.

Cliente: Aquí tiene <u>cien</u> pesetas.

Vendedor(a): *(making change)* <u>Noventa, y cien.</u>

Cliente: Muchas gracias.

Vendedor(a): De nada.

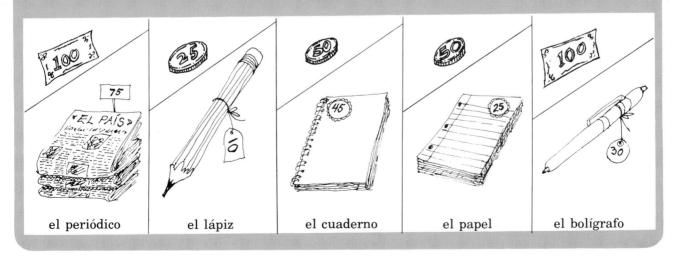

| el periódico | el lápiz | el cuaderno | el papel | el bolígrafo |

A. A LAS DOS

Anita: ¿Qué hora es, Clara?
Clara: Son las dos.
Anita: ¿Las dos? ¡Caramba!
Clara: ¿Qué pasa?
Anita: Tengo una cita con Antonio.
Clara: ¿A qué hora?
Anita: ¡A las dos! ¡Adiós, Clara!
Clara: ¡Hasta luego!

A. AT TWO O'CLOCK

What time is it, Clara?
It's two o'clock.
Two? Oh, no!
What's wrong?
I have a date with Antonio.
At what time?
Two o'clock! 'Bye, Clara!
See you later!

vocabulario especializado

¿Qué hora es?

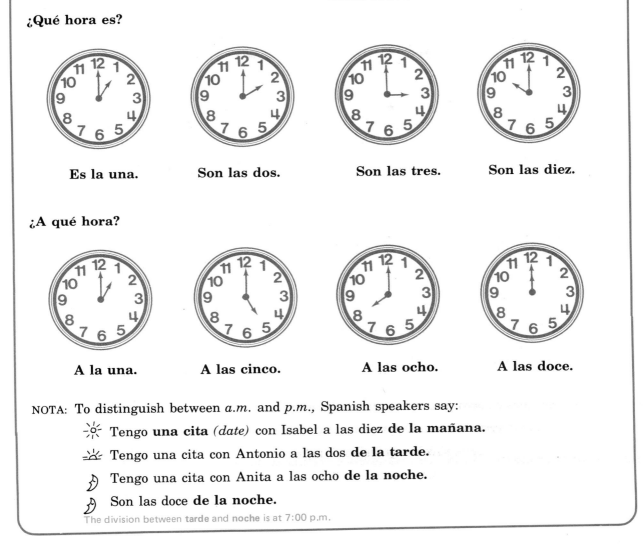

Es la una. Son las dos. Son las tres. Son las diez.

¿A qué hora?

A la una. A las cinco. A las ocho. A las doce.

NOTA: To distinguish between *a.m.* and *p.m.*, Spanish speakers say:

- ☼ Tengo **una cita** *(date)* con Isabel a las diez **de la mañana.**
- ☀ Tengo una cita con Antonio a las dos **de la tarde.**
- ♪ Tengo una cita con Anita a las ocho **de la noche.**
- ♪ Son las doce **de la noche.**

The division between **tarde** and **noche** is at 7:00 p.m.

ACTIVIDAD 1   Citas

VARIATION: Students give time of day, along with the hour: **Tengo una cita con Luisa a la una de la tarde.**

Say at what time you have an appointment with the people mentioned below.

⟹ Luisa 1:00   Tengo una cita con Luisa a la una.

1. Roberto 2:00
2. Clara 5:00
3. Paco 6:00
4. Enrique 8:00
5. Isabel 9:00
6. Pablo 7:00

ACTIVIDAD 2   ¿A qué hora?

Elena is well-informed and can tell Antonio at what hour these activities
begin. Play the two roles according to the model.

el concierto: 2:00   Antonio: ¿A qué hora es el concierto, Elena?
Elena: A las dos.

1. la clase de español: 10:00
2. la clase de matemáticas: 11:00
3. el programa de televisión: 7:00
4. la comedia musical: 4:00
5. el partido de fútbol *(soccer game):* 3:00
6. el partido de béisbol: 5:00
7. el partido de tenis: 1:00
8. la fiesta *(party):* 9:00

You may introduce the notion of cognates and false
cognates. The former have a similar spelling and meaning
in both Spanish and English (**matemáticas, clase,
concierto**); the latter have a similar spelling but different
meaning (**fútbol** = not *football* but *soccer*). Ask stu-
dents to guess the meanings of cognates on pages 38-39.

Desde Bogotá
El mayor número de vuelos.

DÍA	SALE	LLEGA	VUELO
Diario	11:15 A.M.	2:30 P.M.	908
sin escalas	10:35 A.M.	3:20 P.M.	976
Lunes	10:35 A.M.	3:20 P.M.	976
Martes	10:35 A.M.	3:20 P.M.	976
Sábados	10:35 A.M.	3:20 P.M.	976
Domingos			

B. A LAS DOS Y DIEZ

Antonio: ¿Qué hora es, Carlos? ¿Las dos menos
cuarto?
Carlos: No, Antonio. Son las dos y diez.
Antonio: ¡Las dos y diez! ¡Caramba!
Carlos: ¿Qué pasa?
Antonio: ¡Tengo una cita con Anita!
Carlos: ¿A qué hora?
Antonio: ¡A las dos!
Carlos: ¿Es Anita muy puntual?
Antonio: Sí, es muy puntual . . . ¡pero no es muy
paciente!

A LAS DOS Y MEDIA

¡Hola, Anita!   ¿Qué tal, Antonio?

B. AT TWO-TEN

What time is it, Carlos? Quarter
to two?
No, Antonio . . . it's two-ten.
Two-ten! Oh, no!
What's the matter?
I have a date with Anita!
At what time?
At two o'clock!
Is Anita very punctual?
Yes, she's punctual. . . but not very
patient!

AT TWO-THIRTY

Hi, Anita!   How's it going, Antonio?

Son las diez
y cinco.

Son las diez
y cuarto.

Son las diez
y veinte.

Son las diez
y media.

Son las dos
menos cinco.

Son las dos
menos cuarto.

Son las dos
menos veinte.

Es la una
y media.

You can have students give the times on the clocks of pages 386-387.

ACTIVIDAD 3   La hora exacta

Pedro wants to make sure his watch is right, and he checks with Anita.
Play both roles according to the model.

10:00   Pedro: ¿Son las diez?
             Anita: ¡Sí, son las diez!

1. 11:00	4. 10:00	7. 2:30	10. 4:45	13. 8:05
2. 1:00	5. 10:15	8. 3:30	11. 6:50	14. 9:24
3. 2:00	6. 2:15	9. 4:05	12. 7:55	15. 9:40

Pronunciación   El sonido de la vocal *i*

Model word: sí
Practice words: Lima   Anita   Cádiz   cita   Isabel
Practice sentences: Tengo una cita con Anita.
              Sí, señorita.

The sound of the Spanish vowel **i** is similar to but shorter and more precise
than the sound of the English vowels **ea** in "meat."

Entre nosotros

Expresión para la conversación

When someone looks worried, you may ask:

¿Qué pasa?   *What's wrong? What's the matter?*

Mini-diálogos

Use the train schedule to create new dialogs. Replace the underlined words with the information in the schedule, making the necessary changes.

En la estación de Madrid *(In the Madrid train station)*

You can explain to students that in Spanish-speaking countries time is often given by the twenty-four hour clock. U.S. style is given here for simplicity.

LLEGADAS — ARRIVALS		SALIDAS — DEPARTURES	
Barcelona	1:05	Córdoba	3:10
Sevilla	2:30	Valencia	4:25
Salamanca	2:45	Málaga	7:20
Toledo	3:00	Bilbao	8:50
Granada	4:10	Pamplona	9:40
Cádiz	6:30	San Sebastián	10:55

(a) Josefina: ¡Por favor! ¿A qué hora llega *(arrives)* el tren de <u>Barcelona</u>?

Taquillera: <u>A la una y cinco</u>.

Josefina: Muchas gracias.

Taquillera: No hay de qué.

(b) Taquillera: El tren de <u>Córdoba</u> sale *(leaves)* a <u>las tres y diez</u>.

Salvador: ¡Caramba!

Taquillera: ¿Qué pasa?

Salvador: ¡<u>Son las tres y veinte</u>!

• In dialog (b) the time in the last line is always ten minutes <u>after</u> the departure time of the train.
• Use the departure and arrival times on page 39.

25

Lección 5   *Fechas importantes*

Hay fechas muy importantes en el diario de María. ¡Mira!

There are very important dates in María's diary. Look!

el cumpleaños de mamá	el 20 de agosto
el cumpleaños de papá	el 13 de marzo
el cumpleaños de Mari-Carmen	el 21 de febrero
el cumpleaños de Isabel	el 2 de octubre
el cumpleaños de Ricardo	el 7 de mayo
el cumpleaños de Juan	el primero de septiembre
mi cumpleaños	el 8 de abril
el día de mi santo	el 15 de agosto
el primer día de clase	el 14 de septiembre
el primer día de vacaciones	el primero de julio

Mom's birthday	August 20
Dad's birthday	March 13
Mari-Carmen's birthday	February 21
Isabel's birthday	October 2
Ricardo's birthday	May 7
Juan's birthday	September 1
my birthday	April 8
my saint's day	August 15
first day of class	September 14
first day of vacation	July 1

María:	¿Qué día es hoy? ¿El treinta de septiembre?	What day is today? The thirtieth of September?
Juan:	No. Hoy es el primero de octubre.	No. Today is the first of October.
María:	¡Y mañana es el dos de octubre! ¡Es el cumpleaños de Isabel y no tengo regalo!	And tomorrow's the second of October! It's Isabel's birthday and I don't have a gift!
Juan:	¡Ay!	Oh, no!

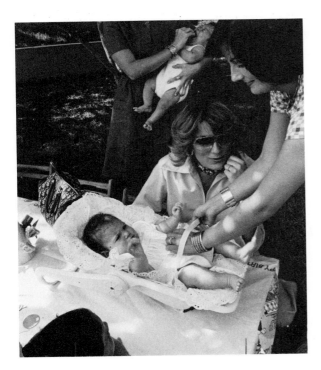

Nota cultural

El cumpleaños y el día del santo
(Birthdays and saint's days)

Since the family means a great deal to most Spanish-speaking people, birthdays are occasions for large celebrations and family gatherings. First there is a meal to which family (parents, brothers, sisters, aunts, uncles, cousins, grandparents), godparents *(los padrinos)* and friends are invited. Then the party continues with stories, music and dancing, and a lot of fun.

In addition to their birthdays, many Hispanic people also celebrate their saint's day. This is the day on which the Catholic Church honors a particular saint. For example, a person named Juan would celebrate his *día del santo* on June 24, *el día de San Juan.*

Some Hispanic people are named after the saint who was being honored on the day of their birth, and as a result their saint's day coincides with their birthday.

los días de la semana (*days of the week*)

   lunes   martes   miércoles   jueves   viernes   sábado   domingo

el fin de semana (*weekend*)

los meses del año (*months of the year*)

enero	abril	julio	octubre
febrero	mayo	agosto	noviembre
marzo	junio	septiembre	diciembre

¿Qué día es hoy (mañana)?	*What day is it today (tomorrow)?*
Es sábado.	*It's Saturday.*
¿Cuál es la fecha de hoy (mañana)?	*What is today's (tomorrow's) date?*
Es el 12 de octubre.	*It's October 12.*

NOTA: To give the date, Spanish speakers use the following construction:

el + number + **de** + month

Hoy es **el dos de mayo.** Mañana es **el tres de mayo.**

Exception: The first day of the month is **el primero.**

   El cumpleaños de Pedro es **el primero de agosto.**

SUGGESTED REALIA: a Spanish (or U.S.) calendar.

ACTIVIDAD 1   **Un día atrasado** (*A day late*)

Roberto has trouble keeping up with his calendar. He is always a day late when thinking of the date. Anita corrects him. Play both roles.

🗣 domingo   Roberto: Hoy es domingo.
              Anita: No, es lunes.

1. martes	3. sábado	5. lunes
2. viernes	4. jueves	6. miércoles

ACTIVIDAD 2   **Un día adelantado** (*A day early*)   OPTIONAL

Felipe has just the opposite problem. He is always a day early. Anita corrects him. Play both roles. (The expression **¿verdad?** means *isn't it?*)

🗣 12 octubre   Felipe: Hoy es el doce de octubre, ¿verdad?
                 Anita: No, es el once.

1. 5 diciembre	4. 2 enero	7. 5 agosto
2. 10 noviembre	5. 14 febrero	8. 29 marzo
3. 15 abril	6. 2 julio	9. 20 junio

VARIATION: You can use a large calendar. Point to one date while announcing another one. Students provide the correct date.

ACTIVIDAD 3 Información personal

Complete the following calendar.

1. Mi cumpleaños es el . . .
2. El cumpleaños de mi papá es el . . .
3. El cumpleaños de mi mamá es el . . .
4. El cumpleaños de mi mejor amigo
   (best friend: boy) es el . . .
5. El cumpleaños de mi mejor amiga
   (best friend: girl) es el . . .
6. Hoy es el . . .
7. Mañana es el . . .
8. El primer día de vacaciones es el . . .

El día del santo

Si *(If)* te llamas:	el día de tu *(your)* santo es:	Si te llamas:	el día de tu santo es:
Antonio	el 13 de junio	Ana	el 26 de julio
Carlos	el 4 de noviembre	Bárbara	el 4 de diciembre
Eduardo	el 5 de enero	Carmen	el 16 de julio
Enrique	el 13 de julio	Catalina	el 25 de noviembre
Esteban	el 26 de diciembre	Cecilia	el 22 de noviembre
Francisco	el 24 de enero	Clara	el 11 de agosto
Guillermo	el 10 de enero	Dolores	el 15 de septiembre
Jaime	el 25 de julio	Elena	el 18 de agosto
José	el 19 de marzo	Guadalupe	el 12 de diciembre
Juan	el 24 de junio	Lucía	el 13 de diciembre
Luis	el 25 de agosto	Luisa	el 15 de marzo
Martín	el 3 de noviembre	María	el 15 de agosto
Miguel	el 29 de septiembre	Marta	el 29 de julio
Pablo	el 29 de junio	Mónica	el 27 de agosto
Pedro	el 29 de junio	Rosa	el 13 de agosto
Ricardo	el 3 de abril	Teresa	el 15 de octubre
Vicente	el 27 de septiembre	Verónica	el 12 de julio

ACTIVIDAD 4 El día del santo

Isabel is very familiar with the Catholic calendar and can identify everyone's saint's day. Perform the dialogs according to the model. **(Entonces** means *so* or *then.)*

🔊 Ricardo   Ricardo: Me llamo Ricardo.
             Isabel: Entonces, tu santo es el tres de abril.

1. Teresa	3. Dolores	5. Luis	7. Pedro
2. Lucía	4. Miguel	6. María	8. Esteban

VARIATION: You may continue with other names from the calendar.

ENERO

10–1979–355
Sol: 7,37 a 17,6.–Luna: 15,11 a 4,57
Luna llena el 13

10

Estimar el esfuerzo muy por encima del galardón ¿no es este el mejor medio de exaltar la virtud?–CONFUCIO.

MIERCOLES

Ss. Nicanor, dc. mr.; Agatón, p.; Gonzalo, cf.; Guillermo, Juan el Bueno, Petronio y Domiciano, obs.; Marciano, pb.; Pedro Urseolo, monje; Aldo, confesor.

Misa: *De Feria.*

JUNIO

180–1979–185
Sol: 4,46 a 19,48.–Luna: 9,25 a 22,52
Cuarto creciente el 2

29

La prensa comenzó dando a la luz la Biblia, y ha descendido hasta el lenguaje de los verduleros; como la música nació en los templos y ha bajado hasta las tabernas.–BALMES.

VIERNES

Ss. Pedro y Pablo, aps.; Marcelo y Anastasio, mrs.; Siro, Casio, obs.; Benita, Enma de Gark, vgs.; María, madre de S. Marcos; Coca, abadesa.

Misa: *De los Ss. Pedro y Pablo.–Solemnidad.*

Accents will be missing from much of the realia in this text. Explain to students that accents are often dropped in journalistic usage, especially on capital letters.

Pronunciación El sonido de la vocal *u*

Model word: t<u>ú</u>
Practice words: l<u>u</u>nes j<u>u</u>nio j<u>u</u>lio oct<u>u</u>bre m<u>u</u>cho <u>u</u>sted
Practice sentences: El c<u>u</u>mpleaños de S<u>u</u>sana es en oct<u>u</u>bre.
Con m<u>u</u>cho g<u>u</u>sto, L<u>u</u>cía.

The sound of the Spanish vowel **u** is similar to but shorter and more precise than the sound of the English vowels **oo** in "food."

Entre nosotros

Expresión para la conversación

To express surprise, you may say:

¿De veras?   *Really?*   — Mañana es el diez y nueve de marzo. Es mi cumpleaños.

— **¿De veras?** ¡Es el día de mi santo!

Mini-diálogos

Use the suggestions in the pictures to replace the underlined words. (The word **¿cuándo?** means *when?*)

María

OCTUBRE 10

(a) Carmenza: Tengo una cita con <u>María</u>.
Carolina: ¿De veras? ¿Cuándo?
Carmenza: <u>El diez de octubre</u>.

(b)   Felicia: ¿Cuándo es el cumpleaños de <u>María</u>?
Beatriz: Es en <u>octubre</u>.
Felicia: ¿Qué día?
Beatriz: El <u>diez</u>.

Pablo — ENERO 3

Luisa — ABRIL 1

Juan — JULIO 6

Concepción — MARZO 21

¿QUÉ TIEMPO HACE?

Buenos Aires, el veinte y seis de diciembre

    Paula: ¡Hola, Mariana! ¡Feliz Navidad!
Mariana: ¡Feliz Navidad, Paula! ¿Qué tal?
    Paula: ¡Muy bien! Hace buen tiempo hoy.
Mariana: ¡Sí! Hace sol y hace mucho calor.
    Paula: ¡Vamos a la playa!
Mariana: ¡Qué bueno!

WHAT'S THE WEATHER LIKE?

Buenos Aires, December twenty-sixth

Hi, Mariana! Merry Christmas!
Merry Christmas, Paula! How are you?
Fine! The weather's great today.
Right. It's sunny and hot.
Let's go to the beach!
Great!

Beach on the Río Plate, Buenos Aires

Las estaciones (Seasons)

Does it seem strange to you to be going to the beach at Christmastime? Look at the globe and you will see that much of South America is in the Southern Hemisphere. The seasons in Argentina are the opposite of seasons in the United States: December is summertime, March is fall, July is winter, and October is spring. If young people in Buenos Aires go skiing at Christmas, it is likely to be waterskiing.

You can use a globe or the map on page 125 to point out the equator which passes through Ecuador (=equator). Have students name countries in the Southern Hemisphere.

vocabulario especializado

El tiempo (Weather)

Give English equivalents, if needed.

¿Qué tiempo hace?

Hace buen tiempo.

Hace calor.

Hace mucho calor.

Hace sol.

Está nublado.

Hace mal tiempo.

Hace viento.

Hace frío.

Llueve.

Nieva.

ACTIVIDAD 1   En el teléfono

Imagine that you are phoning friends in different cities. Talk about the weather, according to the model.

⟳ hace calor / hace frío   Estudiante 1: ¿Qué tiempo hace?
                                 Estudiante 2: Hace calor.
                                 Estudiante 1: Aquí hace frío.

1. hace sol / hace viento   4. hace viento / hace frío
2. nieva / hace mucho calor   5. está nublado / hace calor
3. llueve / está nublado   6. hace viento / nieva

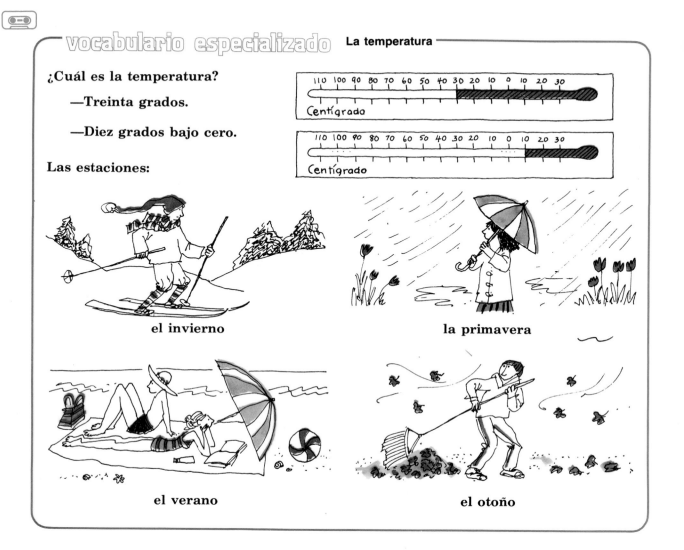

vocabulario especializado   **La temperatura**

¿Cuál es la temperatura?

—Treinta grados.

—Diez grados bajo cero.

Las estaciones:

el invierno   la primavera

el verano   el otoño

ACTIVIDAD 2   ¿Qué tiempo hace?

1. ¿Qué tiempo hace hoy?
2. ¿Cuál es la temperatura?
3. ¿Qué tiempo hace en el invierno? Y ¿cuál es la temperatura?
4. ¿Qué tiempo hace en la primavera? Y ¿cuál es la temperatura?
5. ¿Qué tiempo hace en el verano? Y ¿cuál es la temperatura?
6. ¿Qué tiempo hace en el otoño? Y ¿cuál es la temperatura?
7. Aquí, ¿cuáles son (which are) los meses del invierno? ¿de la primavera? ¿del verano? ¿del otoño?
8. En la Argentina, ¿cuáles son los meses del invierno? ¿de la primavera? ¿del verano? ¿del otoño?

El tiempo en el mundo (world) hispánico: El quince de enero

	TIEMPO	TEMPERATURA mínima	máxima
San Antonio, Texas		5°	17°
Nueva York		−3°	4°
San Juan, Puerto Rico		20°	27°
México, D.F.		7°	17°
Panamá, Panamá		21°	31°
La Paz, Bolivia		6°	13°
Santiago, Chile		16°	26°
Buenos Aires, Argentina		25°	37°
Madrid, España		2°	6°

Nota cultural   OPTIONAL

El sistema métrico (The metric system)

Do the temperatures on the weather chart seem on the chilly side? If so, you are still thinking of degrees Fahrenheit rather than degrees Celsius. Although we are still in the process of adopting the metric system, the Spanish-speaking world — Latin America as well as Spain — has used this system of measurement for a long time. Gasoline is sold in liters, distances are measured in kilometers, and temperatures are given in centigrade.

Students will encounter the metric system again on page 125.

MILLAS EN KILÓMETROS

1 milla=1.609 kilómetros

millas	10	20	30	40	50
km	16	32	48	64	80
millas	60	70	80	90	100
km	97	113	129	145	161

KILÓMETROS EN MILLAS

1 kilómetro=0.62 milla

km	10	20	30	40	50	60	70
millas	6	12	19	25	31	37	44
km	80	90	100	110	120	130	
millas	50	56	62	68	75	81	

ACTIVIDAD 3   El quince de enero   OPTIONAL

1. ¿Qué tiempo hace hoy en San Juan? ¿en México? ¿en Madrid?
2. ¿Llueve en Panamá? ¿Nieva en Nueva York?
3. ¿Dónde (where) está nublado? ¿Dónde hace viento?
4. ¿Cuál es la temperatura en Santiago? ¿en San Antonio? ¿en La Paz?
5. En España, ¿es el invierno o el verano? ¿y en la Argentina?

Perhaps some students will be able to formulate questions similar to the above about other cities.

 **Pronunciación** El sonido de la vocal o

Model word: ago<u>sto</u>

Practice words: <u>o</u>t<u>o</u>ño h<u>o</u>la s<u>o</u>l frí<u>o</u>

Practice sentences: Hace much<u>o</u> cal<u>o</u>r en ago<u>sto</u>.

¡H<u>o</u>la, Al<u>o</u>nso! ¿C<u>ó</u>m<u>o</u> estás?

Be sure students avoid the sound of the o in the English word "on."

The sound of the Spanish vowel **o** is similar to but shorter and more precise than the sound of the English vowel **o** of "noble."

OPTIONAL

 **Entre nosotros**

Expresiones para la conversación

If you want to express your feelings about a situation, you can say:

¡Qué bueno! *Great!*
¡Qué malo! *That's bad!*

Mini-diálogos

Use the suggestions to create new dialogs. Replace the underlined words with the expressions suggested in the pictures. Conclude with **¡Qué bueno!** or **¡Qué malo!**, as appropriate.

30°

Felipe: ¡Hola! ¿Qué tiempo hace?

Rafael: <u>Hace sol.</u>

Felipe: Y ¿cuál es la temperatura?

Rafael: <u>Treinta grados</u>.

Felipe: <u>¡Qué bueno!</u>

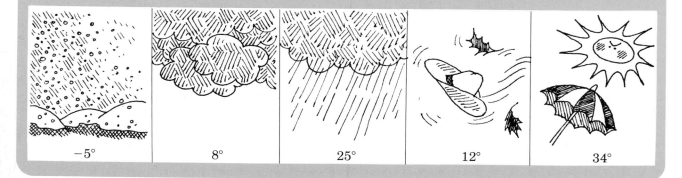

−5°   8°   25°   12°   34°

36

vista
número uno
1

El mundo hispánico

norte

oeste · este

sur

¡BIENVENIDOS

ESPAÑA

PASAPORTE

MUY IMPORTANTE

En caso de pérdida o sustracción, al titular de este Pasaporte no se le proveerá de otro documento y, únicamente, en casos excepcionales se otorgará nuevo Pasaporte limitada su validez a un sólo viaje o para un sólo país.

PASAPORTE – PASSEPORT
ESPAÑA – ESPAGNE

Nombre y Apellidos D.

Y de su esposa D.

Nacionalidad:
Nationalité: Española de Origen

Avianca Colombia

AV

Aviano

CONTENIDO

pasaportes y visas → mecánico → oficina de turismo → taxi

AL MUNDO HISPÁNICO!

HORAS DE SALIDA	
A San Francisco	9:30
A Caracas	9:45
A Nueva York	11:50
A Buenos Aires	15:30
A La Paz	20:50
A México, D.F.	21:00
HORAS DE LLEGADA	
De Madrid	8:50
De Bogotá	9:45
De Miami	18:30

aeropuerto → cafetería → banco → autobús → restaurante → garaje → hotel → teléfono →

JÓVENES de

¡Hola! ¿Qué tal?
Me llamo María Teresa Vargas Lira.
Pero° para° mis amigos,° me
llamo Tere.
Soy de la República Dominicana.

¡Hola!
Me llamo Ricardo Fernández.
Soy mexicano, de Oaxaca.

Me llamo Marta Isabel Wilkins Pardo.
Soy de Buenos Aires.
Soy de la capital de la Argentina.

¿Qué tal?
Yo soy Ila Montalvo.
Soy peruana, del Cuzco, la
ciudad° imperial de los incas.

pero *but*   **para** *for*   **amigos** *friends*   **ciudad** *city*

Hispanoamérica y España

Sevilla, España

Santo Domingo, República Dominicana

Oaxaca, México

Cartagena, Colombia

Cuzco, Perú

Buenos Aires, Argentina

¡Hola!
Me llamo José Antonio Linares Guzmán.
Para mis amigos, me llamo Pepe.
Soy del sur de España; soy de Sevilla.

¡Hola!
Yo soy colombiano.
Me llamo Santiago Torres Castillo.
Soy de Cartagena, un puerto° espléndido en el Caribe.

puerto *port*

Yo hablo° español

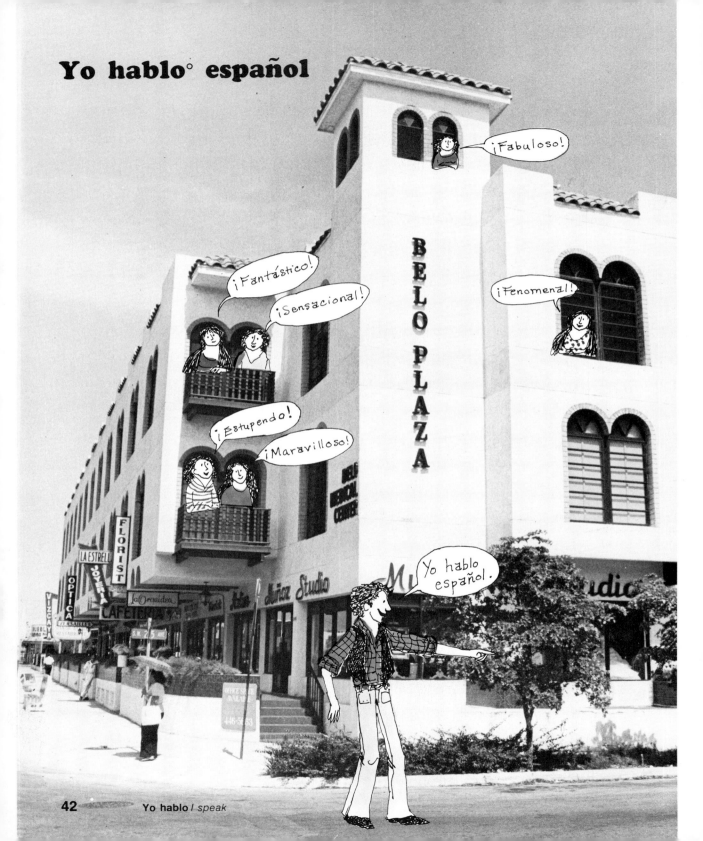

Yo hablo I speak

Los animales y el español

qui = qui = ri = quí

gallo

muuu = muuuuuuu

vaca

cua = cua = cua

pato

cloc = cloc = cloc = cloc

gallina

meeeeee = meeeeee

oveja

croa = croa = croa

rana

pío = pío = pío = pío

pollito

beeeeee = beeeeee

cabra

jiiiiiiiiii = jiiiiiiiiii

caballo

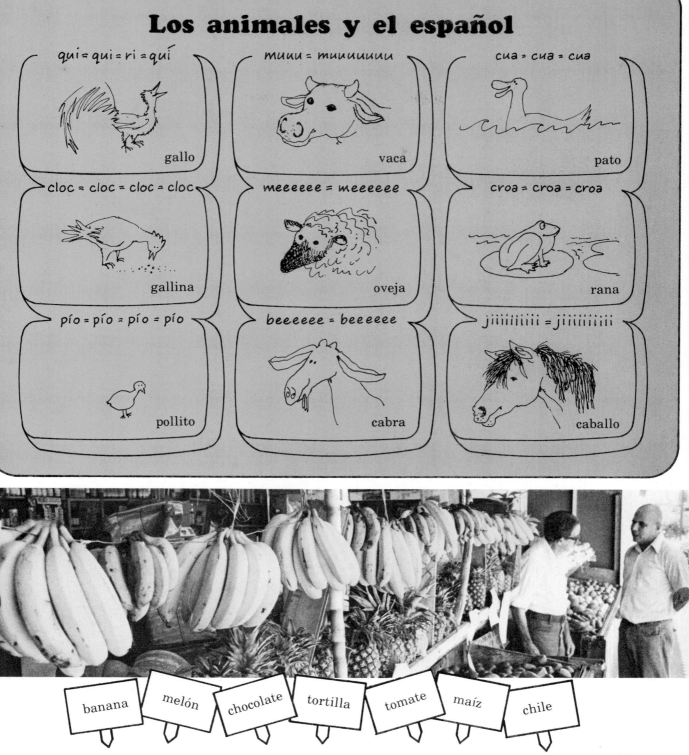

banana   melón   chocolate   tortilla   tomate   maíz   chile

43

LOS HISPANOHABLANTES ENTRE NOSOTROS

La población de habla española° es muy importante en el territorio de los Estados Unidos. El mapa representa los estados donde° se concentra la mayoría° de personas de habla española.

500.000

6.500.000

4.500.000

500.000

① GERALDO SÁNCHEZ
1612 Lexington Avenue
Nueva York, NY 10029

② JUANITA SANTAMARÍA
4946 Cordova Drive
Boca Raton, FL 33432

③ DIEGO FIGUEROA
437 Buena Vista Avenue
El Paso, TX 79905

④ LUPE GONZÁLEZ
338 Dolores Street
San Francisco, CA 94110

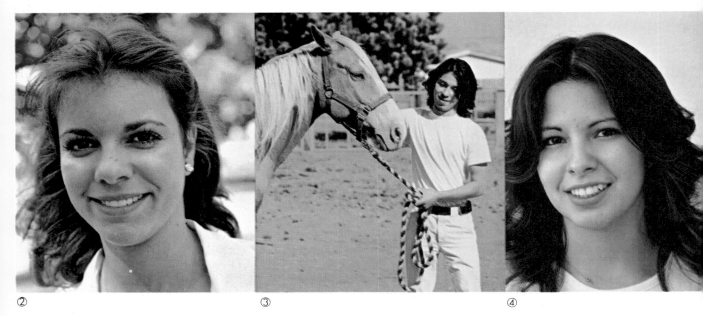

②   ③   ④

de habla española *Spanish-speaking*   **donde** *where*   **mayoría** *majority*

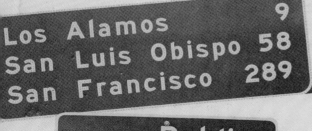

Los Alamos 9
San Luis Obispo 58
San Francisco 289

Public Library

← Biblioteca Pública

700 ·LOMA VERDE·

Influencia española
en el origen de los nombres

ARIZONA Zona árida° o *arizonac,*
palabra° india

COLORADO Tierra° roja°

FLORIDA Tierra descubierta° en el día
de Pascua Florida°

MONTANA Montaña°

NEVADA Nevada; tierra cubierta° de nieve

NEW MEXICO O *Meshica,* otro nombre°
de los indios aztecas

TEXAS Tejas,° o *techas,* palabra india

árida *dry*   **palabra** *word*   **tierra** *earth*   **roja** *red*
descubierta *discovered*   **Pascua Florida** *Easter*
Montaña *Mountain*   **cubierta** *covered*   **nombre** *name*
tejas *tiles*

45

Dra. María Cristina Penagos
PROFESORA DE HISTORIA
Calle 124 # 15-35 int. 3
Bogotá, Colombia

Carlos Alberto Cuadros
ARQUITECTO
Rosario 300, segundo piso
Buenos Aires, Argentina

Y el español . . . ¿para qué?

JOHN P. SARDO es estudiante en California.
John habla° muy bien el español; él traduce°
los problemas de los pacientes hispánicos que
no hablan inglés en el Hospital General.

MARÍA HOSKINS trabaja° en el Cuerpo de
Paz° en el Ecuador. María enseña° inglés en
una escuela secundaria en Quito.

PETER Y JOHANA MARSHALL viajan°
todos° los veranos por los países° hispánicos.
Peter y Johana son° fotógrafos. Es fácil°
viajar porque° hablan español.

JIM SIMPSON trabaja en el Banco Mundial°
en Washington D.C. El señor Simpson es
consultor en proyectos económicos en
Latinoamérica. Él habla español
perfectamente.

habla *speaks*   **traduce** *translates*   **trabaja** *works*
Cuerpo de Paz *Peace Corps*   **enseña** *teaches*
viajan *they travel*   **todos** *every*   **países** *countries*
son *they are*   **fácil** *easy*   **porque** *because*   **Mundial** *World*

46

PROFESIONALES

Dra. Ana María Ortiz Valenzuela
PEDIATRA
Ferrequín de la Cruz 17
Caracas 101, Venezuela

Dr. Juan José Carriao
OPTOMETRISTA
Zona Rosa, Londres 128
México, D.F. México

Francisca Orejuela Rey
INGENIERA
Paseo de la República 3061
Lima, Perú

Donoso Díaz
FOTÓGRAFO
Calle Bueno No 270
La Paz, Bolivia

Perico González
FARMACÉUTICO
Plaza de Castilla
Madrid, España

Carmen María Aparicio
PROGRAMADORA I.B.M.
Mac Iver 102
Santiago de Chile, Chile

Actividades

UN JUEGO: El mundo hispánico

This grid contains the Spanish names of eighteen countries where Spanish is the official language. These names are written either horizontally (from left to right) or vertically (from top to bottom). How many countries can you identify? Write them down. Once you have found the names of these countries, check where they are located on the maps at the front of this book. Remember that in Spanish **ch** and **ll** are single letters.

A	R	G	E	N	T	I	N	A	D	H	J	B	W	A	C	U	B	A
I	A	U	C	E	B	S	I	X	P	O	E	O	I	F	L	R	E	V
O	B	N	U	A	Z	Y	C	O	C	N	H	L	Y	E	G	U	W	Z
P	A	N	A	M	A	M	A	L	B	D	F	I	E	Ñ	X	G	F	V
W	C	G	D	E	R	CH	R	W	Q	U	K	V	T	U	X	U	S	K
O	O	B	O	N	LL	I	A	J	A	R	Z	I	E	S	Y	A	U	V
CH	H	D	R	I	C	L	G	R	P	A	R	A	G	U	A	Y	V	E
F	D	E	Ñ	F	O	E	U	Q	D	S	S	B	L	A	V	U	C	N
U	M	P	G	R	G	U	A	T	E	M	A	L	A	N	M	E	M	E
P	I	E	H	P	I	S	Y	U	P	E	R	A	T	O	N	S	O	Z
R	L	R	J	S	I	R	R	V	N	X	Q	T	A	R	T	P	S	U
S	F	U	L	C	O	S	T	A	R	I	C	A	G	P	M	A	L	E
C	O	L	O	M	B	I	A	V	O	C	P	W	O	U	Q	Ñ	X	L
R	E	P	U	B	L	I	C	A	D	O	M	I	N	I	C	A	N	A

47

Unidad 2

Nosotros los hispanoamericanos

2.1   En San Antonio y en Nueva York

OBJECTIVES:

Language

The primary objective of this unit is to have students express themselves in simple affirmative, negative and interrogative sentences. The grammatical focus is on:

- The present tense of **-ar** verbs
- Subject-verb agreement

Communication

By the end of this unit, students will be able to use Spanish:

- To talk about what they do in and outside of class
- To say what they like and do not like to do
- To express what they hope and wish to do (in school, with friends, later in life)
- To ask questions about the above topics

Culture

This unit introduces the students to the number and diversity of Hispanic communities in the United States, and to the role of Spanish as a second national language in this country.

Puerto Rican day in Central Park

48

2.2 En el suroeste

2.3 En Los Ángeles

2.4 En Miami

VARIEDADES— ¿Quién soy yo?

Lección 1 — En San Antonio y en Nueva York

EN SAN ANTONIO

¡Hola!
Me llamo Anita Sánchez.

Soy de San Antonio.
Soy de origen mexicano.
Hablo inglés.
Hablo español también.
¿Y tú?
¿Un poco?
¡Ah! ¡Fantástico!

Hablo inglés: *I speak English*

¿Un poco?: *A little?*

EN NUEVA YORK

¡Hola!
Me llamo Antonio García.

No soy de origen mexicano.
Soy de Puerto Rico.
Yo también hablo español.
Pero no estudio español como tú.
Estudio mecánica en Nueva York.
Estudio mucho.
¿Y tú?

también: *also*
estudio: *I study,*
como: *like*

mucho: *a lot*

Point out San Antonio, New York and Puerto Rico on a map.

CONVERSACIÓN

Antonio is talking to you about himself. Enter into a conversation with him by selecting the appropriate reply.

	(a)	(b)
1. **Hablo** inglés.	**Yo** también, **hablo** inglés.	**Yo no hablo** inglés.
2. **Hablo** español.	**Yo** también, **hablo** español.	**Yo no hablo** español.
3. **Estudio** mecánica.	**Yo** también, **estudio** mecánica.	**Yo no estudio** mecánica.
4. **Estudio** mucho.	**Yo** también, **estudio** mucho.	**Yo no estudio** mucho.

OBSERVACIÓN   Est. A, B

Reread Antonio's statements and the *positive* replies in column (a). The words in heavy print are the *verbs*. These words tell you what action is going on. The form of the verb indicates who the subject is. The *subject* tells you who or what is doing the action. When you speak about yourself, you use the **yo** (*I*) form of the verb.

• In what letter does the **yo** form of the verbs end?   -o

Look at the suggested *negative* answers in column (b).

• In a negative sentence, what word comes directly before the verb?   no

Nota cultural   OPTIONAL

Nuestra herencia hispánica
(Our Hispanic heritage)

San Francisco, El Paso, Santa Fe, Los Angeles. . . These familiar names reflect the importance of the Hispanic heritage in the United States. This Hispanic heritage is very much alive and flourishing today.

In our daily vocabulary we use many Spanish words such as *patio, vista, canyon, poncho, cargo, guitar, mosquito* and *barbecue*. In our diet we have beef, pork, sugar, oranges, bananas and coffee, all of which were introduced to the American continents by the Spaniards.

Above all, the vitality of our Hispanic heritage is due to the presence in the United States of many millions of citizens of Hispanic origin who are maintaining their traditions, culture and language.

You may ask the students to name other cities which bear Spanish names, e.g. San Diego, San Jose, Toledo, Albuquerque, Sacramento, Santa Ana, Las Vegas, Amarillo, Orlando, Pueblo. Ask students to locate these cities on a map.

Estructura

A. Los verbos que terminan en –ar

The *infinitive* (**hablar** = *to speak*) is the basic form of the verb. When you look up a verb in the vocabulary listing at the back of this book, you will find it listed in the infinitive form. Spanish verbs are grouped according to their infinitive endings. The most common infinitive ending is **–ar:**

    hablar *to speak*   **estudiar** *to study*

Verbs with infinitives ending in **–ar** are called **–ar** *verbs.*

B. El presente: la forma *yo*

hablar	*to speak*	**(Yo) Habl**o **inglés.**	*I speak English.* / *I am speaking English.*
estudiar	*to study*	**(Yo) Estudi**o **español.**	*I study Spanish.* / *I am studying Spanish.*
trabajar	*to work*	**(Yo) Trabaj**o **mucho.**	*I work a lot.* / *I am working a lot.*

☞ In the present tense, the **yo** form (first person singular) of the verb is formed by replacing the **–ar** ending of the infinitive with the ending **-o**.

☞ It is not necessary to use the pronoun **yo** *(I)* because the ending **-o** indicates who the subject is. Spanish speakers use **yo** mainly for emphasis.

vocabulario especializado   **Actividades**

EXTRA VOCAB.: estudiar música, geografía, historia, ciencias, matemáticas; hablar español, francés, italiano, ruso, chino, japonés, alemán (*German*); tocar la guitarra, el violín, el banjo.

ACTIVIDAD 1 Antonio y José

Antonio and José do the same things. Give José's replies to Antonio's statements. The word **también** means *also*.

🗫 Antonio: Estudio inglés. José: Estudio inglés también.

1. Hablo inglés.
2. Estudio mucho.
3. Trabajo aquí.
4. Estudio español.
5. Hablo siempre.

6. Toco el piano.
7. Canto bien.
8. Escucho discos.
9. Escucho la radio.
10. Canto siempre.

C. La negación

Compare the following sentences:

Anita:	Elena:	
Soy de San Antonio.	**No** soy de San Antonio.	*I am **not** from San Antonio.*
Estudio mucho.	**No** estudio mucho.	*I do **not** study a lot.*
Toco la guitarra.	**No** toco la guitarra.	*I don't play the guitar.*

To make a Spanish sentence negative, the word **no** is placed before the verb.

ACTIVIDAD 2 ¡No!

Anita and Linda are not doing the same things. Give Linda's replies to Anita's statements.

🗫 Anita: Estudio mucho. Linda: No estudio mucho.

1. Estudio música.
2. Toco el piano.
3. Toco la guitarra.
4. Trabajo mucho.

5. Canto bien.
6. Escucho discos.
7. Escucho la radio.
8. Hablo inglés bien.

ACTIVIDAD 3 ¿Sí o no?

Say whether or not you do the following things.

🗫 hablar italiano Sí, hablo italiano.
  (No, no hablo italiano.)

1. hablar francés
2. hablar español bien
3. estudiar español
4. estudiar inglés
5. estudiar francés
6. trabajar

7. trabajar mucho
8. escuchar discos
9. escuchar la radio
10. cantar bien
11. tocar el piano
12. tocar la guitarra

vocabulario especializado   **Palabras útiles** *(Useful words)*

			Note: Several of these
bien	well	Hablo español **bien**.	were already introduced
muy	very	Hablo inglés **muy** bien.	in Unit 1.
mal	badly, poorly	Hablo italiano **mal**.	

mucho	a lot	Trabajo **mucho**.
un poco	a little	Toco el piano **un poco**.
también	also, too	Toco la guitarra **también**.

ahora	now	**Ahora** escucho discos.
siempre	always	**Siempre** escucho la radio.
aquí	here	No trabajo **aquí**.

pero	but	Hablo español **pero** no soy de Puerto Rico.
con	with	Canto **con** Antonio.
como	like, as	Soy de Texas, **como** Luis.

de	from, of	Soy **de** San Antonio.
en	in	**En** clase hablo español.
a	to, at	Elena trabaja **a** las nueve.
y	and	Estudio inglés **y** español.
o	or	Siempre estudio con Arturo **o** Marta.

NOTA: **y** becomes **e** before **i** or **hi**   Luis **y** Carmen, *but* Luis **e** Inés
 o becomes **u** before **o** or **ho**   Luis **o** José, *but* Luis **u** Orlando
This point is presented for recognition only.

ACTIVIDAD 4   Presentación   This activity may be done in small groups.

Introduce yourself to your classmates. Use the following suggestions as a
guide.

1. Me llamo . . .
2. Hablo . . .
3. Soy de . . .
4. En clase, trabajo (mucho, un poco).

5. Hablo español (bien, muy bien, mal).
6. Ahora no (canto, escucho discos, trabajo).
7. Trabajo siempre con . . .
8. Estudio con . . . también.

🎵 Pronunciación

a) La consonante *h*

The letter **h** is always silent.

Model word: h̲ablo

Practice words: h̲ace   h̲ora   la H̲abana   h̲oy

Practice sentences: ¿Qué h̲ora es?

 ¿Qué tiempo h̲ace h̲oy?

b) La «jota»

Model word: José
Practice words: Juan junio julio México mexicano origen trabajo
Practice sentence: Juan es de origen mexicano.

The "jota" is the sound you make when you blow on glasses before cleaning them. The letter **j** (or "jota") is always pronounced this way in Spanish. The letter **g**, when followed by **e** or **i**, represents the "jota" sound.

In place names like **México**, the letter **x** represents the "jota" sound.

OPTIONAL

Entre nosotros

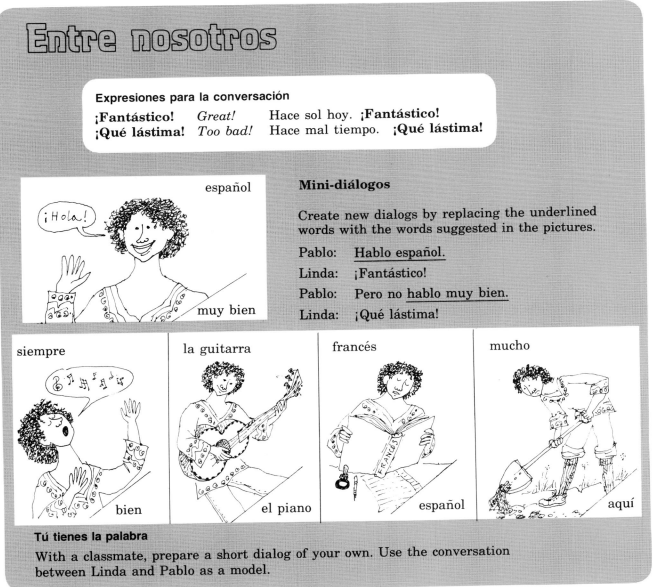

Expresiones para la conversación

¡Fantástico!	*Great!*	Hace sol hoy. **¡Fantástico!**
¡Qué lástima!	*Too bad!*	Hace mal tiempo. **¡Qué lástima!**

español

¡Hola!

muy bien

Mini-diálogos

Create new dialogs by replacing the underlined words with the words suggested in the pictures.

Pablo: Hablo español.
Linda: ¡Fantástico!
Pablo: Pero no hablo muy bien.
Linda: ¡Qué lástima!

siempre

bien

la guitarra

el piano

francés

español

mucho

aquí

Tú tienes la palabra

With a classmate, prepare a short dialog of your own. Use the conversation between Linda and Pablo as a model.

55

Con Lorenzo en Santa Fe, Nuevo México

Lorenzo estudia.
Estudia mucho.
¿Estudia español Lorenzo?
¿Él? ¡No! No estudia español.
Estudia historia.
Mañana hay un examen.
¡Qué lástima!

hay: *there is*

Con María en Tucson, Arizona

María estudia música.
Toca la guitarra.
Toca el piano también.
¿Toca bien María?
¿Ella? ¡Sí! Toca muy bien.

Con Carlos y Pedro en Pueblo, Colorado

¿Estudian Carlos y Pedro?
¿Ellos? ¡No! ¡Trabajan en un rancho!
¿Trabajan mucho Carlos y Pedro?
¡Sí! ellos trabajan mucho, pero . . .
¡no ganan mucho dinero!

ganan mucho dinero:
earn much money

Con Luisa y Sara en Merced, California

Hoy Luisa y Sara bailan.
Ellas cantan.
Escuchan discos.
¿No trabajan ellas?
¡No! . . . Hoy es domingo.

Indicate whether the following statements are true (**¡Es verdad!**) or false (**¡Es falso!**).

1. Lorenzo estud**ia** mucho.   V
2. **Él** estud**ia** español.   F
3. María toc**a** la guitarra.   V
4. **Ella** toc**a** el piano.   V

5. Carlos y Pedro trabaj**an** mucho.   V
6. **Ellos** gan**an** mucho dinero.   F
7. Luisa y Sara escuch**an** discos.   V
8. **Ellas** bail**an**.   V

OBSERVACIÓN Est. A

Look at the even-numbered sentences. The names of the young people have been replaced by *pronouns*.

- Which pronoun is used to replace the following names:
  Lorenzo? María? Carlos y Pedro? Luisa y Sara?   él/ella/ellos/ellas

Sentences 1 to 4 tell what one person is doing. The verb is in the **él/ella** *(he/she)* form.
- In what letter does each verb end?   -a

Sentences 5 to 8 tell what two people are doing. The verbs are in the **ellos/ellas** *(they)* form.
- In what two letters does each verb end?   -an

Un poco de historia

(A little bit of history)

Our Hispanic heritage in the continental United States can be traced back to the year 1513 — more than one hundred years before the Pilgrim landing at Plymouth — when a Spanish expedition led by Juan Ponce de León landed in Florida. Many other expeditions followed this one, bringing explorers to this new land in search of gold and high adventure. Spanish priests accompanied the expeditions, establishing missions and spreading the Catholic faith.

Hernando de Soto discovered the Mississippi River in 1541. In 1565 Pedro Menéndez de Avilés founded Saint Augustine (Florida), which is the oldest permanent city of European origin in the United States. Santa Fe (New Mexico), the oldest seat of government, was founded in 1610 by Juan de Oñate.

ADDITIONAL INFORMATION: Landing of Pilgrims (1620), Foundation of a string of Spanish missions (1769–1823) in California along ''El Camino Real'' (The King's Highway). Texas was part of Mexico until 1836, as were New Mexico and Arizona until 1848.

Estructura

A. El presente: las formas _él/ella_ y _ellos/ellas_

Carlos	**(Él)** Trabaja en Puerto Rico.	_He works in Puerto Rico._
Anita	**(Ella)** No trabaja en México.	_She doesn't work in Mexico._
Juan y Luis	**(Ellos)** Hablan francés.	_They speak French._
Sara y Ana	**(Ellas)** No hablan inglés.	_They don't speak English._

OTHER EQUIVALENTS: He is visiting... She is not speaking...

The **él/ella** form (third person singular) of the **–ar** verbs ends in **-a**.

The **ellos/ellas** form (third person plural) of the **–ar** verbs ends in **-an**.

↪ As in the case of **yo**, Spanish speakers use the subject pronouns **él, ella, ellos** and **ellas** for emphasis, or in situations where the meaning is not clear.

↪ In Spanish, two pronouns correspond to the English _they:_

Ellos refers to a group of boys or to a mixed group.

Ellas refers to a group composed only of girls.

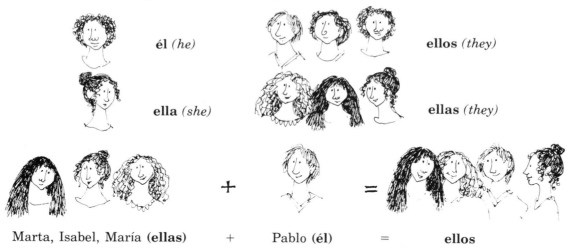

él _(he)_   ellos _(they)_

ella _(she)_   ellas _(they)_

Marta, Isabel, María **(ellas)** + Pablo **(él)** = **ellos**

In Spanish the masculine form predominates. It is used to refer to groups of people with one or more males.

ACTIVIDAD 1   Trabajos _(Jobs)_

These students have summer jobs abroad. Say which cities they are working in and which languages they are speaking.

↪ Tomás (París / francés)   Tomás trabaja en París. Él habla francés.

1. Ramón (Nueva York / inglés)
2. Isabel (Roma / italiano)
3. Marisol y Carmen (Buenos Aires / español)
4. Jaime y Pedro (Berlín / alemán)
5. Carlos y Juanita (Moscú / ruso)
6. Pilar y María (Tokio / japonés)

• You may model the pronunciation of these cities and languages for students.

• ADDITIONAL CUES: Rafael (Boston/**inglés**), Carmenza (Quito/**español**), Ana y Clara (Monte Carlo/
francés).

vocabulario especializado — Actividades

visitar (San Francisco)

viajar

nadar

mirar (la televisión)

ganar (dinero)

bailar

ACTIVIDAD 2   María también

Lorenzo is saying what he does. Reply that María does the same things.

➥ Lorenzo: Escucho la radio.   María escucha la radio también.

VARIATION: María does not do the same things. **María no escucha la radio.**

1. Estudio mucho.
2. Canto bien.
3. Bailo muy bien.
4. Miro la televisión.
5. Gano dinero.
6. Nado un poco.
7. Viajo en julio.
8. Visito Los Álamos.

ACTIVIDAD 3   ¡Ellos no!

Now tell Lorenzo that Roberto and Carlos do not do the things he does.

➥ Lorenzo: Escucho la radio.   Roberto y Carlos no escuchan la radio.

B. Preguntas con respuestas afirmativas y negativas

The following questions can be answered by **sí** or **no**.
Compare the position of the subject in the questions and the answers.

*Is **Juan** studying?*	¿Estudia **Juan?**
	Sí, **Juan** estudia.
*Does **Carmen** earn money?*	¿Gana dinero **Carmen?**
	Sí, **Carmen** gana dinero.

*Do **Luis and José** study a lot?*	¿Estudian mucho **Luis y José**?
	Sí, **Luis y José** estudian mucho.

Questions which request a simple yes or no answer are called *yes/no questions*. In Spanish, these questions are formed in either of two ways:

¿	verb	+	subject (if expressed)	+	rest of sentence	?

or often:

¿	verb	+	rest of sentence	+	subject (if expressed)	?

In yes/no questions, the voice rises at the end of the sentence.

Informal yes/no questions may be formed by adding **¿verdad?** (*right?*) at the end of a statement.

María habla español, **¿verdad?**	*María speaks Spanish, **right?***
	*María speaks Spanish, **doesn't she?***

An inverted question mark (¿) signals the beginning of a question.

ACTIVIDAD 4   ¿Quién habla inglés? *(Who speaks English?)*

Imagine that you are traveling in Mexico. You need to know who speaks English and can help you out. Ask the appropriate questions.

VARIATION: Do they speak French? ¿Habla francés Elena?

Elena   ¿Habla inglés Elena?

1. Pedro	3. Felipe y Miguel	5. Paco y Teresa
2. Carmen	4. Luisa y Susana	6. Alberto y Luis

Be sure students use plural verbs with plural subjects.

ACTIVIDAD 5   Carmen y Pepe

Imagine that Carmen and Pepe are visiting from Mexico. You know what Carmen does. Ask whether Pepe does the same things.

VARIATION: Ask whether Julia and Juan do the things in Act. 5, using ¿verdad? Julia y Juan hablan inglés, ¿verdad?

Carmen habla inglés.   ¿Habla Pepe inglés también?

1. Carmen canta siempre.	5. Carmen baila mal.
2. Carmen viaja mucho.	6. Carmen mira la televisión.
3. Carmen visita Nueva York.	7. Carmen escucha la radio.
4. Carmen toca la guitarra.	8. Carmen estudia inglés.

Pronunciación   El sonido de la consonante *ll*

Model word: e<u>ll</u>a
Practice words: e<u>ll</u>os e<u>ll</u>as Gui<u>ll</u>ermo <u>ll</u>ueve torti<u>ll</u>a
Practice sentences: Me <u>ll</u>amo Pepi<u>ll</u>o Vi<u>ll</u>as.
                          E<u>ll</u>a es de Sevi<u>ll</u>a.

The letters **ll** represent a sound which is like the **y** of the English "yes."

In Castilian Spanish, the letters *ll* represent the sound /lj/ as in the English "million." In parts of Latin America, *ll* is pronounced like the /z/ in the English "measure," or even like the /dz/ in the English "juice."

OPTIONAL

Entre nosotros

Expresiones para la conversación

Spanish speakers have different ways of answering yes/no questions.

¡Cómo no! ⎫
¡Claro! ⎬ *Of course*
¡Por supuesto! ⎭

— ¿Baila María bien?
— **¡Por supuesto!** Baila muy bien.

¡Tal vez!   *Maybe*

— ¿Trabaja Luisa mañana?
— **¡Tal vez!**

¡Claro que no!   *Of course not*

— ¿Mira Sara la televisión?
— **¡Claro que no!** Escucha discos.

Mini-diálogos

Create new dialogs by replacing the underlined words with the information in the pictures.

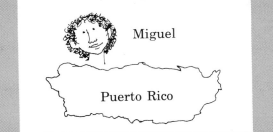

Miguel

Puerto Rico

Lorenzo: ¿Canta bien <u>Miguel</u> en inglés?

Anita: ¡Claro que no! Canta en español.

Lorenzo: ¿En español?

Anita: ¡Cómo no! <u>Él</u> es de <u>Puerto Rico</u>.

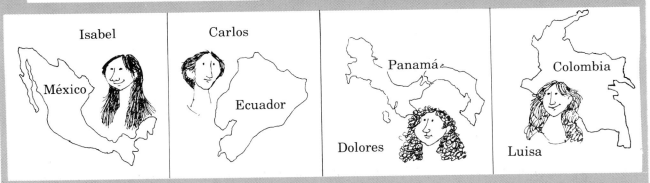

Isabel   México

Carlos   Ecuador

Panamá   Dolores

Colombia   Luisa

Tú tienes la palabra

With a classmate, prepare a short dialog in which you talk about a student from a Spanish-speaking country. Use the conversation between Lorenzo and Anita as a model.

Have students locate the countries on a map of the Americas. Ask if they can name the capitals: San Juan, México, Quito, Panamá, Bogotá.

Lección 3   *En Los Ángeles*

Miguel y Teresa estudian en un colegio de Los Ángeles.
Ahora hablan de un asunto muy serio: los estudios.

Miguel: ¿Estudias mucho, Teresa?
Teresa: ¡Sí!
Miguel: ¿Qué estudias tú ahora?
Teresa: Estudio inglés, matemáticas, física . . .
Miguel: ¿Física? . . . ¿Por qué estudias física?
Teresa: Deseo trabajar como ingeniera. ¿Y tú?
Miguel: Deseo trabajar en un estudio de televisión.

colegio: *high school*
asunto: *topic,*
estudios: *studies*

Deseo: *I want*

La Señora Vargas es la consejera vocacional del colegio. Ella y
Teresa también hablan de los estudios.

Sra. Vargas: Buenos días, Teresa.
     Teresa: Buenos días, Señora Vargas.
Sra. Vargas: ¿Qué estudia usted ahora?
     Teresa: Estudio inglés, matemáticas, física . . .
Sra. Vargas: ¿Por qué estudia usted física?
     Teresa: Deseo trabajar como ingeniera.
Sra. Vargas: ¿Y dónde desea usted trabajar?
     Teresa: En México o en Venezuela, para una compañía
            internacional.
Sra. Vargas: Usted necesita estudiar idiomas . . .
     Teresa: Pero hablo inglés y español.
Sra. Vargas: ¡Ah! ¡Claro!

consejera vocacional:
Vocational Counselor

dónde: *where*
para: *for*

necesita: *you need,*
idiomas: *languages*

¿Qué estudia Teresa? ¿Por qué estudia física? ¿Dónde desea trabajar ella?

CONVERSACIÓN

Imagine that María Inés, an exchange student from Mexico, is talking to you. Answer her.

1. ¿**Hablas** español? Sí, hablo español.
   (No, no hablo español.)
2. ¿**Estudias** francés?
3. ¿**Estudias** mucho?
4. ¿**Trabajas** mucho en clase?

Now imagine that el señor Portillo, a teacher from Mexico, is talking to you. Answer him.

5. ¿**Habla** usted español? Sí, hablo español.
   (No, no hablo español.)
6. ¿**Estudia** usted francés?
7. ¿**Estudia** usted mucho?
8. ¿**Trabaja** usted mucho en clase?

OBSERVACIÓN   Est. A

María Inés, the student, and el señor Portillo, the teacher, ask you the same questions, but in different ways.

María Inés, like you, is a student. She talks to you in an informal way, using the **tú** *(you: familiar)* form of the verb.

• In which two letters do the verbs she uses end? -as

El señor Portillo talks to you in a more formal way, using the **usted** *(you:* formal) form of the verb.

• In which letter do the verbs he uses end? -a
• Which word comes directly after the verb?
  usted

Nota cultural   OPTIONAL

Los hispanos en los Estados Unidos

Do you think of Spanish as a foreign language? Think again! Today, over twelve million American citizens claim Hispanic ancestry. Many of them speak Spanish in the course of their daily life—at home, at work, at school. Doesn't it make sense to consider Spanish our second national language after English?

Who are the Hispanic-Americans? It is impossible to generalize. Hispanic-Americans live in nearly every region of the United States and come from a great variety of backgrounds. Many are recent arrivals to this country. Some can trace their ancestry to the Indians who have been living on this continent for many centuries, others to the early Spanish settlers of the sixteenth century, and still others to Africa, Asia or Europe. Whatever their origins, the Hispanic-Americans share the same language, as well as many of the same customs and values.

New York City's Puerto Rican population is greater than that of San Juan; Miami's Cuban population is second to Havana's; Los Angeles' Mexican population is second to Mexico City's.

Estructura

A. El presente: las formas *tú* y *usted*

When Spanish speakers talk to one another, they use either **tú** or **usted**.

Tú is used to address a child, a member of the family, a close friend or a classmate. **Tú** is the *familiar* or *informal* form of address.

Carlos, ¡**tú** trabaj**as** mucho!	*Carlos, **you** work a lot!*
Anita, ¿habl**as** (**tú**) inglés?	*Anita, do **you** speak English?*

The **tú** form (second person singular) of the **–ar** verbs ends in **-as**.

As with the other subject pronouns you have learned, the pronoun **tú** is often omitted. It is used for emphasis or clarity.

Usted (abbreviated **Ud.**) is used to address everyone else. **Ud.** is the *polite* or *formal* form of address.

Sr. Vargas, **Ud.** habla inglés muy bien.	*Mr. Vargas, **you** speak English very well.*
¿**Habla Ud.** italiano, Sra. de Molina?	*Do **you** speak Italian, Mrs. Molina?*

The **Ud.** form (third person singular) of the **–ar** verbs ends in **-a**.

In contrast to other pronouns, **Ud.** is usually *not* omitted.

Ud. is used with the third person singular form of the verb:

Ud. **trabaja** mucho.	*You work a lot.*
María **trabaja** mucho.	*María works a lot.*

You should use the **tú** form when talking to your classmates and the **Ud.** form when talking to your teacher. You will be addressed in the **tú** form in this book.

Usted is a third-person pronoun. You may explain that usted is the contraction of an older form of address, "vuestra merced" — your grace. (Your grace studies Spanish. Ud. estudia español.)

ACTIVIDAD 1 Preguntas personales

1. ¿Estudias matemáticas?
2. ¿Estudias historia?
3. ¿Estudias mucho?
4. ¿Estudias mucho en la clase de español?

5. ¿Tocas la guitarra?
6. ¿Tocas el piano?
7. ¿Cantas bien o mal?
8. ¿Miras la televisión en casa?

ACTIVIDAD 2 Diálogo: El fin de semana

Ask a classmate whether he or she does the following things during the weekend (**durante el fin de semana**).

〰️ hablar español   Estudiante 1: ¿Hablas español durante el fin de semana?
            Estudiante 2: Sí, hablo español. (No, no hablo español.)

1. estudiar
2. trabajar
3. mirar la televisión
4. ganar mucho dinero

5. bailar
6. cantar
7. escuchar discos
8. tocar la guitarra

ACTIVIDAD 3 Diálogo: ¿Y el profesor (la profesora)?

Ask your teacher the questions of Actividad 2, using **Ud.**

〰️ hablar español   ¿Habla Ud. español durante el fin de semana?

B. El infinitivo

The infinitive is used after certain verbs:

desear	**Deseo trabajar** como ingeniero.	*I wish to work as an engineer.*
esperar	**Espero trabajar** en Venezuela.	*I hope to work in Venezuela.*
necesitar	**Necesito hablar** bien el español.	*I need to speak Spanish well.*

〰️ Note that where English uses two words (*to work, to speak*), Spanish uses only one (**trabajar, hablar**).

ACTIVIDAD 4 Preguntas personales

1. ¿Deseas trabajar como ingeniero (ingeniera)?
2. ¿Deseas trabajar en un estudio de televisión?
3. ¿Deseas hablar bien el español?
4. ¿Esperas ganar mucho dinero?
5. ¿Esperas estudiar en una universidad?
6. ¿Esperas viajar a México?
7. ¿Necesitas trabajar mucho en la clase de español?
8. ¿Necesitas estudiar mucho en la clase de matemáticas?

C. Preguntas para obtener información

Questions which ask for specific information rather than a simple yes or no are called *information questions*.

¿Cómo está Ud., señor López?	*How are you, Mr. López?*
¿Dónde estudian Manuel y Teresa?	*Where do Manuel and Teresa study?*
¿Qué estudias ahora?	*What are you studying now?*

In Spanish, information questions follow this pattern:

¿ Question word(s) + verb + subject (if used) + rest of sentence ?

- Question words such as **¿cómo?** *(how?)*, **¿dónde?** *(where?)* and **¿qué?** *(what?)* indicate the type of information which is being requested.
- The voice is high at the beginning of an information question and often falls or levels off at the end.

ACTIVIDAD 5 Trabajos de verano *(Summer jobs)*

Gonzalo's friends have summer jobs. María wants to know where. Gonzalo answers. Play the roles of María and Gonzalo.

Carlos: en San Diego   María: ¿Dónde trabaja Carlos?
Gonzalo: Trabaja en San Diego.

1. Miguel: en San Francisco
2. Luisa: en Nueva York
3. Raúl y Clara: en Boston
4. Pablo y Paco: en Chicago
5. Lucía y Cristina: en Los Ángeles
6. Tomás y Silvia: en Miami.

vocabulario especializado   Palabras interrogativas y responsivas

¿cómo?	how?	**¿Cómo** está Ud.?
¿cuándo?	when?	**¿Cuándo** estudian Felipe y Raúl?
cuando	when	**Cuando** es posible, estudian.
¿dónde?	where?	**¿Dónde** estudian ellos?
donde	where	Estudian **donde** trabajan.

• Students have already practiced other interrogative expressions: **¿Cuánto cuesta el sombrero? ¿Qué día es hoy? ¿Qué hora es?**
• Ask **¿Qué estudia María Luisa?** with the **horario,** p. 121.

ACTIVIDAD 6 Curiosidad

Teresa's friends are doing certain things. Manuel wants more information.
Play the two roles according to the model.

> Pedro canta. (¿cómo?)   Teresa: Pedro canta.
>   Manuel: ¿Cómo canta?

1. María estudia francés. (¿por qué?)
2. Anita canta. (¿cuándo?)
3. Raúl trabaja. (¿dónde?)

4. Juanita y Carlos bailan. (¿cómo?)
5. Luis y Laura hablan inglés. (¿por qué?)
6. Alberto y Paco estudian. (¿cuándo?)

ACTIVIDAD 7 Más curiosidad (More curiosity)

Ana overhears part of Manuel and Teresa's conversation. She wants to
know whom they are talking about. Use the cues of Actividad 6 to ask
questions.

> Pedro canta.   Ana: ¿Quién canta?

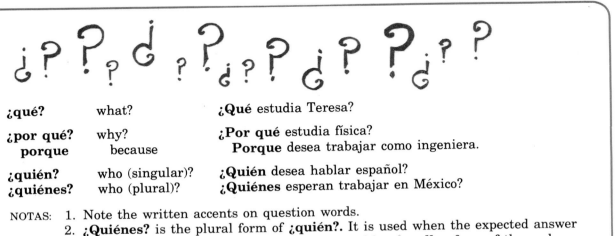

¿qué?	what?	**¿Qué** estudia Teresa?
¿por qué?	why?	**¿Por qué** estudia física?
porque	because	**Porque** desea trabajar como ingeniera.
¿quién?	who (singular)?	**¿Quién** desea hablar español?
¿quiénes?	who (plural)?	**¿Quiénes** esperan trabajar en México?

NOTAS: 1. Note the written accents on question words.
        2. **¿Quiénes?** is the plural form of **¿quién?.** It is used when the expected answer
           concerns more than one person. It is followed by the **ellos** form of the verb.

Pronunciación **El sonido de la consonante v**

In some countries, the initial **v** is pronounced more like our English **v.**

a) *v* inicial

Model word: <u>v</u>einte

Practice words: <u>v</u>erano <u>v</u>iernes <u>v</u>endedor <u>V</u>argas <u>V</u>enezuela

Practice sentence: Señor <u>V</u>argas, hoy es <u>v</u>iernes, el <u>v</u>einte de mayo.

At the beginning of a word, the letter **v** represents the sound / **b** /, as in the English **b** of "boy."

OPTIONAL

Entre nosotros

Expresión para la conversación

To tell someone that you cannot do something, you can say:

No puedo. *I can't.* Deseo mirar la televisión, pero **no puedo.**
Necesito trabajar.

Mini-diálogos

Look at the illustration and the sample conversation. Create similar conversations, replacing the underlined words with the expressions suggested in the pictures.

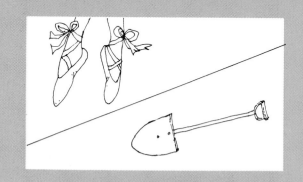

Ramón: ¡Hola, Clara! ¿Deseas <u>bailar</u>?
Clara: Sí, pero no puedo.
Ramón: ¿Por qué?
Clara: Porque necesito <u>trabajar</u>.

b) v medial

Model word: primavera
Practice words: nieva   llueve   hace viento   noviembre   jueves
Practice sentence: Nieva y hace viento en noviembre.

Between two vowels, the letter **v** represents the sound / ƀ /. To produce this sound, try to make a **b**-like sound without letting your lips come together.

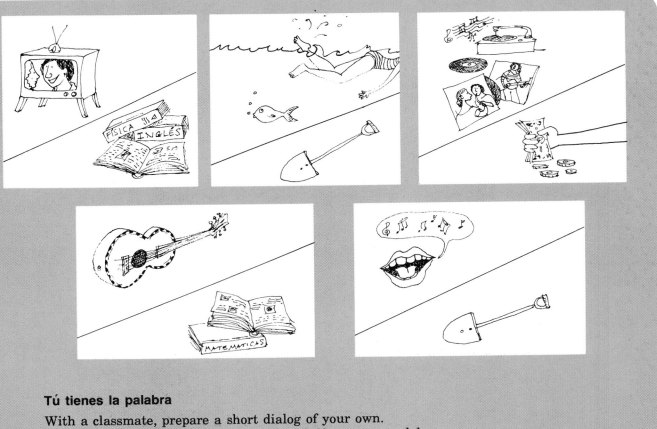

Tú tienes la palabra

With a classmate, prepare a short dialog of your own.
Use the conversation between Ramón and Clara as a model.

 **Lección 4** **En Miami**

Me llamo Isabel Pérez.

Mi familia es de Cuba.
En casa hablamos español.
Mi papá y mi mamá no hablan mucho inglés.
Por eso siempre hablo español con ellos.

En casa: *At home*

Por eso: *That's why*

Me gusta nadar.
¡Nado bien!
Me gusta tocar la guitarra . . .
Me gusta escuchar discos . . .
Me gusta bailar . . .
También me gusta viajar.
Un día espero visitar México.
¿Y tú? ¿Deseas visitar México?
¿Te gusta viajar?

Me gusta: *I like*

¿De dónde es Isabel? ¿Habla español o inglés en casa? ¿Desea visitar Cuba o México?

These questions are addressed to you and your friends.

1. ¿Habl**an** ustedes español en clase?
   Sí, habl**amos** español en clase.
   (No, no habl**amos** español en clase.)

2. ¿Estudi**an** ustedes mucho en clase?
3. ¿Habl**an** ustedes español en casa?
4. ¿Mir**an** ustedes la televisión en casa?

OBSERVACIÓN Est. A

Reread the questions above. They use the **ustedes** *(you:* plural) form of the verb.
- In which two letters do the verbs end?   -an
- Which word comes directly after the verb?
                                    ustedes

Now read the model answer. When you answer for yourself and your friends you use the **nosotros** *(we)* form of the verb.
- In which four letters does the verb end?
                                    -amos

Nota cultural OPTIONAL

Más sobre los hispanos
(More on the Hispanic people)

In the United States there are not one but several Spanish-speaking groups whose cultural characteristics are quite distinct.

The *Mexican-Americans* are the oldest and the largest group of Spanish speakers in this country, totaling about seven million people. Their history and culture are intimately linked to the development of the Southwest where many families of Spanish and Indian origin have lived for generations. Today the Mexican-Americans represent a significant percentage of the population in Texas, Arizona, New Mexico, California, Colorado and Michigan.

The *Puerto Ricans* became United States citizens in 1917. Since then, and especially since 1945, many have left the island of Puerto Rico for the large metropolitan areas of the Atlantic seaboard. With a Hispanic population of nearly two million people, the majority of whom are Puerto Ricans, New York is one of the major Spanish-speaking cities in the world.

The *Cubans* are the most recent group of Spanish-speaking immigrants. In the early 1960's they settled in Florida where they now represent thirty per cent of the population. In Greater Miami alone they number close to one million people.

The Spanish-speaking community of the United States includes many smaller groups which come from every corner of the Hispanic world, especially the Dominican Republic, Central America, Venezuela and Chile.

Estructura

A. El presente: las formas *nosotros* y *ustedes*

Nosotros is used when you are talking about yourself and others.

Pedro y yo [Antonio]	**(Nosotros) Trabajamos** en un rancho.	*We work on a ranch.*
María y yo [Carlos]	**(Nosotros) Hablamos** español.	*We speak Spanish.*
Isabel y yo [Carmen]	**(Nosotras) Necesitamos** estudiar.	*We need to study.*

The **nosotros** form (first person plural) of the **–ar** verbs ends in **–amos**.

→ The pronoun **nosotros** has a feminine form, **nosotras**. This form is used with groups composed only of females.

→ The pronouns **nosotros** and **nosotras** are used only for emphasis or clarity.

Ustedes (abbreviated **Uds.**) is used by most Spanish speakers to address two or more people. **Uds.** is used with any group of people, whether they are addressed individually as **tú** or **Ud.**

tú	tú
tú	Ud.
	Uds.
	Uds.

Isabel y Ana, ¿desean **Uds.** bailar?	*Do **you** wish to dance?*
Señores Pérez, ¿hablan **Uds.** inglés?	*Do **you** speak English?*

The **Uds.** form (third person plural) of the **–ar** verbs ends in **-an**.

→ The pronoun **Uds.** is usually not omitted.

→ **Uds.** is used with the third person plural form of the verb:

Uds. visitan México.	*You are visiting Mexico.*
Carlos y Ana visitan México también.	*Carlos and Ana are visiting Mexico too.*

You should emphasize that **ustedes** (from **vuestras mercedes**: your graces) is a third-person pronoun and is always used with the **ellos/ellas** form of the verb.

Nota: *vosotros*

In Spain, **vosotros** is used to address two or more people with whom one uses **tú**.

> Carlos y Felipe, ¿**habláis** inglés (**vosotros**)?   *Do **you speak** English?*
> Isabel y Conchita, ¿**trabajáis** mucho (**vosotras**)?   *Do **you work** hard?*

The **vosotros** form (second person plural) of the **–ar** verbs ends in **-áis**.

 **Vosotros** has a feminine form, **vosotras**.

Though you will not practice the **vosotros** form, you should be able to recognize it. **Vosotros** forms will be given on all verb charts.

Although Spanish is one language, it has regional variations. Just as English is spoken differently in London, New York and Houston, so Spanish is spoken somewhat differently in Spain, Argentina and Mexico.

ACTIVIDAD 1   **Diálogo**

Dolores, an exchange student from Mexico, is spending the year in your school. She asks what students do in and out of class. Jim, one of your classmates, answers her. Play both roles.

> hablar español   Dolores: ¿Hablan Uds. español?
>   Jim: Sí, hablamos español.
>   (No, no hablamos español.)

1. hablar español en clase
2. cantar en español
3. estudiar física
4. estudiar mucho
5. viajar durante *(during)* las vacaciones
6. bailar durante el fin de semana

B. Repaso: el presente de verbos que terminan en *–ar*

Most **–ar** verbs form the present tense like **hablar:**

					FORMATION OF PRESENT TENSE	
INFINITIVE:				**hablar**		
NUMBER	PERSON	SUBJECT PRONOUN			STEM: INFINITIVE MINUS **-ar**	ENDINGS
SINGULAR	1st	*I*	**yo**	**hablo**		**-o**
	2nd	*you (informal)*	**tú**	**hablas**		**-as**
	3rd	*he*	**él**			
		she	**ella**	**habla**		**-a**
		you (formal)	**Ud.**		**habl-**	
PLURAL	1st	*we*	**nosotros (as)**	**hablamos**		**-amos**
	2nd	*you (informal)*	**vosotros (as)**	**habláis**		**-áis**
	3rd	*they*	**ellos**			
		they (feminine)	**ellas**	**hablan**		**-an**
		you	**Uds.**			

⟫ Verbs that follow the same pattern of endings as **hablar** are called *regular –ar verbs.*

⟫ The form of such verbs in Spanish has two parts:
  • the *stem,* or part which does not change. (For verbs like **hablar** the stem is the infinitive minus the ending **–ar.)**
  • the *ending,* or part which changes to show the subject.

Have students identify the stems and the endings of various verb forms: e.g., **cantamos, nadas, miran, viajo, trabaja.** They can also pick out verbs, identifying stems and endings, in the *Variedades,* p. 78.

ACTIVIDAD 2   España

Read the following story which tells of a trip being taken by two Mexican students, Jorge and Cristina.

1. Jorge y Cristina viajan a España.
2. Hablan español.
3. Visitan Barcelona.
4. Nadan en la playa *(beach).*
5. Escuchan música española.
6. Bailan en una discoteca.
7. No visitan Francia.
8. No hablan francés.

Now retell the story from the viewpoint of:

— Jorge and Cristina (Viajamos a . . .)
— Jorge alone (Viajo a . . .)
— a friend talking to Cristina (Viajas a . . .)
— a friend talking about Jorge (Viaja a . . .)
— a friend talking to Jorge and Cristina (Úds. viajan a . . .)

C. Me gusta

There is no Spanish verb which corresponds directly to the English "to like." Instead, Spanish speakers use the expressions:

Me gusta/te gusta is presented here only as a global expression. Forms and uses of gustar are presented on p. 229.

me gusta *(it pleases me to . . .)*   **Me gusta** bailar.   *I like to dance.*
¿te gusta? *(does it please you to . . .?)*   **¿Te gusta** nadar?   *Do you like to swim?*

Note the negative forms:

¿No te gusta hablar español?   *Don't you like to speak Spanish?*
No me gusta hablar francés.   *I don't like to speak French.*

ACTIVIDAD 3   Diálogo: ¿Sí o no?

Ask a classmate if he or she likes to do the following things.

ADDITIONAL CUES: tocar el piano/mirar la televisión/escuchar discos.

viajar   Estudiante 1:   ¿Te gusta viajar?
          Estudiante 2:   Sí, me gusta viajar.
                           (No, no me gusta viajar.)

1. trabajar
2. estudiar
3. bailar
4. cantar
5. nadar
6. hablar español en clase
7. visitar museos
8. escuchar música popular
9. escuchar música clásica

D. Pronombres con la preposición   This may be presented for recognition only.

In the answers to the questions below, the pronouns in heavy print replace the underlined nouns. Note these pronouns.

¿Estudias con Miguel y Julio?   Sí, estudio con **ellos.**
¿Baila Juan con Elena?   Sí, baila con **ella.**
¿Trabaja Jaime para el Sr. Ruiz?   Sí, trabaja para **él.**

The pronouns which are used after *prepositions* like **con** *(with)* and **para** *(for)* are the same as the subject pronouns.

There are two exceptions:

mí is used instead of **yo**   — ¿Deseas trabajar para **mí?**
ti is used instead of **tú**   — ¿Para **ti?** ¡Claro!

The pronouns **mí** and **ti** combine with **con** to form:

conmigo *(with me)*   — ¿Deseas estudiar **conmigo?**
contigo *(with you)*   — ¿**Contigo?** ¡Ah, no!

• Mí bears an accent (distinguishing it from mí = *my*, which they will learn later), whereas ti does not (since there is no other word ti with which it might be confused).
• Tell students that para is not the only word meaning *for*. Por and para are formally contrasted on pp. 358 and 369.

ACTIVIDAD 4   Carlos

Carlos does a lot of things with his friends. His cousin Susana wants to know precisely with whom. Answer her questions affirmatively or negatively, as indicated.

☟ ¿Estudia Carlos con Elena? (sí)   Sí, estudia con ella.

1. ¿Trabaja Carlos con Pedro? (no)
2. ¿Baila Carlos con Emilia? (sí)
3. ¿Nada Carlos con Enrique y José? (sí)
4. ¿Habla Carlos con Susana y Luisa? (no)
5. ¿Viaja Carlos con Silvia y Roberto? (no)
6. ¿Estudia Carlos con Carmen y Felipe? (sí)

ACTIVIDAD 5   ¿Conmigo?   OPTIONAL

Ask a classmate if he or she wants to do the following things with you.

☟ estudiar   Estudiante 1: ¿Deseas estudiar conmigo?
　　　　　　　Estudiante 2: ¿Contigo? ¡Claro!
　　　　　　　　　　　　　　(¿Contigo? ¡Claro que no!)

ALTERNATE: ¿Quieres estudiar conmigo?

1. hablar español
2. trabajar
3. mirar la televisión
4. bailar
5. escuchar discos
6. viajar
7. visitar México
8. cantar

ACTIVIDAD 6   La serenata

Juan Pablo is singing a traditional serenade. María Luisa wonders whether he is singing for the people below. Play both roles according to the model.

☟ Paco: no   María Luisa: ¿Cantas para Paco?
　　　　　　　Juan Pablo: No, no canto para él.

1. Elena: no
2. Cristina y Luisa: no
3. Carlos y Felipe: no
4. Carmen y Rodolfo: no
5. nosotros: no
6. mí: sí

Pronunciación   El sonido de la *r* medial

Model word: pa<u>r</u>a
Practice words: pe<u>r</u>o   ene<u>r</u>o   Cla<u>r</u>a   ce<u>r</u>o   el Pe<u>r</u>ú   Ma<u>r</u>ía
Practice sentences: Ma<u>r</u>ía y Cla<u>r</u>a visitan el Pe<u>r</u>ú.
　　　　　　　　　El dine<u>r</u>o es pa<u>r</u>a Te<u>r</u>esa.

The sound of the Spanish **r** in mid-word is very similar to the American pronunciation of the **t**'s in "better" or the **d**'s in "ladder." Pronounce "pot o' tea" rapidly: you will be close to producing the Spanish **"para ti."**

This introduction to r includes only the intervocalic r, which is the easiest to produce. If students learn the single r quickly, you might wish to contrast it with the double r of **guitarra.** The **rr** is introduced formally in Unit 5, p. 182.

Entre nosotros

Expresión para la conversación

To introduce a conclusion, you may use:

por eso   *therefore, that's why*   — Me gusta estudiar con Isabel.
— ¡Ah! **Por eso** estudias siempre con ella.

Mini-diálogos

Look at the illustration and the sample conversations. Create similar conversations, replacing the underlined words with the expressions suggested in the pictures.

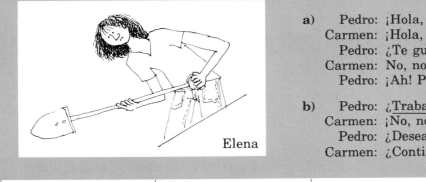

Elena

a)   Pedro: ¡Hola, Carmen!
Carmen: ¡Hola, Pedro!
Pedro: ¿Te gusta <u>trabajar</u>?
Carmen: No, no me gusta <u>trabajar</u>.
Pedro: ¡Ah! Por eso no <u>trabajas</u> ahora.

b)   Pedro: ¿<u>Trabajas</u> con <u>Elena</u>?
Carmen: ¡No, no <u>trabajo</u> con <u>ella</u>!
Pedro: ¿Deseas <u>trabajar</u> conmigo?
Carmen: ¿Contigo? ¡Por supuesto!

Luis

Ana

Juan
y
Carlos

Linda
y
Teresa

Tú tienes la palabra

With a classmate, prepare a short dialog in which you talk about things you do or don't like to do. Use one of the conversations between Pedro and Carmen as a model.

77

The following young people are our "mystery guests." They will each describe themselves, without giving their names. Read carefully what they say, looking for clues to their identities. Then match each person with his or her portrait.

A. ¿Cómo me llamo? Ah, ah . . . es un secreto . . . Soy norteamericana como Uds. . . . pero con una diferencia: hablo español. Soy de origen mexicano-americano. En casa,° hablamos siempre el español . . . Me gusta tocar la guitarra y me gusta nadar. ¿Nado bien? Sí, nado muy bien . . . y nado todos los días° del año. ¿Dónde? En el Océano Pacífico, ¡por supuesto!

    ¿Quién soy?

En casa: *At home*

todos los días: *every day*

B. ¡Hola! ¡Me llamo Superman! . . . ¡Claro que no! Me llamo _____ y vivo° en _____. Dos secretos para Uds., amigos. Yo también soy de origen mexicano-americano y también hablo español en casa . . . Estudio en una escuela° bilingüe . . . Estudiamos mucho. Me gusta estudiar idiomas° (¡Espero trabajar como intérprete en las Naciones Unidas en Nueva York!). No, no soy de Nueva York . . . Soy de _____, una ciudad° donde hace mucho frío en el invierno y hace mucho calor en el verano.

    ¿Quién soy?

vivo: *I live*

escuela: *school*
idiomas: *foreign languages*

ciudad: *city*

C. Soy norteamericana, ¡ciento por ciento!° Pero soy también hispanohablante° . . . Soy una persona de dos culturas. Mis° padres° no hablan mucho inglés pero no importa° . . . Mi mamá trabaja en casa y mi papá trabaja en un restaurante cubano en la Pequeña° Habana . . . ¿Dónde está° la Pequeña Habana? Ah . . . ah . . . La Pequeña Habana está situada en una ciudad muy grande de los Estados Unidos: una ciudad donde tal vez un millón de personas hablan español . . . una ciudad donde hace calor en el verano y en el invierno . . . una ciudad en la costa del° Océano Atlántico . . . una ciudad extraordinaria . . . ¡una ciudad fantástica . . .!

    ¿Quién soy?

ciento por ciento: *100%*
hispanohablante: *Spanish-speaking,* Mis: *My,* padres: *parents* no importa: *it doesn't matter* Pequeña: *Little* está: *is*

del: *of the*

D. ¡Qué tal, amigos! ¿Desean Uds. hablar conmigo? ¡Bueno! Yo también soy de origen hispánico pero no soy cubano ni° mexicano-americano. Soy de Puerto Rico. Pero ahora no vivo en Puerto Rico . . . Vivo en una ciudad del este de los Estados Unidos. Me gusta tocar el piano. Toco el piano en una orquesta de música latina . . . Me gusta también nadar . . . pero no nado mucho. En la ciudad donde vivo, hace mucho frío en el invierno. ¡Qué lástima!

    ¿Quién soy yo?

ni: *nor*

Some Spanish-speakers in Miami refer to **la Pequeña Habana** as "Little Havana."

Delia Sánchez
San Diego

Rubén Ávila
Chicago

Carlos Gómez
Nueva York

Rosita Hurtado
Miami

El arte de la lectura *(The art of reading)*   OPTIONAL

Cognates

When you read a new selection in Spanish, you should first read it through to get the general meaning. Then you can go back and work out the meanings of new words and expressions. Some of these new words may be so unfamiliar that you will have to look them up in a dictionary. In the passage you have just read, you would probably not be able to guess the meanings of the words glossed in the margin.

Sometimes, though, you will not need a dictionary to find out the meanings of unfamiliar Spanish words. You will be able to guess them because many look like English words and have the same meanings. For instance, you probably understood the phrase **es un secreto** even though you had never before seen the Spanish word **secreto.** Words which look alike and have similar meanings in two languages are called "cognates."

Cognates present certain problems:

- They are never pronounced the same in Spanish and English.
- They are often spelled differently in the two languages.
- They may not have quite the same meaning in the two languages.

Cognates from the Lectura:
diferencia
océano
Pacífico
costa
bilingüe
intérprete
Naciones Unidas
guitarra
piano
culturas
no importa
orquesta
secreto
origen
música latina
restaurante
situado
millón
personas
Atlántico
extraordinaria
este
Estados Unidos

Ejercicio de lectura

Make a list of ten cognates which you came across for the first time in this reading.

a. Are there any words on your list that are spelled exactly the same way in Spanish and English?

b. Which words are spelled differently? Describe the differences.

Unidad 3

Amigos ... y amigas

3.1 En un café

Language

The main grammatical focus of this unit is on the noun group:

- The noun (gender and number)
- Definite and indefinite articles
- Descriptive adjectives (form, position, and agreement)

The concept of irregular verbs is presented with **ser** and **tener**.

Communication

By the end of this unit, students will be able to use Spanish:

- To talk about their immediate personal world (their possessions and their peer group)
- To describe people (appearance, personality, national origin)
- To describe everyday objects (appearance, origin, cost)

Culture

This unit focuses on interpersonal relationships, especially on Hispanic dating habits and the concept of friendship.

3.2 Los amigos ideales   **3.3 En la fiesta**   **3.4 Un club internacional**

VARIEDADES — Los secretos de la cara

Lección 1

En un café

Sevilla is located in Andalucía in southern Spain and is famous for its flamenco music.

Sevilla, España.
Pedro y Miguel entran en un café.
El café se llama «La Florida».
En el café, hay música de guitarra.
¿Quién toca?

se llama: is called
hay: there is

Miguel: ¡Eh, Pedro! ¿Quién toca la
          guitarra?
Pedro: Es . . . un guitarrista.

Miguel: Claro, claro . . . pero ¿quién es el
          guitarrista?
Pedro: Es . . . un muchacho.

muchacho: boy

Miguel: Bueno . . . pero ¿sabes quién es el
          muchacho?
Pedro: Es . . . un estudiante.

sabes: do you know

Miguel: ¡Por supuesto! . . . pero ¿quién es?
Pedro: Es el amigo de . . .

amigo: friend

Miguel: ¡Eh, Pedro! ¡El muchacho no es
          un muchacho!
Pedro: Es . . . una muchacha.
Miguel: ¡Sí! Es Alicia, la amiga de Ramón.

muchacha: girl

Alicia: ¡Hola, muchachos!
Pedro: ¡Hola, Alicia!
Miguel: ¡Hola!

CONVERSACIÓN

Let's talk about people.

1. ¿Quién es Miguel? ¿Un **muchacho** o una **muchacha?**
2. ¿Quién es Alicia? ¿Un **muchacho** o una **muchacha?**
3. ¿Quién eres tú? ¿Un **muchacho** o una **muchacha?**

4. ¿Quién enseña *(teaches)* la clase de español? ¿Un **señor,** una **señora** o una **señorita?**
5. ¿Quién enseña la clase de inglés? ¿Un **profesor** o una **profesora?**
6. ¿Quién enseña la clase de matemáticas? ¿Un **profesor** o una **profesora?**

OBSERVACIÓN Est. A

The words in heavy print are *nouns.*

- Does the noun **muchacho** represent a male or a female person? What about **señor? profesor?** male
- Does the noun **muchacha** represent a male or a female person? What about **señora? señorita? profesora?** female

Nouns are often introduced by *articles.* In the above sentences, the words which come directly before the nouns are *indefinite articles,* like the English *a, an.*

- Which indefinite article is used before **muchacho? señor? profesor?** un
- Which indefinite article is used before **muchacha? señora? señorita? profesora?** una

---

Nota cultural OPTIONAL

Los amigos (Friends)

For young Hispanic people, *un amigo* or *una amiga* is not just an acquaintance or a casual friend. *Un amigo* or *una amiga* is a close friend, a person with whom you share your joys and troubles, a person who is always there when you need someone to talk to.

El novio or *la novia* is more than a boyfriend or a girlfriend. The relationship between *novios* implies exclusive dating. In fact, *el novio* or *la novia* is usually the person whom you intend to marry. In Hispanic society, individual dating is not encouraged by the family. A boy and a girl will go out together alone only if they have been *novios* for some time and are over seventeen years old.

The official fiancé(e) is **el (la) prometido(a).** An acquaintance is **el (la) conocido(a).**

Estructura

A. El sustantivo y el artículo indefinido: masculino y femenino

Nouns are used to designate people, animals or things. Nouns have *gender* in Spanish; that is, all nouns are either *masculine* or *feminine*.

Note the forms of the *indefinite article* (in heavy print) in the chart below.

MASCULINE NOUNS		FEMININE NOUNS	
un señor	*a gentleman*	**una** señora	*a lady*
un gato	*a (male) cat*	**una** gata	*a (female) cat*
un auto	*an automobile*	**una** orquesta	*an orchestra*

Un is used before masculine nouns. **Una** is used before feminine nouns.

How can you tell whether a Spanish noun is masculine or feminine?

☼ Usually you can tell the gender of nouns designating people.

- Nouns designating male persons are generally masculine: Exceptions: **una persona** and
  un muchacho, **un** señor, **un** profesor, **un** amigo.   **una víctima.**
- Nouns designating female persons are generally feminine:
  una muchacha, **una** señora, **una** profesora, **una** amiga.

☼ Sometimes you can tell the gender of other nouns from their endings.

- Most nouns ending in **-o** are masculine:
  un piano, **un** disco (but **una** mano, *a hand*).
- Most nouns ending in **-a** are feminine: Exceptions: words ending in -ama, -ema:
  una guitarra, **una** discoteca, (but **un** día).   **un programa, un problema.**

Since the gender of nouns is not always predictable and since many nouns do not end in **-o** or **-a,** it is a good idea to learn new nouns together with their *articles.* For example, think of **un disco** instead of just **disco.**

vocabulario especializado

La gente *(People)*
La gente is active vocab.

un amigo	friend	**una amiga**	friend
un chico	boy	**una chica**	girl
un muchacho	boy	**una muchacha**	girl
un joven	young man	**una joven**	young woman
un novio	boyfriend	**una novia**	girlfriend
un hombre	man	**una mujer**	woman
un señor	man, gentleman	**una señora**	lady
un profesor	professor, teacher	**una profesora**	professor
un estudiante	student	**una estudiante**	student
un maestro	teacher	**una maestra**	teacher
un alumno	student, pupil	**una alumna**	student, pupil

hay	there is/are, here is/are	**Hay** un chico y una chica.
¿Cómo se llama?	*What is he (she) called? (What's his/her name?)*	
¿Cómo se llaman?	*What are they called? (What is their name?)*	

NOTA: Often the terms **profesor** and **estudiante** are used at the university level,
while the terms **maestro** and **alumno** are used at the secondary school level.

• The word **gente** is always singular.
• Have students observe that some nouns are the same in the masculine and the feminine: e.g., **joven**,
estudiante. The gender is indicated by the article.

ACTIVIDAD 1   ¿Quién es?

Luis shows school pictures to Anita. She asks him to identify each person.
Play the two roles according to the model.

⟐   Carlos   Anita: ¿Quién es?
                Luis: ¡Es Carlos, un amigo!

(amigo/amiga)	(muchacho/muchacha)	(profesor/profesora)
1. José	4. Lucía	7. el Sr. Gómez
2. Felipe	5. Roberto	8. la Sra. de Miranda
3. Carmen	6. Inés	9. la Srta. Hernández

ACTIVIDAD 2   Otras preguntas *(Other questions)*

Now Luis is showing the pictures to Ramón. Play the two roles according
to the model. Use the cues of Actividad 1 and the following expressions:

1-3 chico/chica   4-6 alumno/alumna   7-9 hombre/mujer

⟐   Carlos   Ramón: Hay un chico. ¿Quién es?
                Luis: ¡Es Carlos!

B. Los artículos definidos: *el, la*

Read the sentences below, paying attention to the words in heavy print.

El Sr. Vargas habla con **un** muchacho.   ¿Cómo se llama **el** muchacho?
El Sr. Vargas habla con **una** muchacha.   ¿Cómo se llama **la** muchacha?

The *definite article* **el** is used before masculine nouns:
el muchacho *(the boy),* **el** piano *(the piano).*

The *definite article* **la** is used before feminine nouns:
la muchacha *(the girl),* **la** clase *(the class).*

The definite articles **el** and **la** are like the English article *the.*

⟐   When talking about a person, Spanish speakers use **el** or **la** in front
of titles.

El Sr. Miranda es de México, ¿verdad?
Sí, pero **la** Sra. de Miranda es de Puerto Rico.

ACTIVIDAD 3   En el café

There are many people in the café where Alicia and Miguel are sitting.
Alicia asks who they are. Miguel answers. Play both roles according to the
model.

⟐   un muchacho: José   Alicia: ¿Cómo se llama el muchacho?
                          Miguel: ¿El muchacho? Se llama José.

ADDITIONAL CUES: un chico:
Rafael, una chica: Ana María,
un profesor: Juan Albáñiz.

1. una muchacha: Luisa	4. un novio: Jaime Ribera
2. un estudiante: Roberto	5. una maestra: Silvia María
3. una joven: Susana	6. un guitarrista: Salvador Ruiz

C. Ser

Here are the present tense forms of the important verb **ser** *(to be)*. Some of these forms will be familiar to you.

(yo)	**Soy** de California.	(nosotros)	**Somos** de Texas.
(tú)	**Eres** de Panamá.	(vosotros)	**Sois** de Madrid.
(él, ella, Ud.)	**Es** de Sevilla.	(ellos, ellas, Uds.)	**Son** de San Juan.

Ser is an *irregular* verb. It does not follow a predictable pattern the way the regular **–ar** verbs do.

After **ser,** the indefinite article **(un, una)** is usually omitted before nouns designating professions.

Soy profesor.   *I am a teacher.*
Felipe es estudiante. *Felipe is a student.*

Un/una are used when the noun is modified by an adjective: **El Sr. Montero es un profesor inteligente.**

ACTIVIDAD 4   El club de español

The following students belong to the Spanish club. Say which country each one is from.

VARIATION: They all play the guitar. Use **guitarrista** and **guitarristas. Silvia es guitarrista.**

Silvia (Costa Rica)   Silvia es de Costa Rica.

1. Pablo (España)
2. Isabel (México)
3. Luisa (Chile)
4. Carmen y Diego (Cuba)
5. nosotros (Puerto Rico)
6. Uds. (Colombia)
7. yo (Venezuela)
8. tú (Guatemala)
9. Ud. (Bolivia)
10. Miguel y Federico (Honduras)

Pronunciación   Unión de las vocales a͜ a

Model word: la͜ amiga
Practice words: la͜ alumna   la͜ adulta   la͜ americana   la͜ Argentina
Practice sentences: María habla con la͜ amiga de Juan.
                    La͜ alumna͜ argentina se llama͜ Alicia.

In rapid conversational Spanish, words are often linked together. When a word ending in **-a** is followed by a word beginning with **a-**, you hear only one **a.**

Students should learn to recognize words linked together in speech. Do not artificially separate words as you address the class.

Entre nosotros

Expresiones para la conversación

An expression which frequently occurs in Spanish conversations is:

¡**Bueno!**   *All right!*   —Hace calor. Deseo nadar.
                              —¡**Bueno!** ¡Vamos a la playa! (*Let's go to the beach.*)

Bueno . . . *Well . . .*   —No deseo estudiar ahora.
                              —**Bueno . . .** ¿deseas escuchar discos?

Mini-diálogos

Look at the illustration and the sample conversation. Create similar conversations, replacing the underlined words with the expressions in the pictures.

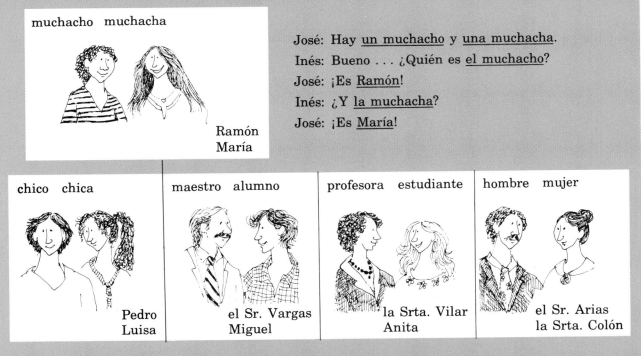

muchacho   muchacha

Ramón
María

José: Hay <u>un muchacho</u> y <u>una muchacha</u>.
Inés: Bueno . . . ¿Quién es <u>el muchacho</u>?
José: ¡Es <u>Ramón</u>!
Inés: ¿Y <u>la muchacha</u>?
José: ¡Es <u>María</u>!

chico   chica

Pedro
Luisa

maestro   alumno

el Sr. Vargas
Miguel

profesora   estudiante

la Srta. Vilar
Anita

hombre   mujer

el Sr. Arias
la Srta. Colón

Tú tienes la palabra

With a classmate, prepare a short dialog in which you talk about two other people you notice at school. Use the conversation between José and Inés as a model.

89

 *Los amigos ideales*

Un amigo es un amigo . . .
No siempre es perfecto, claro.
Sólo el amigo ideal es perfecto, ¿verdad?
Y la amiga ideal también.
Para Uds., ¿cómo es el amigo ideal? ¿Y la amiga ideal?

Sólo: *Only*

cómo es: *what is . . . like?*

el amigo ideal

	sí	no
¿Es romántico?	■	■
¿Es atlético?	■	■
¿Es tímido?	■	■
¿Es generoso?	■	■
¿Es paciente?	■	■
¿Es inteligente?	■	■
¿Es un muchacho sincero?	■	■
¿Es un muchacho interesante?	■	■

la amiga ideal

	sí	no
¿Es romántica?	■	■
¿Es atlética?	■	■
¿Es tímida?	■	■
¿Es generosa?	■	■
¿Es paciente?	■	■
¿Es inteligente?	■	■
¿Es una muchacha sincera?	■	■
¿Es una muchacha interesante?	■	■

Have the class vote on the three most important qualities for boys and girls. Tabulate the answers.

Now let's talk about your real friends, rather than the ideal model.

¿Cómo es tu mejor *(best)* amigo?

1. ¿Es **generoso?** Sí, es **generoso.**
   (No, no es **generoso**.)
2. ¿Es **simpático** *(nice)*?
3. ¿Es un muchacho **tímido?**
4. ¿Es un muchacho **sincero?**

¿Cómo es tu mejor amiga?

5. ¿Es **generosa?**
6. ¿Es **simpática?**
7. ¿Es una muchacha **tímida?**
8. ¿Es una muchacha **sincera?**

OBSERVACIÓN   Est. A, B

Words used to describe people and things are called *adjectives.* In the Conversación, the words in heavy print are adjectives.

Questions 1-4 contain adjectives which describe a masculine noun **(amigo).**
- In what letter do these adjectives end?   -o

Questions 5-8 contain adjectives which describe a feminine noun **(amiga).**
- In what letter do these adjectives end?   -a

Re-read questions 3, 4, 7 and 8.
- Do the adjectives come *before* or *after* the nouns **muchacho** and **muchacha?**   after

Nota cultural   OPTIONAL

El grupo de amigos

Young people in Spanish-speaking countries prefer doing things together rather than individually. Thus the social life of a Hispanic teenager often revolves around a special group of friends, usually from the same school and social background.

El grupo de amigos (known as *la pandilla* in Spain) meets regularly, perhaps at a café, a park, or at the home of one of the members to listen to music, watch television or do homework. Other common activities include going to the beach, to the movies, or to a soccer game.

Taking walks is a popular activity in all Hispanic countries, especially since it is not common for teenagers to have cars. Groups of young people often walk arm in arm through the streets, singing, joking, and having a good time.

Estructura

A. Los adjetivos: formas del singular

Compare the *adjectives* in heavy print in the following sentences.

Pablo es . . . **atlético,**	Luisa es . . . **atlética,**
simpático (*nice*),	**simpática,**
inteligente	**inteligente**
y muy **popular.**	y **popular** también.

The masculine form of an adjective is used to describe a masculine noun or pronoun. The feminine form of an adjective is used to describe a feminine noun or pronoun. This is called *noun-adjective agreement.* How do we form the feminine of Spanish adjectives? It depends on the masculine form.

⟐ Adjectives which end in **-o** in the masculine end in **-a** in the feminine.

Roberto es
generos
fantástic

Carolina es
generos
fantástic

---

vocabulario especializado   **La descripción de una persona**

⟡ Adjectives which end in **-e** or **-a** in the masculine do not change in the feminine.

Carlos es **independiente e individualista.**   Marta es **independiente e individualista.**

⟡ Most, but not all, adjectives which end in a consonant in the masculine do not change in the feminine.

Rubén es muy **popular.**   Beatriz es muy **popular.**

⟡ The feminine form of adjectives that do not follow the above patterns will be given in the vocabulary lists.

ACTIVIDAD 1   Los gemelos *(Twins)*

The following sets of twins look alike. Read the brother's description and then describe the sister.

⟡   Juan es guapo / Juanita   Juanita es guapa también.

1. Roberto es alto / Roberta
2. Carlos es delgado / Carla
3. Antonio es bajo / Antonia
4. Emilio es gordo / Emilia
5. Enrique es rubio / Enriqueta

6. Felipe es moreno / Felipa
7. Francisco es serio / Francisca
8. José es aburrido / Josefa
9. Julio es antipático / Julia
10. Luis es divertido / Luisa

características físicas

alto(a)	tall	≠ **bajo(a)**	short
bonito(a)	pretty	≠ **feo(a)**	plain, ugly
guapo(a)	handsome, good-looking		
delgado(a)	thin	≠ **gordo(a)**	chubby, fat
moreno(a)	dark-haired, brunette	≠ **rubio(a)**	blond

características psicológicas

bueno(a)	good	≠ **malo(a)**	bad
divertido(a)	amusing, fun	≠ **serio(a)**	serious
inteligente	intelligent	≠ **tonto(a)**	foolish, stupid
interesante	interesting	≠ **aburrido(a)**	boring
simpático(a)	nice	≠ **antipático(a)**	unpleasant

bastante	rather, quite, enough	Linda es **bastante** simpática.
demasiado	too	Jaime es **demasiado** serio.
muy	very	Javier es **muy** inteligente.

• These adjectives are usually used with **ser.**
• Some cognate adjectives: **ambicioso, dinámico, generoso, imaginativo, intelectual, irresponsable, lógico, responsable, sentimental, sincero.**

ACTIVIDAD 2   Los opuestos se atraen *(Opposites attract)*

The following people have friends who are their opposites. Describe the friends.

Carlos es moreno / Carmen   Carmen no es morena.
                                Es rubia.

1. Juan es alto / Isabel
2. Pedro es rubio / Luisa
3. Paco es gordo / Juanita
4. Emilio es divertido / Dolores
5. Roberto es interesante / Ana

6. Pablo es simpático / Clara
7. Tomás es tonto / Lucía
8. Felipe es bajo / Susana
9. Pilar es inteligente / Miguel
10. Anita es bonita / Raúl

VARIATION: Complete similar sentences about the following: **Un gigante** (giant), **un monstruo** (monster), **un marciano** (*Martian*), **una bruja** (witch).

ACTIVIDAD 3   Tipos ideales

Everyone has a personal view of the ideal people. Give your own opinions by completing the following sentences.

1. El amigo ideal es . . .   No es . . .
2. La amiga ideal es . . .   No es . . .
3. El estudiante ideal es . . .   No es . . .
4. La estudiante ideal es . . .   No es . . .

5. El novio ideal es . . .   No es . . .
6. La novia ideal es . . .   No es . . .
7. El profesor ideal es . . .   No es . . .
8. La profesora ideal es . . .   No es . . .

ACTIVIDAD 4   Retratos *(Portraits)*   OPTIONAL

This may be assigned as homework.

Complete the following portraits of yourself and your worst enemy.

a)
1. Yo soy . . .
2. Soy muy . . .
3. Soy bastante . . .
4. No soy demasiado . . .
5. ¿Soy . . . ? ¡Claro!
6. ¿Soy . . . ? ¡Claro que no!

b)
1. Mi peor enemigo(a) es . . .
2. Es muy . . .
3. Es bastante . . .
4. No es demasiado . . .
5. ¿Es . . . ? ¡Por supuesto!
6. ¿Es . . . ? ¡No, no, no!

B. La posición de los adjetivos

Note the position of the adjectives in the answers below.

¿Es Roberto simpático?	Sí, es un muchacho **simpático**.
¿Es Emilia inteligente?	Sí, es una alumna **inteligente**.
¿Es el Sr. Ruiz muy serio?	Sí, es un profesor muy **serio**.

In Spanish, descriptive adjectives generally come *after* the noun they modify.

☞ The adjectives **bueno** *(good)* and **malo** *(bad)* usually come before the noun, but may follow if the adjective is emphasized.

☞ **Bueno** and **malo** become **buen** and **mal** before a masculine singular noun.

Roberto es un **buen** amigo, pero un **mal** estudiante.

ACTIVIDAD 5   Las opiniones de Consuelo

Consuelo gives her opinion of people she knows. Play her role according to the model.

ADDITIONAL CUES:
(estudiante) Raquel: seria /
Bárbara: buena / Miguel:
inteligente / Ramón: malo

☞   Pedro: interesante   Pedro es un chico interesante.

(chico/chica)

1. Carlos: simpático
2. Alicia: bonita
3. Anita: muy seria
4. Rafael: fantástico
5. Marina: antipática

(alumno/alumna)

6. Alfonso: inteligente
7. Raúl: bueno
8. Conchita: mala
9. Victoria: buena
10. Francisco: malo

(profesor/profesora)

11. el Sr. Alonso: divertido
12. la Sra. de Vilar: buena
13. el Sr. Gómez: demasiado serio
14. la Srta. Ruiz: bastante aburrida
15. el Sr. Molina: inteligente

ACTIVIDAD 6   Diálogo: Preferencias personales

Ask a classmate whom he or she prefers. (Note: **¿te gusta más ... ?** means *do you prefer?*)

☞   un amigo: ¿tímido o divertido?   Estudiante 1: ¿Te gusta más un amigo tímido o divertido?

Estudiante 2: Me gusta más un amigo tímido. (Me gusta más un amigo divertido.)

1. un amigo: ¿generoso o interesante?
2. un amigo: ¿inteligente o simpático?
3. una amiga: ¿divertida o seria?

4. una amiga: ¿bonita o popular?
5. un profesor: ¿interesante o aburrido?
6. un jefe *(boss)*: ¿simpático o antipático?

 **Pronunciación** **Los diptongos**

When the **u** or **i** has an accent mark, it is stressed. In such cases, there is no diphthong. E.g., **María**, **Raúl**.

Model word: bueno
Practice words: rubio serio demasiado guapo Luisa Manuel
Practice sentences: Eduardo es un estudiante muy serio.
El novio de Mariana viaja siempre.

When **i** or **u** (without an accent mark) comes next to another vowel, the two vowels are pronounced rapidly to form one *diphthong* or glided sound. However, when **a**, **e** or **o** come together they are pronounced separately and distinctly: **Rafael** y **Beatriz**, **Bilbao** y **Montevideo**.

Chapultepec Park, Mexico City

Entre nosotros

Expresiones para la conversación

Hispanic people like to communicate their feelings about others. To express their feelings about a person, Spanish speakers use:

¡qué + adjective!	¡Qué guapo!	*How handsome (he is)!*
	¡Qué bonita!	*How pretty (she is)!*

To ask what someone is like, they may say:

¿Cómo es?	—¿Cómo es el chico?	*What's the boy like?*
	—Es muy divertido.	*He's a lot of fun.*

Mini-diálogos

Comment on the following street scenes, using the sample exchange as a model.

Marta

Miguel: ¡Qué bonita! ¿Quién es?

Alicia: Es Marta.

Miguel: ¿Cómo es? ¿Es simpática?

Alicia: Sí, es muy simpática.

Alberto   Esteban   Rosa   Carolina

Tú tienes la palabra

With a classmate, prepare a short dialog in which you comment on another person. Use the conversation between Miguel and Alicia as a model.

Mini-diálogo cues: **alto, gordo, delgada, rubia.**

En la fiesta

Bogotá, the capital of Colombia, is one of the largest Spanish-speaking cities in the world. It was founded in 1538, on the site of an ancient Indian city.

En Bogotá, Colombia.
Aquí en la fiesta, el ambiente es muy divertido.
Hay muchos chicos y muchas chicas.
No hay orquesta, pero hay discos.

ambiente: *atmosphere*

María: Pablo, aquí tengo los discos.
     ¿Tú tienes el tocadiscos?
Pablo: ¡Sí! Tengo un tocadiscos nuevo.
María: ¡Fantástico!

tengo: *I have*
tocadiscos: *record player*

Roberto: ¿Quién es la chica rubia?
Ricardo: Se llama Olga.
Roberto: Es muy guapa . . .
Ricardo: . . . y muy interesante
      también. ¡Es mi novia!
Roberto: ¡Ah! . . . bueno . . . bueno . . .
      ¡Adiós!

Rosa: ¿Quiénes son los dos muchachos altos?
Olga: Se llaman Pietro y Alberto.
Rosa: No son colombianos, ¿verdad?
Olga: ¡No! Son italianos.
Rosa: Son muy guapos.
Olga: Y son simpáticos.
Rosa: ¡Qué bueno!

Se llaman: *Their names are*

Diego: ¿Son españolas las chicas?
Carolina: ¿Qué chicas?
Diego: Las chicas morenas.
Carolina: ¡No! Son mexicanas.
Diego: ¡Qué guapas!
Carolina: ¡Sí! Son muy divertidas también.
      Pero . . .
Diego: ¿Pero qué?
Carolina: ¡Tienen novios!
Diego: ¡Caramba!

98

CONVERSACIÓN OPTIONAL

Do you have many books? many records? many friends? Answer the following questions.

1. ¿Tienes muchos **discos?** Sí, tengo muchos discos. (No, no tengo muchos discos.)
2. ¿Tienes muchos **discos** buenos?
3. ¿Tienes muchas **cintas** *(tapes)?*
4. ¿Tienes muchas **cintas** interesantes?

5. ¿Tienes muchos **amigos** simpáticos?
6. ¿Tienes muchas **amigas** simpáticas?
7. ¿Hay muchos **chicos** en la clase de español? ¿Cuántos *(How many)?*
8. ¿Hay muchas **chicas** en la clase de español? ¿Cuántas?

OBSERVACIÓN Est. B

In the above questions, the nouns in heavy print refer to several objects or several people. These are *plural nouns.*

- In what letter do Spanish plural nouns end? –s

In questions 2, 4, 5 and 6, the plural nouns are followed by *plural adjectives.*

- In what letter do these plural adjectives end? –s

Notas culturales OPTIONAL

Las fiestas

Hispanic teenagers love parties—they love giving them and going to them. Parties *(fiestas* or *reuniones)* are given to celebrate a birthday, a holiday, the end of the school year, or any special occasion such as the departure or arrival of a friend. They often start around nine in the evening, or even later, and are characterized by lots of music and dancing. There is usually a buffet with snacks, sandwiches, juice and soft drinks. Dress is often more formal than in the United States, for Hispanic people tend to dress up for such occasions. Frequently parties cut across generations with parents and even grandparents mingling with the young people.

Las citas (Dates)

On the whole, relationships between boys and girls are more formal in Hispanic countries than in the United States. Traditionally, individual dating has been discouraged and young people go out in mixed groups. When a boy and girl do have a date, they usually meet at a prearranged time and place. Only if the two plan to get married do they visit one another's homes.

Estructura

A. *Tener*

Tener *(to have)* is an irregular verb. Note the present tense forms of this verb in the following affirmative and negative sentences.

(yo)	**Tengo** una guitarra.	**No tengo** banjo.
(tú)	**Tienes** una bicicleta.	**No tienes** coche.
(él, ella, Ud.)	**Tiene** un disco.	**No tiene** tocadiscos.
(nosotros)	**Tenemos** un amigo en España.	**No tenemos** amigos aquí.
(vosotros)	**Tenéis** un televisor.	**No tenéis** radio.
(ellos, ellas, Uds.)	**Tienen** una cinta.	**No tienen** grabadora.

The use or omission of the indefinite article after **tener** depends on the context and the intent of the speaker. Students should be able to recognize the fact that the indefinite article is sometimes omitted, but they are not actively responsible for determining whether or not to use it.

vocabulario especializado   Unos objetos

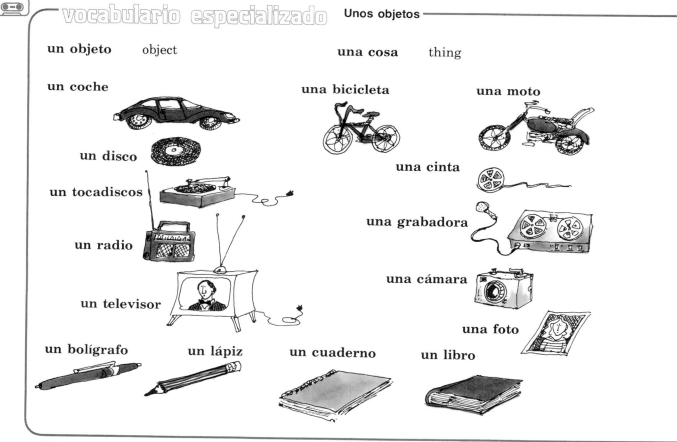

un objeto   object

una cosa   thing

un coche

una bicicleta

una moto

un disco

una cinta

un tocadiscos

una grabadora

un radio

una cámara

un televisor

una foto

un bolígrafo   un lápiz   un cuaderno   un libro

Have students bring a magazine picture of one of these objects: e.g., **Hay una cámara nueva.**

↪ After the verb **tener,** the indefinite article is omitted when the speaker is not emphasizing a specific object.

No tengo coche. *I don't have **a** car.*
No tengo tocadiscos pero *I don't have **a** record player, but*
    tengo **una** grabadora buena. *I have **a** good tape recorder.*

ACTIVIDAD 1 **¿Quién tiene un tocadiscos?**

Rosa María bought a new record, but she does not have a record player to play it on. Tell her who has one.

VARIATION: Rosa María needs a tape recorder.

↪ Rafael   Rafael tiene un tocadiscos.

1. Elena
2. nosotros
3. Pablo y Fernando
4. El profesor

5. Marta y yo
6. Coralia
7. yo
8. Felipe y Eva

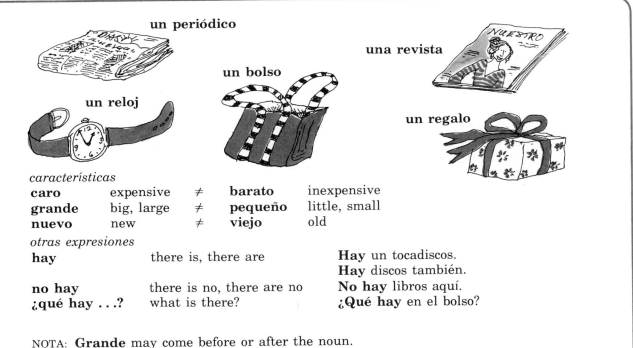

un periódico

una revista

un bolso

un reloj

un regalo

características

caro	expensive	≠	**barato**	inexpensive
grande	big, large	≠	**pequeño**	little, small
nuevo	new	≠	**viejo**	old

otras expresiones

hay	there is, there are	**Hay** un tocadiscos.
		Hay discos también.
no hay	there is no, there are no	**No hay** libros aquí.
¿qué hay ...?	what is there?	**¿Qué hay** en el bolso?

NOTA: **Grande** may come before or after the noun.
    When it comes *before* the noun, it is shortened to **gran** and means *great*.
    When it comes *after* the noun, it is *not* shortened, and means *large* or *big*.

    Tengo un **gran** amigo. Tiene un coche **grande.**

• To introduce regional differences in vocabulary usage: Spain (**el bolígrafo**); Latin America (**el lapicero**).
• Note: The changes in meaning with **nuevo** and **viejo** are not presented at this time.

ACTIVIDAD 2   Diálogo: Mis cosas

Ask your classmates if they have the following things. If they answer
affirmatively, ask a second question using the adjective in parentheses
according to the model.

VARIATION: Ask 2 or more
people:
  — ¿Tienen Uds. ...?
  —Sí, tenemos ...

🔊 un tocadiscos (nuevo)   Estudiante 1: ¿Tienes un tocadiscos?
                               Estudiante 2: Sí, tengo un tocadiscos.
                                             (No, no tengo tocadiscos.)
                               Estudiante 1: ¿Es nuevo?
                               Estudiante 2: Sí, es un tocadiscos nuevo.
                                             (No, no es un tocadiscos nuevo.)

1. una guitarra (eléctrica)   6. un reloj (barato)
2. un coche (nuevo)   7. una cámara (cara)
3. una bicicleta (vieja)   8. un bolso (grande)
4. un televisor (bueno)   9. un radio (viejo)
5. una grabadora (pequeña)   10. un disco (español)

ACTIVIDAD 3   El regalo ideal   OPTIONAL

The ideal gift is different for different people. Complete the sentences
below according to the model. Use nouns and adjectives you have learned.

🔊 Para un chico de diez años (ten years old) . . .
    Para un chico de diez años, el regalo ideal es una bicicleta.

1. Para una chica de diez años . . .   6. Para una persona que (that) no es
2. Para un muchacho de quince años . . .   puntual . . .
3. Para una muchacha de quince   7. Para una persona que estudia mucho . . .
   años . . .   8. Para una persona que viaja mucho . . .
4. Para un joven de veinte años . . .   9. Para una persona enferma (sick) . . .
5. Para una joven de veinte años . . .   10. Para mí . . .

B. Sustantivos y artículos: formas del plural

Compare the *singular* nouns and articles in the questions on the left with the *plural* nouns and articles in the questions on the right.

The plural of **lápiz** is **lápices.** An accent is needed to maintain the stress in the plural of **joven: jóvenes.**

¿Cómo se llama **el** muchacho?	¿Cómo se llaman **los** muchacho**s**?
¿Cómo se llama **la** muchacha?	¿Cómo se llaman **las** muchacha**s**?
¿Cómo se llama **el** profesor?	¿Cómo se llaman **los** profesor**es**?

Plural nouns are generally formed as follows:

by adding **-s** to singular nouns ending in a vowel: chico, chicos;
by adding **-es** to singular nouns ending in a consonant: reloj, reloj**es.**

The plurals of feminine nouns such as **chicas, amigas** and **alumnas** refer to groups containing only girls.

The plurals of masculine nouns such as **chicos, amigos** and **alumnos** may refer to groups containing only boys or to mixed groups.

Pedro y Carlos   Isabel y María   Silvia, Dolores, Luisa y Miguel

son amigos   son amigas   son amigos

The plural forms of the definite article are: **los, las.**

The plural forms of the indefinite article are: **unos, unas.**

These forms mean *some, a few* (or *any*, in negative and interrogative sentences). They are often omitted. Compare the sentences:

Tengo **discos** buenos.   *I have good **records.***
Tengo **unos discos** de música latina.   *I have **a few records** of Latin American music.*

ACTIVIDAD 4   En la tienda *(At the store)*

A customer is looking for the following items. The salesperson says that they do not have any. Play both roles according to the model.

🔊 una guitarra   el (la) cliente: Necesito una guitarra.
el (la) vendedor(a): ¡Qué lástima! No tenemos guitarras.

1. un libro
2. un disco
3. una bicicleta
4. una grabadora

5. un reloj
6. un televisor
7. un bolso
8. un radio

9. una cinta
10. un bolígrafo
11. una cámara
12. un periódico

ACTIVIDAD 5   La tienda internacional *(The international boutique)*

Imagine that you are working in the international boutique at the Mexico City airport. In this shop, everything comes from abroad. Explain the origins of the following objects to the customers.

🔊 cámara: Alemania *(Germany)*   Las cámaras son de Alemania.

1. bolso: Italia
2. reloj: Suiza *(Switzerland)*
3. bicicleta: Francia
4. periódico: España

5. libro: Chile
6. grabadora: Panamá
7. revista: Inglaterra *(England)*
8. televisor: los Estados Unidos

C. Adjetivos: formas del plural

Plural forms of adjectives are used to describe plural nouns and pronouns. Note the singular and plural forms of adjectives in the sentences below.

SINGULAR	PLURAL
Pablo es **simpático, inteligente** y **popular.**	Pablo y Paco son **simpáticos, inteligentes** y **populares.**
Isabel es **simpática, inteligente** y **popular.**	Isabel y Luisa son **simpáticas, inteligentes** y **populares.**

Plural adjectives are generally formed as follows:

by adding **-s** to singular adjectives ending in a vowel: buenos, buenas;
by adding **-es** to singular adjectives ending in a consonant: ideales, populares.

🔊 *Masculine plural adjectives* are used to describe groups containing both masculine and feminine nouns.

Pedro y José   Elena y Amalia   Mauricio, Linda, Delia y Consuelo

son simpáticos   son simpáticas   son simpáticos

ACTIVIDAD 6   En otra tienda *(At another store)*

The customer of Actividad 4 is now in another store looking for the items that were not available before. Play both roles according to the model.

    una guitarra: buena   el (la) cliente: Deseo una guitarra.
                         el (la) vendedor(a): Tenemos unas guitarras buenas.

1. un libro: divertido
2. un disco: popular
3. una bicicleta: buena
4. una grabadora: pequeña
5. un reloj: barato
6. un televisor: grande

7. un bolso: caro
8. un radio: viejo
9. una cinta: interesante
10. un bolígrafo: barato
11. una cámara: nueva
12. un periódico: español

ACTIVIDAD 7   Orgullo nacional *(National pride)*

Ramón, who is from Argentina, boasts about the people of his country. Elena, from Mexico, tries to outdo him. Play both roles according to the model. (Note: **más** means *more*.)

    chico: simpático   Ramón: Los chicos argentinos son simpáticos.
                         Elena: Los chicos mexicanos son más simpáticos.

1. muchacho: guapo
2. muchacha: simpática
3. estudiante: inteligente
4. profesor: serio

5. mujer: bonita
6. chica: divertida
7. hombre: interesante
8. alumno: perseverante

Unos adjetivos

¿cuánto?, ¿cuánta?	how much	¿**Cuánto** dinero tienes?
¿cuántos?, ¿cuántas?	how many	¿**Cuántos** discos y **cuántas** cintas tienes?
otro, otra	other, another	¿Tienes **otro** libro?
otros, otras	other, others	Hay **otras** personas aquí.
mucho, mucha	much, a lot of	No gano **mucho** dinero.
muchos, muchas	many, a lot of	Tengo **muchos** discos, pero no tengo **muchas** cintas.
todo (el), toda (la)	all, the whole	Trabajo **todo** el verano.
todos (los), todas (las)	all	**Todos** los alumnos y **todas** las alumnas estudian español.

NOTAS: 1. The adjectives ¿**cuánto?**, **otro, mucho,** and **todo** agree with the noun they introduce.

2. The article **un, una** is *not* used before **otro, otra.**

ACTIVITY: Ask students whether they want objects you are offering. They reply that they want another one:
— ¿Deseas el libro? (holding out a book)
— No, deseo otro libro.

ACTIVIDAD 8 Preguntas personales

1. ¿Tienes muchos amigos?
2. ¿Tienes muchas amigas?
3. ¿Cuántos chicos hay en la clase de español?
4. ¿Cuántas chicas hay en la clase?
5. ¿Cuántos profesores diferentes tienes?
6. ¿Cuántos radios tienes en casa *(at home)?* ¿Cuántos televisores?
7. ¿Tienes discos? ¿Cuántos?
8. ¿Tienes cintas? ¿Cuántas?

9. ¿Trabajas todo el día? ¿toda la semana?
10. ¿Son serios todos los profesores?
11. ¿Son interesantes todas las clases?
12. ¿Son inteligentes todos los estudiantes?
13. ¿Deseas hablar otros idiomas *(languages)?*
14. ¿Estudias con otro estudiante?

Pronunciación — Unión de las palabras

Model words: los amigos
Practice words: las alumnas   unos estudiantes   el lápiz   unas cintas
Practice sentences: Los alumnos escuchan unas cintas de español.
Felipe estudia con Nora.

Spanish speakers tend to link words together so that a group of words sounds like a long series of syllables. Often the last consonant of one word is pronounced with the next word. If the last sound of one word is the same as the first sound of the next word, the two are pronounced as one sound.

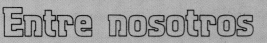

Entre nosotros

Expresiones para la conversación

To attract someone's attention, Spanish speakers say:

¡Oye!	*Listen!*	**¡Oye,** Pepe!
¡Mira!	*Look!*	**¡Mira,** Anita!

Mini-diálogos

In this dialog, two customs officers are talking. Create new dialogs, replacing the underlined words with the expressions suggested in the illustrations.

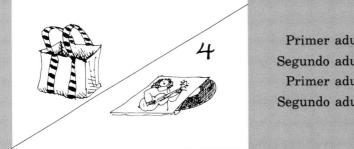

Primer aduanero: ¡Oye! ¿Qué hay en el bolso?

Segundo aduanero: ¡Mira! ¡Hay discos!

Primer aduanero: ¿Cuántos discos?

Segundo aduanero: ¡Hay cuatro discos!

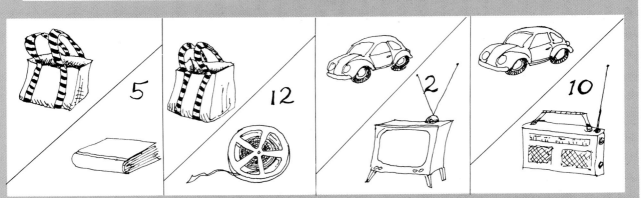

Tú tienes la palabra

With a classmate, prepare a short dialog in which the two of you comment on something you see in a car. Use the conversation between the customs officers as a model.

Un club internacional

Soy española. Tengo diez y seis años. Tengo una colección muy grande de discos de música española. Deseo intercambiar discos con un muchacho mexicano o argentino de diez y seis a diez y ocho años.

Mari - Carmen Suárez
Santa Susana 823
Madrid, España

Tengo diez y seis años: *I'm sixteen*

intercambiar: *exchange*

Tengo diez y siete años. Soy argentina. Me gusta bailar, escuchar discos y viajar. Deseo tener correspondencia con una chica francesa o inglesa.

Consuelo Ortega
Avenida Santa Fe 603
Buenos Aires, Argentina

CONVERSACIÓN   OPTIONAL

Let's talk about your age and the age of other people you know.

1. **¿Tienes** doce (12) años? Sí, **tengo** doce años. (No, no **tengo** doce años.)
2. **¿Tienes** catorce (14) años?
3. **¿Tienes** diez y seis (16) años?
4. ¿Cuántos años **tienes?**
5. ¿Cuántos años **tiene** tu mejor amigo *(your best friend)*?
6. ¿Cuántos años **tiene** tu mejor amiga?
7. **¿Tiene** cuarenta (40) años tu papá?
8. **¿Tiene** cuarenta años tu mamá?

OBSERVACIÓN   Est. A

In the above questions, you are asked *how old* certain people *are*.

• Which verb is used?   tener

Soy mexicano. Tengo diez y seis años. Deseo intercambiar cartas con amigos norteamericanos de quince a diez y siete años. Deseo hablar de música y de béisbol con ellos. Tienen que contestar en español porque no hablo inglés.

Pedro Borges
Paseo de las Palmas 472
México 11, D.F., México

cartas: *letters*

Tienen que contestar:
They must answer

Tengo ganas de: *I want to*

Soy un chico norteamericano que estudia español. Tengo ganas de visitar México. Deseo tener correspondencia con chicas mexicanas. Tienen que contestar en español porque tengo que practicar mucho. Deseo intercambiar periódicos y revistas con ellas.

Eric Brown
32 Ward Street
Newton, Massachusetts,
Estados Unidos

Plaza of the Three Cultures, Mexico City

Notas culturales

OPTIONAL

Los americanos

To the Spanish Americans, the word *americano* refers to any person who lives in North or South America. Thus all Latin Americans are *americanos*. To identify a person who lives in the United States, Spanish speakers use the word *norteamericano*.

Tres ciudades hispánicas

If you were asked to name three large Spanish-speaking cities, you would probably say Madrid, Buenos Aires and Mexico City. Which one do you think is largest? Madrid? No! The population of greater Mexico City is over eleven million. The population of greater Buenos Aires is about nine million. And Madrid? It has about three and a half million inhabitants.

4th: Santiago (Chile), 5th: Bogotá (Colombia), 6th: Lima (Perú)

Lección cuatro

109

Estructura

A. Expresiones con *tener*

Note the use of **tener** in the following expressions.

tener [trece] años	*to be [13] years old*	—¿Cuántos años tienes? —**Tengo trece años.**
tener ganas de + infinitive	*to feel like*	—¿**Tienes ganas de** visitar México? —¡Por supuesto!
tener que + infinitive	*to have to*	—¿**Tienen que** estudiar mucho en clase? —Sí. Y también **tenemos que** hablar español.

There are many Spanish expressions in which **tener** does not mean *to have*.

ACTIVIDAD 1 Diálogo: ¿Cuántos años?

Ask a classmate how old certain people are.

> tu mejor amigo Estudiante 1: ¿Cuántos años tiene tu mejor amigo?
> Estudiante 2: Tiene [trece] años.

1. tu mejor amiga
2. tu papá
3. tu mamá
4. tú
5. el (la) profesor(a)
6. yo

ACTIVIDAD 2 Pretextos *(Excuses)*

Carlos asked his friends to help him paint his room. Everyone found an excuse not to come. Give each person's reasons, using **tener que.**

> Anita: estudiar   Anita tiene que estudiar.

1. yo: estudiar también
2. nosotros: trabajar
3. Pablo: hablar con el profesor
4. tú: tocar el piano
5. Uds.: escuchar cintas
6. Carmen y Elena: visitar un museo

ACTIVIDAD 3 Diálogo: Deseos *(Wishes)*

Ask your classmates if they feel like doing the following things. Create dialogs according to the model.

ADDITIONAL CUES: bailar/trabajar/visitar un museo/escuchar una ópera.

> estudiar mucho Estudiante 1: ¿Tienes ganas de estudiar?
> Estudiante 2: Sí, tengo ganas de estudiar.
> (No, no tengo ganas de estudiar.)

1. hablar español bien
2. viajar
3. visitar México
4. ganar mucho dinero
5. tener una moto
6. tener un coche
7. mirar la televisión ahora
8. cantar ahora

ACTIVIDAD 4   Diálogo: Obligaciones

Ask a classmate if he or she has to do the following things.

📢 estudiar mucho   Estudiante 1: ¿Tienes que estudiar mucho?
                        Estudiante 2: Sí, tengo que estudiar mucho.
                                    (No, no tengo que estudiar mucho.)

1. hablar español en clase
2. escuchar las cintas de español
3. trabajar en casa *(at home)*
4. ser paciente
5. ser buen(a) estudiante
6. ser sincero(a) con amigos
7. ser generoso
8. ganar mucho dinero
9. estudiar todo el año
10. trabajar toda la semana
11. practicar el piano
12. practicar la guitarra

B. *Venir*

Venir *(to come)* is an irregular verb. Note the present tense forms of this verb in the sentences below.

(yo)	**Vengo** en bicicleta.
(tú)	**¿Vienes** con nosotros?
(él, ella, Ud.)	**¿Viene** Carlos a la fiesta?
(nosotros)	**Venimos** en coche.
(vosotros)	**¿Venís** a la fiesta conmigo?
(ellos, ellas, Uds.)	**¿Vienen** con Anita?

The present tense of **venir** is like that of **tener,** except in the **nosotros** and **vosotros** forms.

📢 Note the use of the interrogative expression **¿de dónde?** *(from where?):*

¿De dónde vienes?   Vengo **de** la cafetería.
¿De dónde es Juan?   Es **de** Puerto Rico.

ACTIVIDAD 5   Unos alumnos serios

Many students are not coming to the party tonight because there is a math exam tomorrow and they have to study. Explain this according to the model.

📢 Ricardo   Ricardo no viene a la fiesta. Tiene que estudiar.

1. Eva
2. Francisco
3. Marta y Cecilia
4. ellos
5. yo
6. tú
7. nosotros
8. Uds.

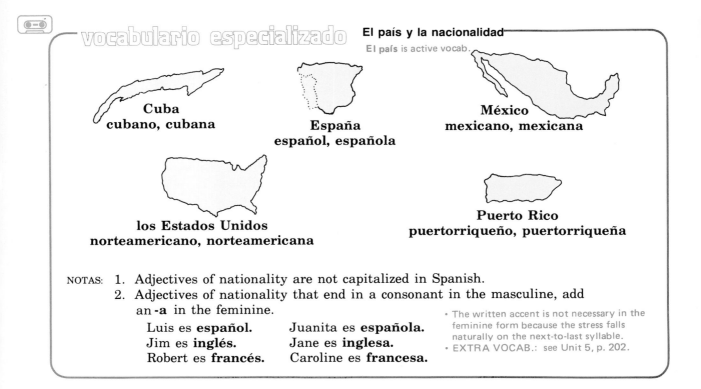

vocabulario especializado

El país y la nacionalidad

El país is active vocab.

Cuba
cubano, cubana

España
español, española

México
mexicano, mexicana

los Estados Unidos
norteamericano, norteamericana

Puerto Rico
puertorriqueño, puertorriqueña

NOTAS: 1. Adjectives of nationality are not capitalized in Spanish.
2. Adjectives of nationality that end in a consonant in the masculine, add an **-a** in the feminine.

Luis es **español.**	Juanita es **española.**
Jim es **inglés.**	Jane es **inglesa.**
Robert es **francés.**	Caroline es **francesa.**

• The written accent is not necessary in the feminine form because the stress falls naturally on the next-to-last syllable.
• EXTRA VOCAB.: see Unit 5, p. 202.

ACTIVIDAD 6 En el aeropuerto de Montreal

Say where each of the following travelers is coming from and give his or her nationality, according to the model.

Felipe: España   Felipe viene de España. Es español.

1. Luisa: Cuba
2. Isabel: Puerto Rico
3. Pedro: México
4. Linda: los Estados Unidos
5. Inés y Ana: México

6. nosotros: Cuba
7. Federico: los Estados Unidos
8. Uds.: Puerto Rico
9. Juana: España
10. yo: los Estados Unidos

ACTIVIDAD 7 Las compras de Teresa

Teresa has won a three-week vacation trip. In each country she visits she buys local products. Describe her purchases. (Note: **comprar** means *to buy.*)

España: un libro   En España, Teresa compra un libro español.

1. España: dos discos
2. España: una guitarra
3. España: un bolso
4. México: un sombrero
5. México: una grabadora

6. México: cintas
7. Puerto Rico: libros
8. Puerto Rico: un disco
9. Puerto Rico: una cinta
10. Puerto Rico: unos periódicos

C. El pronombre relativo: *que*

Note the uses of **que** in the following sentences.

¿Cómo se llama el chico **que** baila con María?
*What is the name of the boy **who** is dancing with Maria?*

¿Quién es la muchacha **que** miras?
*Who is the girl **(whom)** you're looking at?*

Los muchachos **que** escuchan vienen conmigo.
*The boys **who** are listening are coming with me.*

Necesito el bolígrafo **que** tú tienes.
*I need the pen **(that)** you have.*

Me gusta la cinta **que** tú escuchas.
*I like the tape **(that, which)** you are listening to.*

The pronoun **que** *(who, whom, that, which)* comes *after* a noun. It can refer to people or things.

⊃) Although the pronouns *that, which* and *whom* are often omitted in English, **que** must always be used in Spanish.

ACTIVIDAD 8   En la librería *(In the bookstore)*

Manuel and Anita are in a bookstore. Anita asks Manuel what he is looking at. Play the role of Anita.

⊃)   el libro   ¿Cómo se llama el libro que miras?

1. el libro español
2. el disco
3. la cinta
4. el periódico
5. la revista
6. la novela

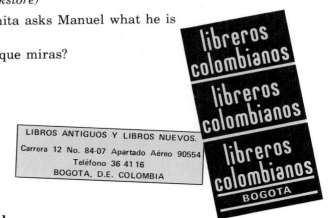

LIBROS ANTIGUOS Y LIBROS NUEVOS.
Carrera 12 No. 84-07 Apartado Aéreo 90554
Teléfono 36 41 16
BOGOTA, D.E. COLOMBIA

ACTIVIDAD 9   En la fiesta internacional

Now Manuel and Anita are at an international party. Manuel asks where some of the guests are from. Play his role.

⊃)   Un chico habla francés.   ¿De dónde es el chico que habla francés?

1. Una chica habla inglés.
2. Un muchacho tiene una cámara.
3. Una muchacha baila muy bien.
4. Dos chicos tocan la guitarra.
5. Dos chicas cantan.
6. Una señorita habla con Miguel.
7. Un joven escucha a Carlos.
8. Un señor tiene una barba *(beard)*.
9. Una profesora habla francés.
10. Tres amigas tienen revistas españolas.

ACTIVIDAD 10 Preferencias personales

State your preferences according to the model. (**Prefiero** means *I prefer.*)

☞ los muchachos: guapos o simpáticos   Prefiero los muchachos que son guapos.
(Prefiero los muchachos que son simpáticos.)

1. las muchachas: bajas o altas
2. los amigos: serios o divertidos
3. las clases: grandes o pequeñas
4. los libros: interesantes o aburridos

5. los discos: nuevos o viejos
6. los chicos: morenos o rubios
7. las personas: sinceras o generosas
8. los profesores: estrictos o tolerantes

OPTIONAL

Entre nosotros

Expresión para la conversación

To introduce a conclusion, you may say:

Entonces . . .   *Well, then* . . .   —No tengo discos.
—**Entonces** . . . tienes que escuchar la radio.

Mini-diálogos

Create new dialogs by replacing the underlined words with the words in
the pictures.

Pedro   viernes

estudiar

Alfonso: ¿Viene Pedro a la fiesta?

Anita: ¿Cuándo es la fiesta?

Alfonso: El viernes.

Anita: El viernes Pedro tiene que estudiar.

Alfonso: Entonces, no viene.

Anita: ¡Claro!

Alfonso: ¡Qué lástima!

Pronunciación

El sonido de la consonante ñ

Model word: español
Practice words: años señor señora señorita compañero
Practice sentences: El señor Núñez viene mañana.
                    La señora Muñoz tiene treinta años.

The sound of the Spanish consonant **ñ** is similar to the sound of the **ni** in the English word "companion."

Luisa — martes — trabajar

Roberto y Jaime — miércoles — visitar el museo

nosotros — sábado — viajar

Carmen — jueves — estudiar para el examen

Tú tienes la palabra

With a classmate, prepare a short dialog in which you talk about a friend who cannot come to a party you have planned. Use the conversation between Alfonso and Anita as a model.

Los secretos de la cara

Hay personas idealistas y románticas. Hay también personas realistas y muy prácticas . . . Todos somos un poco diferentes. Todos tenemos nuestra° personalidad, nuestra individualidad.

¿Cómo explicar las diferencias que hay entre° nosotros? Para algunas° personas, estas° diferencias son determinadas por° el aspecto físico de cada° uno, especialmente por la forma de la cara.° Así es que° una persona que tiene la cara ovalada no tiene las mismas° cualidades (ni° por supuesto los mismos defectos) que una persona que tiene la cara rectangular.

¿Es posible? . . . Tal vez . . . ¡Tú tienes que decidir!

nuestra: *our*
entre: *among*
algunas: *some,*
 estas: *these,*
 por: *by*
cada: *each,*
 cara: *face,*
 Así es que: *Thus*
mismas: *same*
ni: *nor*

¿Tienes la cara ovalada?

Tienes muchos amigos porque eres una persona muy simpática y generosa. Eres romántico(a) también. Te gusta escuchar música. Te gusta bailar. Te gusta viajar.

Tienes muchas ideas interesantes y originales. Tienes un temperamento artístico. Eres un poco tímido(a) y, a veces°, eres un poco . . . perezoso(a),° ¿verdad? En clase, estudias bien, pero en casa° . . . ¡no tienes muchas ganas de estudiar!

¡Tienes que ser más dinámico(a)!

a veces: *sometimes,*
 perezoso: *lazy*
en casa: *at home*

¿Tienes la cara rectangular?

Eres una persona muy dinámica. Tienes la personalidad de un líder.° Por eso eres muy respetado(a) por tus profesores y amigos. Te gusta organizar, dominar . . . y, a veces, criticar también.

Tienes muchas ambiciones y aspiraciones. Tienes ganas de ser una persona muy importante en el futuro, tal vez el presidente de una gran compañía internacional.

¡Tienes que ser más sociable en tus relaciones personales y menos° serio(a) en la vida!°

líder: *leader*

menos: *less*
vida: *life*

¿Tienes la cara cuadrada?

Eres realista y práctico(a) . . . Tienes también una gran curiosidad intelectual. Te gusta estudiar en clase y trabajar en casa. Eres muy ambicioso(a). Tienes mucho talento para las cosas mecánicas. Te gusta reparar relojes, televisores, bicicletas y otras cosas.

No eres muy generoso(a). ¡Tienes que mejorar° las relaciones con los amigos!

mejorar: *improve*

¿Tienes la cara redonda?

Eres muy realista. Tienes mucho sentido° común, pero los sentimientos° no tienen gran valor° para ti.

Eres muy serio(a) y trabajas mucho. Eres un estudiante muy bueno, y también eres deportista.° Te gusta nadar. Te gusta jugar° al tenis, al volibol, al básquetbol. Te gusta organizar fiestas. Eres activo(a) en todos los aspectos de la vida. Te gusta criticar, pero no te gusta ser criticado(a). ¡No eres muy tolerante!

¡Tienes que ser más generoso(a) y paciente con tus amigos!

sentido: *sense,*
sentimientos: *feelings*
valor: *value*

deportista: *active in sports*
jugar: *to play*

¿Tienes la cara triangular?

Eres una persona muy intelectual. Te gusta mucho intercambiar° ideas. Siempre tienes ganas de expresar tu opinión y de escuchar la opinión de otras personas. Te gusta hablar de música, arte, política y especialmente de los problemas importantes de la vida. Tienes también una gran sensibilidad° y una gran imaginación. Pero eres un poco supersticioso(a), ¿verdad? Y cambias° de opinión muchas veces.°

¡Tienes que ser más disciplinado(a) y más estable en tus ideas y tus sentimientos!

intercambiar: *to exchange*

sensibilidad: *sensitivity*

cambias: *you change*
veces: *times*

ACTIVITY: Have students select pictures of well-known people and describe the shape of their faces and their personalities. How many seem to correspond to *Los Secretos*?

Variedades
117

El arte de la lectura OPTIONAL

Enriching your vocabulary: cognate patterns

Many Spanish adjectives ending in **-oso** correspond to English adjectives ending in *-ous*.

ambici**oso**	ambiti**ous**
curi**oso**	curi**ous**
gener**oso**	gener**ous**
supersti**cioso**	superstiti**ous**

Ambici**oso** is a partial cognate. It means *ambitious* but also *greedy*.

Ejercicio

Give the English equivalents of the following Spanish adjectives. Then complete the sentences below with the appropriate Spanish forms of the adjectives.

delicioso   famoso   religioso   vigoroso

1. Abraham Lincoln es un presidente ___.
2. En general, los atletas son personas ___.
3. La Nochebuena *(Christmas Eve)* es una fiesta ___.
4. ¡Qué hamburguesa tan ___!

vista

número dos

2

El mundo de los estudios

LA EDUCACIÓN SECUNDARIA

En la mayoría de los países hispánicos, cuando un joven termina la escuela°
primaria tiene en general tres posibilidades de estudios: el bachillerato
clásico,* la escuela normal y la escuela comercial o técnica.

Mira° el diagrama comparativo:

Tipo de escuela	Tiempo° de estudios	Título	Actividad futura
Bachillerato clásico	5-6 años	Bachiller	Estudiar en la universidad
Escuela Normal	4-5 años	Maestro	Enseñar° en la escuela primaria
Escuela Comercial o Técnica	2-3 años	Técnico o Secretaria	Trabajar como técnico(a) o secretaria(o)

CONTENIDO

*El bachillerato clásico es un sistema de educación aproximado° al sistema
de educación «High School» de los Estados Unidos.

escuela *school* mira *look at* tiempo *length of time* enseñar *to teach* aproximado *close to*

La Subdirección de la Escuela Secundaria MATUTINA "CIVILIZACION", A.
PARA SRITAS., Clave: ES4-170........, perteneciente al Sistema Educativo Nacio
CERTIFICA: que según constancias que obran en el archivo de este Plantel, ...
alumn a .... SANTA MORENO SALAZAR ....
cursó las materias del CICLO DE EDUCACION SECUNDARIA que a continuació
expresan con las calificaciones finales que se anotan:

SECRETARIA DE EDUCACION PUBLICA

Nº 277487

PRIMER GRADO	Núm. de Clases Semanarias	Período Lectivo	Calificación Final		OBSERVACIONES
			Cifra	Letra	
ASIGNATURAS:					ESC. SEC. DNA. NO. 2
Español	4	1977-78	7	SIETE	CLAVE: ES1-25, de
Matemáticas	4	"	6	SEIS	México, D. F.
Biología	4	"	7	SIETE	
Geografía Física y Humana	3	---	6	SEIS	E.E.R. 27-VIII-73
Historia Universal	3	1977-78	6	SEIS	
Lengua Extranjera INGLES	3	"	6	SEIS	
ACTIVIDADES:					
Educación Cívica	2	"	8	OCHO	
Educación Artística	2	"	7	SIETE	
Tecnológicas TALAB.	6	"	10	DIEZ	
Educación Física	2	"	7	SIETE	
SEGUNDO GRADO					ESC. SEC. DNA. NO. 2
ASIGNATURAS:					CLAVE: ES1-25, de
Español	4	1978-79	8	OCHO	México, D. F.

Colegio Puertorriqueño De Niñas

Certificamos que

Carmen Ana Reyes Blassino

ha completado satisfactoriamente los requisitos para la graduación
de Escuela Superior por la cual le otorgamos este

Diploma

dado en Río Piedras, P.R. el 29 de mayo de 1975.

PRESIDENTE, JUNTA DIRECTIVA

El horario°
de clases

de María Lucía Palomo,
alumna del
Colegio Santa Teresita

Grado: 4° año	HORARIO				Año Escolar: 1980

María Lucía Palomo   Colegio Santa Teresita

No.	Período	Lunes	Martes	Miércoles	Jueves	Viernes
1	8:05-9:00	Castellano*	Castellano	Castellano	Castellano	Castellano
2	9:05-10:00	Matemáticas	Matemáticas	Matemáticas	Matemáticas	
3	10:05-11:00	Ciencias Físico-Químicas	Ciencias Físico-Químicas	Ciencias Físico-Químicas	Química	
4	11:05-12:00	Economía	Arte y Dibujo	Economía	Economía	Arte y Dibujo
5	2:05-3:00	Inglés	Inglés	Inglés	Inglés	Período de estudio
6	3:05-4:00	Educación Física	Psicología	Psicología	Educación Física	Psicología
7	4:05-5:00	Biología	Período de estudio	Biología	Biología	Biología

*Castellano = la lengua española

horario schedule

LA VIDA ESCOLAR°

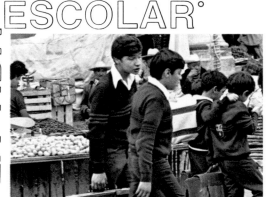

Me llamo Carlos Arturo López y soy de Guatemala. Tengo quince años y soy estudiante del tercer° año de bachillerato en el colegio° San Sebastián. Espero ser un buen médico, como mi papá. En las vacaciones espero visitar los Estados Unidos con unos amigos norteamericanos. En mi colegio hay un programa de intercambio° de estudiantes.

Me llamo Carmen García y soy peruana. Estudio en El Sagrado Corazón; es un colegio de monjas° y las monjas son muy estrictas. Aquí el uniforme es obligatorio.° Qué ridículo, ¿verdad? ¡En mi clase somos veinte chicas idénticas! Aquí, muchos colegios son sólo° para chicas o sólo para chicos. Por eso no hablo con mis amigos en el colegio. Sólo hablo con chicas. ¡Qué aburrido!

Yo soy Lupita Rodríguez, mexicana de Guadalajara. Estudio en una escuela normal. ¡En mi clase somos cincuenta y dos estudiantes! Es muy difícil estudiar así,° pero me gusta más que° trabajar siempre en casa, como mi mamá. Es muy importante estudiar para ser mejor.° Yo espero ser maestra y enseñar a otros chicos como yo, aquí en México.

Me llamo Rolando Santana y soy de Colombia. Tengo diez y siete años y espero ser mecánico. Es mi primer° año de estudios en el SENA (Servicio Nacional de Aprendizaje).° El SENA es una institución pública dedicada a la educación técnica y vocacional. Aquí los estudios no son sólo teoría.° La práctica también es muy importante. Por eso, parte de mis estudios es el trabajo.

---

la vida escolar *school life*   **tercer** *third*   **colegio** *school*   **intercambio** *exchange*
monjas *nuns*   **obligatorio** *required*   **sólo** *only*   **así** *like that*   **más que** *more than*
mejor *better*   **primer** *first*   **Aprendizaje** *Apprenticeship*   **teoría** *theory*

OPINIONES
SOBRE PROFESORES Y ASIGNATURAS

Aquí son las opiniones de cinco chicos y chicas sobre°
sus profesores y sobre sus estudios:

Juan Domingo Rosas (diez y seis años)

Me gusta estudiar ciencias. Me gusta observar los procesos de la naturaleza.° También mi profesora es excelente. Ella explica° las ciencias con mucha claridad y paciencia.

Juanita Camacho (quince años)

¿Me gustan° las matemáticas? Sí, claro, el profesor es como un artista de cine.° El profesor también es Libra, como yo. Todos los Libras somos buenos para las matemáticas. Somos claros° y precisos.

Ernesto Gómez (diez y seis años)

Mi profesor de historia es justo,° inteligente y muy idealista. Me gusta el profesor de historia, pero ¡no me gusta la historia!

Jaime Correa (quince años)

Yo odio° el castellano — odio los libros de castellano, odio a la profesora de castellano, odio las reglas° del castellano. ¿Por qué tengo que estudiar castellano si yo hablo castellano?

Carmen Rodríguez (diez y seis años)

¡Qué bueno es estudiar otra lengua! Jugamos° con las palabras, escuchamos música diferente, ganamos° la comprensión de otra cultura y de otra gente. Además,° ¡mi profesora es muy divertida!

¿¿¿Quién explica qué???

Estos° profesores explican diferentes asignaturas.
¿Sabes° de qué° asignatura habla el profesor?

1. Simón Bolívar es libertador de cinco países de la dominación española: Colombia, Venezuela, el Ecuador, el Perú y Bolivia.

2. En un metro hay 10 decímetros, hay 100 centímetros y hay 1.000 milímetros.

3. España y Portugal están° en la Península Ibérica.

4. El sistema solar forma parte de la Vía Láctea.°

5. "The cat is black." En esta frase,° "is" es el verbo, "black" es el adjetivo.

Asignatura	Número
Geografía	
Inglés	
Historia	
Matemáticas	
Ciencias	

RESPUESTAS: Geografía 3, Inglés 5, Historia 1, Matemáticas 2, Ciencias 4

sobre *about* **naturaleza** *nature* **explica** *explains* **Me gustan** *Do I like them*
artista de cine *movie star* **claros** *clear* **justo** *fair* **odio** *I hate*
reglas *rules* **Jugamos** *We play* **ganamos** *we gain* **Además** *Besides* **Estos** *These*
Sabes *Do you know* **de qué** *of which* **están** *they are* **Vía Láctea** *Milky Way* **frase** *sentence*

123

mis LIBROS

mi DICCIONARIO

mi LIBRO de INGLÉS

New Revised
Velázquez
DICTIONARY

English and Spanish — Inglés y Español

A

el INGLÉS en Acción

ROBERT J. DIXSON

II. GRAMATICA EN ACCION

Como ya hemos aprendido, se forma el plural de los sustantivos en inglés añadiendo s al singular (one book, two books; one chair, two chairs). Si el sustantivo termina con el sonido de s (s, z, ch, sh, x), se añade es—por razones de pronunciación. Entonces es se pronuncia como una sílaba separada (one bench, two benches; one glass, two glasses).

También existen algunas palabras en inglés que tienen formas especiales en el plural:

Singular	Plural	Singular	Plural
man	men	child	
woman	women		

B. Ponga *much* o *many*, según corresponda:

1.	(much)	food	9.		coffee
2.	(many)	books	10.		cups of coffee
3.		days	11.		milk
4.		time	12.		glasses of milk
5.		animals	13.		students
6.		tigers	14.		cake
7.		monkeys	15.		wild animals
8.		ice cream	16.		policemen

REPASO: Dé dos oraciones acerca de cada uno de estos dibujos. En su primera oración, identifique el animal, diciendo que clase de animal es. En su segunda oración, diga si es un animal salvaje (*wild*) o doméstico (*domestic*). Siga el ejemplo:

(Example: This is a horse. A horse is a domestic animal.)

65

124

MEDIDAS DE LONGITUD

1 kilómetro	= 1.000 metros
1 metro	= 10 decímetros
1 decímetro	= 10 centímetros
1 centímetro	= 10 milímetros

Problema 1
El señor Ramírez tiene un terreno° de 200 metros de largo por 100 metros de ancho.° ¿Cuál° es el área del terreno?
a. 200 metros cuadrados°   b. 300 metros cuadrados
c. 20.000 metros cuadrados

Problema 2
María Teresa viaja de San Francisco a Chicago en coche. La distancia entre San Francisco y Chicago es de 4.492 kilómetros. Ella viaja cada° día 6 horas a 90 kilómetros por hora. ¿En cuánto tiempo (aproximado) llega° María Teresa a Chicago?
a. 10 días   b. 8.5 días   c. 7 días

Problema 3
Una rana° salta° 30 centímetros; más tarde° salta 70 centímetros. ¿Cuánto salta en total?
a. 1 metro   b. 90 centímetros   c. 2 metros

Problema 4
Tomás pesa° 65 kilogramos; José pesa 70 kilogramos. ¿Cuánto pesan los dos chicos?
a. 125 kilogramos   b. 135 kilogramos   c. 145 kilogramos

RESPUESTAS: 1:c, 2:b, 3:a, 4:b

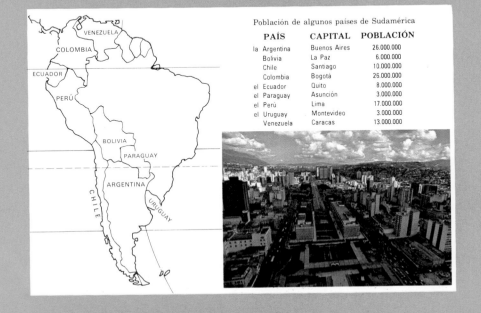

Población de algunos países de Sudamérica

PAÍS	CAPITAL	POBLACIÓN
la Argentina	Buenos Aires	26.000.000
Bolivia	La Paz	6.000.000
Chile	Santiago	10.000.000
Colombia	Bogotá	26.000.000
el Ecuador	Quito	8.000.000
el Paraguay	Asunción	3.000.000
el Perú	Lima	17.000.000
el Uruguay	Montevideo	3.000.000
Venezuela	Caracas	13.000.000

terreno *field*   **ancho** *width*   **Cuál** *What*   **cuadrados** *square*   **cada** *each*   **llega** *arrives*
rana *frog*   **salta** *jumps*   **más tarde** *later*   **pesa** *weighs*

MI LIBRO DE CIENCIAS NATURALES

TABLA DE MATERIAS

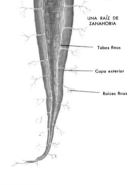

UNA RAÍZ DE ZANAHORIA

Tubos finos

Capa exterior

Raíces finas

...nen, ...a y Se... de a...

...ace su ...s esta vez una zana- ...oria que es la raíz gruesa de la planta del mismo nombre. La zanahoria tiene muchos tubos delgados que llevan el agua al tallo y a las hojas.

La capa externa de una zanahoria no permite que el agua y los minerales del suelo entren en la raíz. Pero tiene raíces más finas y pequeñas que permiten que el agua penetre. Quizá las hayas visto en una zanahoria recién arrancada.

Examina las raíces finas de una planta de la siguiente manera:

EXPERIMENTO

Arranca una hierba con todas sus raíces, Examínalas. ¿Es una sola raíz gruesa con pequeñas y finas raíces que salen de ella, como la zanahoria? ¿O es un racimo de raíces cortas y finas?

Observa con una lupa las raíces pequeñas y ve si hay granos de tierra adheridos a ellas. El agua y los minerales que están en estos granos de tierra penetran por esas raíces.

Musculo ciliar

Cornea

Iris

Lente convexa

Nervio óptico

Retina

Cómo funcionan los ojos

Aquí ves un diagrama en el que aparecen aumentadas en tamaño las partes del ojo. La parte que realmente forma una imagen es la lente convexa. Has estudiado las lentes convexas en el capítulo acerca de los instrumentos ópticos. Repasemos algunos datos acerca de ellas. Los usarás al estudiar los ojos:
1. Una lente convexa es más gruesa en el centro que en los bordes.
2. Una lente convexa puede formar una imagen o cuadro de los rayos de luz que proceden del objeto. Formar una imagen es **enfocar** los rayos de la luz.
3. Cuando una lente convexa enfoca los rayos de luz de un objeto distante, la imagen es pequeña e invertida.

4. La distancia de la lente a la imagen de un objeto se llama la **distancia focal.**

Distancia focal

Objeto   Lente   Imagen

5. Cuando el objeto se acerca a la lente, la imagen se agranda.

No puedes ver las lentes de tus ojos, ni tampoco las imágenes que las lentes enfocan, pero puedes investigar cómo funcionan si haces un modelo sencillo de un ojo, siguiendo las instrucciones del siguiente experimento.

233

LOS PLANETAS EN EL ESPACIO

LOS ANIMALES DEL MUNDO HISPÁNICO

quetzal

cocodrilo

papagayo

piraña

chinchilla

perezoso

iguana

llama

armadillo

boa

cóndor

jaguar

flamenco

alpaca

puma

pingüino

Plutón

Neptuno

Saturno

Tierra

Venus

Mercurio

Sol

Marte

Júpiter

Urano

MI LIBRO DE QUÍMICA

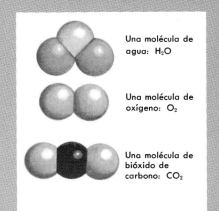

Una molécula de agua: H_2O

Una molécula de oxígeno: O_2

Una molécula de bióxido de carbono: CO_2

Oxígeno	O	8	8	8
Silicio	Si	14	14	14
Aluminio	Al	13	13	14
Hierro	Fe	26	26	30
Calcio	Ca	20	20	20
Sodio	Na	11	11	12
Potasio	K	19	19	20
Magnesio	Mg	12	12	12
Hidrógeno	H	1	1	0

¿QUÉ ESTUDIAS DESPUÉS DEL BACHILLERATO?

¿EN QUÉ TRABAJAS DESPUÉS DE° LA ESCUELA TÉCNICA?

Su Futuro en la Universidad Rafael Landivar

Inscripción Extraordinaria

Del 24 de Enero al 4 de Febrero para todas las carreras.

Campus de Vista Hermosa III, Zona 16, de las 9 a las 19 horas.

Licenciatura

* Administración de Empresas
* Economía
* Contaduría Pública y Auditoría
* Mercadotecnia
* Letras y Filosofía

* Pedagogía y Ciencias de la Educación
* Psicología
* Derecho
* Pedagogía en Administración Educativa
* Ingeniería Mecánica Industrial
* Ingeniería Civil Administrativa
* Ingeniería Química Industrial

UNIVERSIDAD RAFAEL LANDIVAR
Vista Hermosa III, Zona 16. Tels.: 692151-3

CURSOS SERIOS para personas CON VOCACION DE FUTURO

EN SU CASA

FOTOGRAFIA POR CORREO

UD. APRENDE PRACTICANDO

MODERN ISCHOOLS L Suc Guatemala

APARTADO 337 GUATEMALA CITY

DIBUJO

Speedwriting
ABC SHORTHAND

Escriba **120** Palabras por minuto en **3** meses

SIN SIGNOS RAROS!
USA LAS LETRAS DEL ABECEDARIO

INSTITUTO SPEEDWRITING

después de *after*

Actividades

CATEGORÍAS   Can you fill each grid with words in the suggested category? To help you out, the number of the page where you can find these words is given in dark type. Remember that **ch** and **ll** are single letters.

Categoría 1: Asignaturas en la escuela secundaria

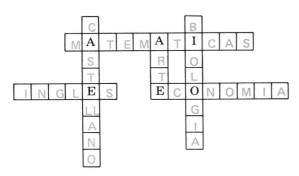

Categoría 2: Países

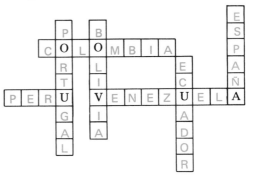

Categoría 3: Capitales

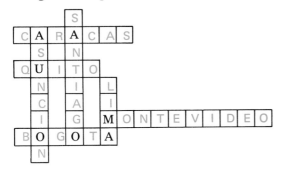

Categoría 4: Animales sudamericanos

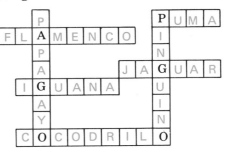

Categoría 5: Elementos químicos

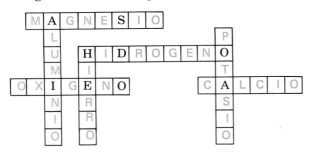

Categoría 1: **página 121**
Categoría 2: **página 123**
Categoría 3: **página 125**
Categoría 4: **página 127**
Categoría 5: **página 127**

Unidad 4

Y ahora . . . ¡México!

4.1 Un día de clases

Orozco mural, Guadalajara

4.2 Un fin de semana 4.3 Correspondencia 4.4 ¿Eres un(a) buen(a) turista?

Dancers in Guadalajara

VARIEDADES—Otros países . . . otras lenguas

Lección 1

Un día de clases

Have students locate Puebla on the map of Mexico in this book.
STRUCTURES TO OBSERVE: personal a; contractions.

Carlos, Anita, Felipe y otros amigos estudian en el Colegio Americano de Puebla, México. Es un colegio bilingüe.

En la clase

Carlos mira un libro.
Anita mira una revista norteamericana.
Felipe mira a Anita . . . y a otras chicas que estudian.

¿Qué mira Carlos?
¿Qué mira Anita?
¿A quién mira Felipe?

En el laboratorio de lenguas

Ramón escucha una cinta.
Manuel escucha a la profesora de inglés.
¿Y Luisa?
¿A quién escucha?
¿A Manuel? ¿A la profesora de inglés?
¡No! Ella escucha al nuevo estudiante norteamericano.

A quién: *To whom*

¿Qué escucha Ramón?
¿A quién escucha Manuel?
¿A quién escucha Luisa?

En la cafetería

Juanita habla con Inés y Gloria.
¿De qué hablan ellas?
¿De la clase de matemáticas?
¿Del examen de inglés?
¿Del fin de semana?
¿De las próximas vacaciones?
¿De los chicos?
¡No! Ellas hablan de un asunto más importante . . .
Hablan del nuevo profesor de español.
Es muy estricto, pero interesante . . . y muy guapo también.

¿Con quiénes habla Juanita?
¿Hablan las chicas de los chicos?
¿De quién hablan ellas?

próximas: *next*

asunto: *topic,* más: *more*

CONVERSACIÓN OPTIONAL

Now Carlos is asking you about things you do.

1. En casa, ¿escuchas discos?
   Sí, escucho discos.
   (No, no escucho discos.)
2. En casa, ¿miras la televisión?
3. Con la clase, ¿visitas museos?

4. En clase, ¿escuchas **a** los profesores?
5. En la cafetería, ¿miras **a** los chicos?
   ¿**a** las chicas?
6. Para una fiesta, ¿invitas **a** los chicos de la clase?

OBSERVACIÓN Est. A

Reread questions 1-3.

- Do the questions concern *people* or *things?* things

Reread questions 4-6.

- Do the questions concern *people* or *things?* people
- What word comes right after the verb and before the noun? a

Notas culturales OPTIONAL

Las escuelas

Un colegio is not a college, but a high school. Depending on the country and the type of institution, secondary schools have different names: *el colegio, el instituto, el liceo,* etc.

In Mexico, as in most Hispanic countries, there are many private high schools, most of which are Catholic. In these private schools students generally wear uniforms: boys are expected to wear ties, while girls often wear white blouses and dark skirts. Typically these schools are not coeducational.

Puebla

Puebla, the fourth largest city in Mexico, is situated in the Sierra Madre foothills between Mexico City and the port of Veracruz. On May 5, 1862, the Mexican Army defeated the French in a battle at Puebla. Today *el cinco de mayo* is a national holiday, and is also celebrated by many Mexican-Americans.

The Mexicans were led by Benito Juárez, a full-blooded Indian, who is now considered one of Mexico's greatest heroes.

Estructura

A. La *a* personal

Compare the sentences on the left with those on the right.

Pedro visita un monumento.   María visita **a** un amigo.
Ricardo mira los coches.   Luisa mira **a** los chicos.
Isabel escucha un disco.   Juan escucha **a** un guitarrista.

After most verbs, nouns designating persons are preceded by the personal **a**.

Note the use of the interrogative forms **¿a quién?** and **¿a quiénes?**

—**¿A quién** invitas a la fiesta?   ***Whom*** *are you inviting to the party?*
—Invito a Pedro.
—**¿A quiénes** miras?   ***Whom*** *are you looking at?*
—Miro a las chicas.

You may want to contrast ¿quién? and ¿a quién?:
— ¿Quién llama?   — Carlos llama.
— ¿A quién llamas?   — Llamo a Carlos.

Ser and **tener** are two verbs that do not take the personal **a**.

Nosotros somos estudiantes.
Manuel tiene amigos en México.

 vocabulario especializado   Verbos en – *ar*

buscar — to look for

comprar — to buy

esperar — to wait for

invitar — to invite

enseñar — to teach

enseñar — to point out, to show

llegar — to arrive

llevar — to carry, to bring, to take (something)

ACTIVIDAD 1   Unos turistas en México

Elena and Luis are visiting Mexico. Elena points out various people and
things to Luis. Play the role of Elena.

• The familiar command ¡mira! was
introduced as a conversational ex-
pression in Unit 3. Familiar com-
mands are not formally presented
until Unit 10.
• ADDITIONAL CUES: los chicos/los
periódicos/las motos/las chicas.

⊅ los monumentos   Mira los monumentos.
    las muchachas   Mira a las muchachas.

1. los cafés
2. las mujeres
3. los chicos
4. los turistas norteamericanos

5. las bicicletas
6. los hombres
7. los estudiantes
8. los coches

ACTIVIDAD 2   La llegada a Puebla *(Arrival in Puebla)*

VARIATION: use nosotros:
Buscamos a un amigo.

Upon their arrival in Puebla, each of the following people has something
to do. Report on these activities, using the personal **a** when necessary.

⊅ Alberto: buscar (una amiga)   Alberto busca a una amiga.

1. Miguel: buscar (un amigo)
2. Maura: buscar (un restaurante)
3. Felipe: esperar (un amigo)
4. Antonio: esperar (una amiga)

5. Manuel: esperar (un taxi)
6. José: comprar (un mapa)
7. Silvia: tomar (un autobús)
8. Luisa: sacar (fotos)

llevar	**tomar**	**tomar**	**sacar** fotos
to bring, to take (someone)	to take (a taxi)	to have (something to eat or drink)	to take pictures

NOTAS: 1. In English, many verbs are used with prepositions: *to look **for**, to point **out**, to wait **for**, to look **at**, to listen **to**.* In Spanish, the corresponding verbs usually consist of one word: **buscar, enseñar, esperar, mirar, escuchar.**

2. Spanish has many verbs which mean *to take:*

Llevar means *to take* in the sense of to bring or carry.
(**Llevo** a un amigo a la fiesta. = *I am **taking** a friend to the party.)*

Tomar means *to take* in the sense of taking a taxi.
(**Tomo** el autobús a las cinco. = *I am **taking** the bus at five.)*

Sacar is used in the expression **sacar fotos,** *to take pictures.*
(**Saco** fotos en la fiesta. = *I am **taking** pictures at the party.)*

ACTIVIDAD 3   De viaje *(On a trip)*

Say whether or not you like to do the following things when you are traveling.

⟰   sacar fotos   Cuando viajo, (no) me gusta sacar fotos.

1. tomar taxis
2. tomar el autobús
3. llevar maletas *(suitcases)*
4. llevar una cámara

5. comprar postales *(postcards)*
6. comprar recuerdos *(souvenirs)*
7. esperar un autobús
8. esperar un taxi

B. Contracciones: *al* y *del*

Note the contraction of the definite article **el** with the prepositions **a** *(at, to)* and **de** *(of, from, about)*.

	a + el = **al**	de + el = **del**
el restaurante	Juan llega **al** restaurante.	Isabel viene **del** restaurante.
el muchacho	Maribel escucha **al** muchacho.	Felipe habla **del** muchacho.
el profesor	Invitamos **al** profesor.	Busco el libro **del** profesor.

The definite article **el** contracts with **a** to form **al,** and with **de** to form **del.**

⟰   **Los, la** and **las** do not contract with **a** or **de.**
Invito **a la** chica mexicana, **a los** amigos de Pedro y **a las** amigas de Eva.
Busco las fotos **de la** muchacha, **de los** chicos y **de las** chicas.

ACTIVIDAD 4   Citas

These persons have appointments at various places. Say that they are arriving at these places.

⟰   Pedro: el restaurante   Pedro llega al restaurante.

1. Isabel: el club
2. el Sr. Vargas: el hotel
3. nosotros: el museo
4. tú: el aeropuerto *(airport)*

5. Consuelo y Victoria: el café
6. Roberto: el colegio
7. Uds.: el laboratorio
8. Ud.: el hospital

ACTIVIDAD 5   Invitaciones

Manuela invites many people to her birthday party. Say whom.

⟰   el amigo de Andrés   Invita al amigo de Andrés.

1. la amiga de Roberto
2. el profesor de piano
3. el novio de Carmen
4. la novia de Felipe

5. los chicos de la clase
6. las chicas de la clase
7. el director de la escuela
8. la profesora de español

ACTIVIDAD 6   Las fotos de Carmen

Carmen has a new camera and is taking pictures of everyone and
everything. Say what the subject of each picture is, according to the model.

∑⊃ el museo   Carmen saca una foto del museo.

1. el hotel «San Miguel»
2. el restaurante «El Patio»
3. el colegio
4. los chicos de la clase
5. la profesora de francés
6. el Sr. Estrada

7. el amigo de Carlota
8. la amiga de Luis
9. la Sra. de Ortiz
10. las chicas francesas
11. la bicicleta de Rolando
12. el coche de Paco

El sonido de la consonante d

a) *d inicial*

Model word: d̲isco

Practice words: d̲ía d̲ónde d̲e d̲inero D̲iana D̲aniel

Practice sentence: ¿D̲ónde está el d̲inero d̲e Lin̲da?

At the beginning of a word, and after **l** and **n**, the letter **d** represents a sound similar to the English **d** sound of "day." The difference is that in pronouncing the Spanish **d**, your tongue should touch the back of your upper front teeth.

OPTIONAL

Entre nosotros

Expresión para la conversación

When you don't quite understand something that was said, you may use the following expression to ask the other person to repeat the phrase:

¿Cómo? *What?* —El señor López llega el cuatro de julio
a las diez menos cuarto . . .
—**¿Cómo?**

Mini-diálogos

Create new dialogs, replacing the underlined words with the words in the illustrations.

el cine

María

Alejandro: ¿A quién invitas al cine?

Esteban: Invito a María.

Alejandro: ¿Cómo?

Esteban: Invito a María.

Alejandro: ¿A María? ¿Quién es María?

Esteban: Es una amiga.

138

b) *d* medial

Model word: to_d_o

Practice words: ra_d_io   graba_d_ora   na_d_ar   sába_d_o

Practice sentences: A_d_ela y Alfre_d_o son de los Esta_d_os Uni_d_os.
   E_d_uar_d_o es un estu_d_iante muy divertí_d_o.

Between vowels and after consonants other than **l** and **n**, the letter **d** represents the same sound as the **th** of the English word "that."

el teatro — Luisa

el club — Paco

el restaurante — Pablo

el café — Juan

el concierto — Silvia

la fiesta — Mónica

Tú tienes la palabra

With a classmate, prepare a short dialog in which you talk about someone you are inviting out. Use the conversation between Alejandro and Esteban as a model.

Lección 2 — Un fin de semana

STRUCTURES TO OBSERVE: **estar** (location) **ir, ir a** + infinitive.

Point out Cuernavaca on a map of Mexico.

Estamos en Cuernavaca, México . . .
Rebeca y sus amigos estudian mucho en la escuela. Pero hoy no.
Es sábado y no están en clase.
¿Adónde van los chicos?

sus: *her*
están: *they are*
Adónde van: *Where are they going to*

Rebeca va a la piscina.
Va a nadar.

la piscina: *swimming pool*
Va a nadar: *She's going to swim*

Cristóbal va al centro.
Va a comprar discos.

al centro: *downtown*

Federico y Mariana van a una fiesta.
Van a escuchar música mexicana.
También van a bailar.

¿Adónde va Rebeca?
¿Adónde va Cristóbal?
¿Qué va a comprar?
¿Adónde van Federico y Mariana?
¿Qué van a escuchar?
¿Dónde está Alberto?
¿Por qué no está en la piscina?

Y ¿dónde está Alberto?
¿Está en la piscina?
¿Está en el centro?
¿Está en la fiesta?
¡No! Está en casa.
Está en casa porque está enfermo.
¡Pobre Alberto! ¡Qué lástima!

en casa: *at home*
enfermo: *sick*
Pobre: *Poor*

Now let's talk about you.

A. Ahora . . .

  1. ¿**Estás** en clase? Sí, **estoy** en clase.
     (No, no **estoy** en clase.)
  2. ¿**Estás** en el laboratorio de lenguas?
  3. ¿**Estás** en la cafetería?

B. Durante la semana *(During the week)* . . .

  4. ¿**Vas** a la escuela? Sí, **voy** . . .
     (No, no **voy** . . .)
  5. ¿**Vas** al cine?
  6. ¿**Vas** al teatro?

C. El próximo fin de semana *(Next weekend)* . . .

  7. ¿**Vas** a estudiar? Sí, **voy** a . . .
     (No, no **voy** a . . .)
  8. ¿**Vas** a nadar?
  9. ¿**Vas** a bailar?

Reread the questions under A. In them, you are asked where you *are presently located.*

• Which verb is used?   estar

In the questions under B, you are asked if *you go to* certain places during the week.

• Which verb is used?   ir

In the questions under C, you are asked about future plans.

• What expression is used to say that you *are going to* do certain things?   voy a
• Which verb is used in that expression?   ir

Notas culturales   OPTIONAL

La música

Hispanic people, especially the young, have a deep love for music. Not only do they enjoy listening to records, but they often participate actively — singing along and dancing.

The Mexicans trace their great feeling for music to the Indian cultures which existed centuries before the Spanish conquest. The Indians believed that music was a divine gift from the god Quetzalcóatl, the plumed serpent.

Cuernavaca

Cuernavaca, a former Aztec city, was the winter residence of the conqueror of Mexico, Hernán Cortés, as well as of later Mexican rulers. Located in the foothills south of Mexico City, it is known for its beautiful gardens and fine murals by Diego Rivera, one of the best-known Mexican artists.

SUGGESTED REALIA: records of Mexican music; pictures of Mexican murals.

Estructura

A. Estar Note the irregularities of estar: the yo-ending estoy; the accent on the á of the tú, él, and ellos forms.

Estar *(to be, to be located)* is an irregular verb. Note the present tense forms of this verb in the following sentences.

(yo)	**Estoy** en Veracruz.	(nosotros)	**Estamos** en la piscina.
(tú)	**Estás** en México.	(vosotros)	**Estáis** en la fiesta.
(él, ella, Ud.)	**Está** en Cuernavaca.	(ellos, ellas, Uds.)	**Están** en el centro.

Estar and **ser** both mean *to be,* but they are used differently.
Estar indicates *location:* where someone or something is.
Ser indicates *origin:* where someone or something is from.

Rafael **está** en México.	*Rafael is in Mexico.*
Pero no **es** de México.	*But he is not from Mexico.*
Es de Arizona.	*He is from Arizona.*

vocabulario especializado Lugares

una escuela

una iglesia

la ciudad

un cine

una tienda

una piscina

un café

una plaza

un hotel

una calle

un restaurante

un museo

EXTRA VOCAB.: **el parque, el teatro, el hospital, la avenida, la montaña, la oficina.**

ACTIVIDAD 1   Vacaciones

The following people are studying languages and have gone abroad for
their vacations to learn to speak better. Express this according to the model.

⟍⟋ Anita: español, en México   Anita estudia español.
                                 Está en México.

1. Bob: español, en España
2. Teresa: español, en México
3. Nancy y Jim: italiano, en Italia
4. Uds.: francés, en Francia

5. nosotros: inglés, en el Canadá
6. tú: español, en Panamá
7. Ud.: inglés, en los Estados Unidos
8. los amigos de Raúl: español, en Puerto Rico

ACTIVIDAD 2   ¿Cerca o lejos?

Say whether your school is near or far from the following places.

ADDITIONAL CUES: el hospital/
un parque/un café/el mar/la montaña.

⟍⟋ el centro   La escuela está cerca (lejos) del centro.

1. la playa
2. una piscina pública
3. una iglesia
4. la ciudad
5. un cine

6. el teatro
7. unas tiendas
8. un museo
9. un hotel
10. un restaurante mexicano

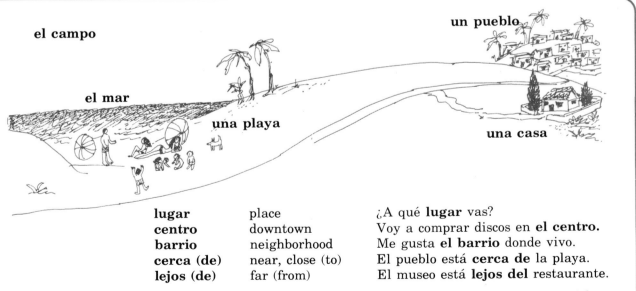

lugar	place	¿A qué **lugar** vas?
centro	downtown	Voy a comprar discos en **el centro**.
barrio	neighborhood	Me gusta **el barrio** donde vivo.
cerca (de)	near, close (to)	El pueblo está **cerca de** la playa.
lejos (de)	far (from)	El museo está **lejos del** restaurante.

NOTA: The term **el barrio** is often used in the United States to designate a district with a
large Spanish-speaking population, such as in New York, Los Angeles, Chicago
and San Antonio.

Turn to p. 127. ¿Qué planetas están cerca del sol? ¿lejos del sol?

B. Ir

Ir *(to go)* is an irregular verb. Note the present tense forms of this verb in the following sentences.

(yo)	**Voy** a Cuernavaca.	(nosotros)	**Vamos** al centro.
(tú)	**Vas** a la piscina.	(vosotros)	**Vais** al campo.
(él, ella, Ud.)	**Va** al cine.	(ellos, ellas, Uds.)	**Van** a la plaza.

Note: **ir** has regular **-ar** endings, except in the **yo** form.

ACTIVIDAD 3   De vuelta a casa *(Going back home)*

You are among a group of exchange students from Latin America who are going home for Christmas vacation. Say where each is going.

VARIATION: They are not going to these places. **Teresa no va a Puerto Rico.**

Teresa: a Puerto Rico   Teresa va a Puerto Rico.

1. Elena: a Panamá
2. Lucía: a Costa Rica
3. Luis y Felipe: a Chile
4. yo: a Colombia
5. nosotros: a Nicaragua
6. tú: a Guatemala
7. Ud.: a Venezuela
8. Uds.: a la República Dominicana

¡FELIZ NAVIDAD!

ACTIVIDAD 4   Diálogo: Los fines de semana

Ask your classmates whether they go to the following places a lot on the weekends.

VARIATION with **ahora**: ¿Vas al teatro ahora?

el teatro   Estudiante 1: ¿Vas mucho al teatro?
             Estudiante 2: Sí, voy mucho al teatro.
                           (No, no voy mucho al teatro.)

1. el cine
2. la playa
3. la piscina
4. el campo
5. el centro
6. los restaurantes
7. la casa de un amigo
8. la casa de una amiga
9. el mar

ACTIVIDAD 5   La ciudad natal *(The hometown)*

The following Mexican people live in the United States. When they are in Mexico, they go to their hometowns. Express this according to the model.

Pedro: Monterrey   Cuando está en México, Pedro va a Monterrey.

1. Marisela: Veracruz
2. yo: Puebla
3. el Sr. Hurtado: Guadalajara
4. Ud.: Cuernavaca
5. Pablo y César: Chihuahua
6. tú: San Luis Potosí
7. Eva y Sofía: Oaxaca
8. nosotros: Mérida

Monterrey: important industrial center and third-largest city in Mexico; Veracruz: port on the Gulf of Mexico where Hernán Cortés landed in 1519; Guadalajara: second-largest city of Mexico; Chihuahua: capital of the largest Mexican state; San Luis Potosí: city in the region of gold and silver mines; Oaxaca: city famous for its pottery and jewelry; Mérida: Capital of Yucatán, an area known for its Mayan ruins.

Expresiones de lugar

¿dónde?	where	**¿Dónde** estás?	*Where are you?*
¿adónde?	where (to)	**¿Adónde** vas?	*Where are you going?*
¿de dónde?	where (from)	**¿De dónde** vienes?	*Where are you coming from?*
en	in, at	Estamos **en** México.	*We are in Mexico.*
a	in, to	Vamos **a** Acapulco.	*We are going to Acapulco.*
de	from, of, about	Venimos **de** Puebla.	*We are coming from Puebla.*
en casa	at home	María está **en casa.**	*Maria is at home.*
en casa de	at . . .'s house	Estoy **en casa de** María.	*I am at Maria's (house).*
a casa	home	Voy **a casa.**	*I am going home.*
a la casa de	to . . .'s house	Van **a la casa de** Olga.	*They are going to Olga's (house).*
allí	there	Olga está **allí** ahora.	*Olga is there now.*

Make sure the students understand the distinctions between **¿dónde?, ¿adónde?** and **¿de dónde?**

ACTIVIDAD 6 ¿Y tú?

Luis talks about himself to Teresa, and would like some information about her. Play the role of Luis, using **¿dónde?, ¿adónde?** and **¿de dónde?,** as appropriate.

∽ Soy de Puerto Rico.   Luis: Soy de Puerto Rico. ¿Y tú? ¿De dónde eres?

1. Trabajo en un hospital.
2. Vengo de un pueblo pequeño.
3. El sábado, voy al campo.
4. El verano próximo *(next),* voy a España.
5. Estudio inglés en una escuela bilingüe.
6. En la tarde, voy a casa.
7. El domingo, voy a la casa de un amigo.
8. Mañana, voy a estar en casa de una amiga.

C. El futuro próximo con *ir*

Mañana **voy a visitar** un museo. *Tomorrow I **am going to visit** a museum.*
Carlos **va a viajar** en junio. *Carlos **is going to travel** in June.*

To express an action which is going to happen in the near future you may use the construction:

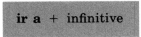

> The construction **ir a** + infinitive corresponds to the English construction *to be going to* + infinitive.

ACTIVIDAD 7 Diálogo: Planes para las vacaciones

Ask your friends whether they are going to do any of these things during the summer vacation.

ADDITIONAL CUES: visitar México/comprar una bicicleta.

> trabajar Estudiante 1: ¿Vas a trabajar?
> Estudiante 2: Sí, voy a trabajar.
> (No, no voy a trabajar.)

1. viajar
2. visitar España
3. hablar español
4. sacar fotos
5. estudiar matemáticas
6. ir al campo
7. ir al mar
8. trabajar en un restaurante
9. trabajar en una tienda
10. ganar dinero
11. visitar México
12. comprar una bicicleta

Paradores are government-run Spanish hotels, often in or near historic monuments.

Pronunciación **El sonido de las consonantes *s, c, z***

Model words: ca<u>s</u>a pla<u>z</u>a <u>c</u>inta
Practice words: televi<u>s</u>or <u>s</u>erio die<u>z</u> tre<u>c</u>e Jo<u>s</u>é Ro<u>s</u>a
Practice sentences: Do<u>c</u>e y tre<u>s s</u>on quin<u>c</u>e.
    Jo<u>s</u>é y Lui<u>s</u>a <u>s</u>on <u>s</u>impático<u>s</u>.
    Ro<u>s</u>ita López e<u>s</u> de <u>Z</u>arago<u>z</u>a.
    El die<u>z</u> de marzo, voy a vi<u>s</u>itar el mu<u>s</u>eo.

In Spanish, the letter **s** usually represents the sound /s/ in the English "sing."
The letter **z** also represents the sound /s/ (and never /z/).
The letter **c** before **e** and **i** also represents the /s/ sound.

• In Castilian Spanish the letters **z** and **c** (before **e** and **i**) represent the /th/ sound of "thin."
• Before voiced consonants like **m** and **d**, the letter **s** is pronounced /z/: **mismo, desde, buenos días.**
• Some Spanish-speakers tend not to pronounce a final **s.**

Entre nosotros

> **Expresiones para la conversación**
>
> When inviting others to do something with you, you may use the following constructions:
>
> | | | |
> |---|---|---|
> | **Vamos a** + place | **¡Vamos a** la playa! | *Let's go to the beach.* |
> | **Vamos a** + infinitive | **¡Vamos a** nadar! | *Let's swim.* |
> | **¡Vamos!** | | *Let's go!* |

Mini-diálogos

Create new dialogs, replacing the underlined words with the words in the illustrations.

PLAYA

nadar

Enrique: ¡Vamos a <u>la playa</u>!

Jaime: ¡Qué buena idea!

Enrique: ¡Vamos a <u>nadar</u>!

Jaime: ¡Vamos!

PISCINA

mirar a las chicas

TEATRO

escuchar un concierto

CAFÉ

tomar una Coca-Cola

CAMPO

sacar fotos

Tú tienes la palabra

With a classmate, prepare a short dialog about something you plan to do. Use the conversation between Enrique and Jaime as a model.

Lección 3

Correspondencia

Point out Guadalajara and Manzanillo on a map of Mexico.

Laura y Lucía son mexicanas. Lucía es de Guadalajara. Laura es de Chicago. Las dos chicas son primas. Intercambian correspondencia con mucha frecuencia.

primas: *cousins*
Intercambian: *They exchange*

Querida: *Dear*

Sabes: *Do you know*

---

30 de diciembre

Querida Laura:

¿Sabes dónde estoy? Hoy estoy en Manzanillo con una amiga. Se llama Felicia. Es de Guadalajara también. Es una chica muy simpática.

Estamos en la playa. Felicia está nadando ahora. Yo no. No estoy nadando. Estoy tomando el sol. Hace muy buen tiempo, por supuesto. ¡Estoy muy contenta aquí en la playa!

Abrazos de tu prima,
Lucía

MEXICO TURISTICO · SANTUARIO DE OCOTLAN TLAXCALA · CORREOS

Srta. Laura Rosales
1107 North Avenue
Chicago, Illinois

está nadando: *is swimming*

tomando el sol: *sunbathing*

Abrazos: *Hugs*
tu: *your*

¿De dónde es Lucía?
¿Dónde está hoy?
¿Con quién está?
¿Qué tiempo hace en Manzanillo?

---

6 de enero

Querida Lucía:

¡Qué suerte tienes! Cuando tú estás en la playa, yo estoy en clase. Tú, muy contenta, tomando el sol, y yo aquí, estudiando. ¡No es justo! Ahora estoy estudiando para un examen de francés. Estoy muy nerviosa porque el profesor es muy estricto.

¿Dices que en Manzanillo hace muy buen tiempo? Aquí en Chicago hace muy mal tiempo.

Un abrazo de tu triste prima,
Laura

We hold these Truths... · UNITED STATES 10¢

Srta. Lucía Alvarez
Hotel Colonial
Calle México No. 100
Manzanillo, México

¡Qué suerte tienes!: *How lucky you are!*

justo: *fair*

Dices: *Do you say*
¿De dónde es Laura?
¿Dónde está?
¿Por qué está nerviosa?
¿Qué tiempo hace en Chicago?
triste: *sad*

Unidad cuatro
148   See the *Expresiones para la correspondencia*, p. 361.

CONVERSACIÓN   OPTIONAL

Let's talk about you.

1. **¿Eres** moreno(a)?   Sí, soy . . .
   (No, no soy . . .)
2. **¿Eres** alto(a)?
3. **¿Eres** inteligente?

4. **¿Estás** contento(a) ahora?   Sí, estoy . . .
   (No, no estoy . . .)
5. **¿Estás** enfermo(a) *(sick)* ahora?
6. **¿Estás** nervioso(a) ahora?

7. **¿Estás hablando** español?   Sí, estoy
   hablando . . . (No, no estoy hablando. . .)
8. **¿Estás mirando** la televisión?
9. **¿Estás estudiando** matemáticas?

OBSERVACIÓN   Est. A, B

Questions 1-3 ask about your general characteristics: what type of person *you are.*
- Which verb is used: **ser** or **estar**?   ser

Questions 4-6 ask how *you are feeling now.*
- Which verb is used: **ser** or **estar**?   estar

Questions 7-9 ask about what *you are doing* right now. The verbs in these questions are made up of two words.
- Is the first word a form of **ser** or a form of **estar?**   estar
- In what four letters does the second word end?   -ando

Orozco (1883-1949) lost his left hand in a childhood accident. His murals portray the heroic figures of Mexican history, and the elements: air, water, fire and earth.

Notas culturales   OPTIONAL

Las relaciones mexicano-norteamericanas

Mexico is the only Spanish-speaking country which shares a common border with the United States. In the course of this century, many Mexicans have immigrated to the United States. For the most part, they have settled in southern California, Texas and the Southwest, but many have moved further north as far as Chicago.

A large proportion of the Mexican-Americans have kept their culture, their traditions and their language. They have also maintained very close ties to Mexico where they may still have friends and relatives.

Guadalajara y Manzanillo

Guadalajara, the second-largest city in Mexico, is located in a rich agricultural and mining area in the western part of the country. The university and many public buildings are decorated with the work of José Clemente Orozco, a famous Mexican artist who was born in that region.

Manzanillo is a seaport about one hundred miles south of Guadalajara. Its Pacific Ocean beaches make it a winter resort area.

Lección tres
149

Estructura

A. Ser y estar

Although **ser** and **estar** both correspond to the English verb *to be,* their meanings and uses are quite different. They cannot be substituted for each other.

Ser is used to tell *who* or *what* the subject is really like. It can be used with nouns, adjectives and expressions indicating:

Reminder: the indefinite article is not used after **ser** with nouns designating professions.

1) origin:	Luisa **es** de Manzanillo.
	Pablo **es** mexicano.
2) profession:	Carlos **es** mecánico.
	La Srta. Ortiz **es** profesora.
3) basic characteristics:	José **es** inteligente.
	Lucía **es** una chica muy bonita.

Estar is used to tell *where* the subject is and *how* the subject feels. It is used to indicate:

1) location:	Luisa no **está** aquí.
	Guadalajara **está** en México.
2) conditions which may change:	
(physical)	¿Cómo **está** Ud.? **Estoy** bien.
(emotional)	**Estamos** contentos hoy.

ACTIVIDAD 1 La convención internacional de la juventud
(The International Youth Convention)

The following teenagers are attending this year's convention in Puebla, Mexico. Say where they are and where they come from.

🔊 Felipe: Panamá   Felipe está en Puebla. Él es de Panamá.

1. June: Nueva York
2. Albert: Montreal
3. Antonio: Sevilla
4. Lidia y Telma: Buenos Aires

5. yo: Londres
6. tú: Berlín
7. nosotros: San Antonio
8. Uds.: Río de Janeiro

VARIATIONS: Have students tell where they now are and where they are from: **Estoy en** (Seattle). **Soy de** (Atlanta).

ACTIVIDAD 2 La gripe *(The flu)*

Several students are not in class today. They are sick. Explain this according to the model.

🔊 Teresa   Teresa no está en clase. Está enferma.

1. Pablo
2. yo
3. Luisa y Carmen

4. Uds.
5. nosotros
6. ellas

7. Conchita
8. Isabel y Manuel
9. tú

vocabulario especializado — Otros adjetivos

alegre

contento

cansado

enfermo

FÍSICA
INGLÉS

triste

Note: These adjectives describe temporary conditions and are therefore used with **estar**.

Tell students that after **estar** predicate adjectives must agree with the nouns they modify in gender and number.

ACTIVIDAD 3   ¿Alegre o triste?

Say whether you are happy or sad in the following situations.

> Cuando voy a una fiesta . . .   Cuando voy a una fiesta, estoy alegre (triste).

1. Cuando estoy con mis amigos . . .
2. Cuando estoy de vacaciones . . .
3. Cuando estoy en la clase de español . . .
4. Cuando estoy enfermo(a) . . .
5. Cuando hay un examen . . .
6. Cuando el profesor está enfermo . . .
7. Cuando mis amigos están enfermos . . .
8. Cuando saco una buena nota (When I get a good grade) . . .
9. Cuando saco una mala nota . . .
10. Cuando escucho música latina . . .

ACTIVIDAD 4   Diálogo: ¿Cómo estás?

Ask your classmates how they feel right now.

> alegre   Estudiante 1: ¿Estás alegre ahora?
> Estudiante 2: Sí, estoy alegre.
> (No, no estoy alegre.)

1. triste
2. enfermo(a)
3. cansado(a)
4. contento(a)
5. nervioso(a)
6. muy alegre
7. de buen humor (in a good mood)
8. de mal humor

B. *Estar* + el participio presente   OPTIONAL

To emphasize that an action is in progress, you may use the *present progressive tense*. Note the forms of the verb in the sentences below:

Ahora Pedro **está sacando** fotos.   *Pedro **is taking** pictures now.*
Isabel y Carlos **están visitando** un museo.   *Isabel and Carlos **are visiting** a museum.*

The present progressive is formed as follows:

The present progressive is taught at this level mainly for recognition.

present tense of **estar**   +   present participle

⊃ The present participle of **–ar** verbs is formed by replacing the ending **–ar** with **–ando.**

tom**ar**	tom**ando**		mir**ar**	mir**ando**
visit**ar**	visit**ando**		estudi**ar**	estudi**ando**
escuch**ar**	escuch**ando**		habl**ar**	habl**ando**

⊃ In the present progressive construction, **estar** changes to agree with the subject. The present participle does not change.

⊃ The Spanish construction **estar** + present participle corresponds to the English construction *to be doing (something) right now*, but is much less frequently used.

Contrast:
Carlos trabaja en una oficina.   Carlos works in an office.
Ahora, está trabajando con el Sr.   Right now he is working with Mr. Sánchez.
Sánchez.

ACTIVIDAD 5   En Guadalajara

The following tourists are not in their hotel. Say whom or what they are visiting.

ADDITIONAL CUES: tú: escuchar discos /
Teresa: visitar un museo.

⊃ Paquita: el museo   Paquita no está en el hotel.
Está visitando el museo.

1. Guillermo: la catedral
2. Alicia: el teatro
3. nosotros: la universidad
4. yo: las tiendas

5. Carmen: el Hospicio Cabañas
6. Uds.: a un artista
7. Ud.: a unos amigos
8. tú: a Lucía

ACTIVIDAD 6   Diversiones *(Leisure activities)*

The following people are engaging in their favorite activities. Say what each one is doing.

⊃ Pablo: sacar fotos   Pablo está sacando fotos.

1. Laura: nadar
2. yo: tocar la guitarra
3. Inés: escuchar discos
4. nosotros: mirar la televisión
5. Ud.: hablar con amigos

6. Rafael y Luisa: bailar
7. Uds.: visitar a amigas
8. Pedro: comprar libros
9. tú: tocar el piano
10. Ricardo y Ana: cantar

ACTIVIDAD 7   Preguntas personales

1. ¿Está trabajando tu *(your)* padre ahora? ¿Está mirando la televisión? ¿Está tomando café?
2. ¿Está trabajando tu mamá ahora? ¿Está mirando la televisión? ¿Está visitando a unas amigas?
3. ¿Estás estudiando ahora? ¿Estás escuchando al profesor? ¿Estás tomando notas?
4. ¿Está hablando español el (la) profesor(a) ahora? ¿Está hablando a los alumnos?
5. ¿Están estudiando los estudiantes ahora? ¿Están escuchando la radio? ¿Están preparando una fiesta?

In Guadalajara

 **Pronunciación** **La acentuación de las sílabas**

Be sure students pronounce th
unstressed vowels distinctly,
avoiding the "uh" sound of
English.

In Spanish, as in English, some syllables are stressed more than others.
Here are three simple rules to let you know which syllable to stress:

a) If a word ends in a vowel, or in the letter **n** or **s,** the stress falls on the *next to last* syllable.

Practice words: c<u>a</u>mpo c<u>i</u>ne pu<u>e</u>blo c<u>a</u>sa c<u>a</u>lle
pl<u>a</u>ya h<u>a</u>blan b<u>u</u>scan c<u>o</u>mpras l<u>e</u>jos al<u>e</u>gre
cans<u>a</u>do enf<u>e</u>rmo restau<u>ra</u>nte

OPTIONAL

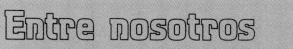

Expresiones para la conversación

To express amazement or doubt, you may use the expressions:

¡No me digas! *You don't say!* —¡Pedro está viajando en África!
—**¡No me digas!**

¿Cierto? *Really? Are you sure?* —¡El examen es para hoy!
—**¿Cierto?**

Mini-diálogos

Create new dialogs, replacing the underlined words with the words in the illustrations. Make the necessary changes.

Felipe   Puerto Rico

nadar en el mar

Yolanda: ¿Dónde <u>está</u> <u>Felipe</u>?

Rodolfo: No <u>está</u> aquí. <u>Está</u> en <u>Puerto Rico</u>.

Yolanda: ¿Cierto? ¿En <u>Puerto Rico</u>? ¡No me digas!

Rodolfo: ¡Sí! ¡<u>Está</u> <u>nadando</u> <u>en</u> <u>el</u> <u>mar</u>!

b) If a word ends in a consonant (except **n** or **s**), the stress falls on the *last* syllable.

Practice words: hotel ciudad invitar enseñar profesor
televisor mujer usted verdad

c) If a word contains an accent mark, the syllable with the accented vowel is stressed.

Practice words: café televisión autobús perdón
mecánica música simpática antipáticos México

Clara   México

visitar a amigos

Carlos y Luis   Chile

visitar a un amigo

Elena y Susana   España

visitar los museos

Pedro   Guatemala

sacar fotos

Tú tienes la palabra

With a classmate, prepare a short dialog about someone who is away on a
trip. Use the conversation between Yolanda and Rodolfo as a model.

Lección 4

¿Eres un(a) buen(a) turista?

Te gusta viajar, ¿verdad?

Un día, tal vez, vas a visitar México . . . o Guatemala, Bolivia, España u otros países hispánicos. ¿Qué tipo de turista eres? ¿Eres un(a) turista bien preparado(a)?

Remember: **o → u** before words beginning with **o** or **ho**.

preparado: *prepared*

Bueno. Vamos a ver. Aquí hay cinco preguntas. Tienes que contestar cada pregunta con una de las tres respuestas posibles: A, B, o C.

1. Cuando viajas, ¿llevas tu cámara?
   A. Sí, la llevo siempre.
   B. Sí, generalmente la llevo.
   C. No, no la llevo.

2. Cuando visitas una ciudad, ¿compras el mapa de la ciudad?
   A. Sí, lo compro siempre.
   B. Sí, lo compro si es muy barato.
   C. No, no lo compro.

3. Cuando visitas una ciudad, ¿visitas los monumentos principales?
   A. Sí, los visito siempre.
   B. Sí, los visito, pero sólo si tengo bastante tiempo.
   C. No, no los visito.

4. Cuando visitas un museo o un lugar histórico, ¿escuchas las explicaciones del guía?
   A. Sí, las escucho siempre.
   B. Sí, las escucho, pero sólo si el guía es simpático.
   C. No, no las escucho.

5. Si hay una película sobre un país que deseas visitar, ¿vas a mirarla?
   A. Sí, voy a mirarla.
   B. Sí, voy a mirarla si es gratis.
   C. No, no voy a mirarla.

Vamos a ver: *Let's see*
contestar cada
   pregunta: *answer
   each question*,
respuestas: *answers*

sólo: *only*, tiempo:
   time

guía: *guide*

película: *film*, sobre:
   about

gratis: *free*

You may use this text for a class survey and tabulate the results.

INTERPRETACIÓN

Ahora analiza tus respuestas. Cada respuesta A representa dos puntos, cada respuesta B, un punto, y cada respuesta C, cero puntos. Suma los puntos. ¿Cuántos tienes?

Suma: *Add*

7-10 puntos: Eres un(a) turista bien preparado(a). Pero eres muy serio(a). No tienes que ser tan serio(a) cuando viajas.

tan: *so*

3-6 puntos: Eres un(a) turista muy bueno(a). Te gusta viajar.

0-2 puntos: Eres una persona que no aprecia los viajes. ¡No tienes que gastar dinero en viajes! ¿Para qué? ¡Quédate en casa y mira la televisión!

gastar: *spend,* **¿Para qué?** *What for?*
Quédate: *Stay*

CONVERSACIÓN OPTIONAL

What do you take along when you go on a trip?

Cuando viajas . . .
1. ¿llevas **el radio?**   Sí, **lo** llevo.   No, no **lo** llevo.
2. ¿llevas **la cámara?**   Sí, **la** llevo.   No, no **la** llevo.
3. ¿llevas **los discos?**   Sí, **los** llevo.   No, no **los** llevo.
4. ¿llevas **las cintas?**   Sí, **las** llevo.   No, no **las** llevo.

OBSERVACIÓN Est. A

In the above questions, the nouns in heavy print are *directly* acted upon by the verb. These nouns are the *direct objects* of the verb. In the answers, the nouns are replaced by *direct object pronouns.*

- Which direct object pronoun replaces a masculine singular noun? a feminine singular noun? a masculine plural noun?
- a feminine plural noun?   lo/la/los/las
- Do these direct object pronouns come *before* or *after* the verb?   before

---

Mayan ruins in Uxmal

Three great Indian civilizations flourished in Mexico before the arrival of the Spaniards: the Mayans, the Toltecs and the Aztecs.

Nota cultural OPTIONAL

El turismo en México

Mexico has an endless variety of natural and cultural attractions to offer the millions of American tourists who cross its borders every year. It also has a long history which dates back many centuries before the arrival of the Spaniards in 1519.

Mexican history is inscribed in many monuments, such as the pyramids of San Juan Teotihuacán. These are probably the most spectacular ruins in Mexico, located about thirty-five miles north of Mexico City. There you can admire the Pyramids of the Sun and the Moon, and the temple of the god Quetzalcóatl. On the Yucatán peninsula you can visit the Mayan temples at Chichén Itzá and Uxmal.

Estructura

A. Los pronombres *lo, la, los, las*

Note the form and the position of the pronouns in heavy print.

• The use of object pronouns corresponding to **Ud.** and **Uds.** is presented in Unit 6.
• **Los** refers to groups containing at least one masculine element.

¿El museo?	**Lo** visito mañana.
¿La playa?	No **la** visito.
¿Los amigos de Luis?	**Los** invitamos a la fiesta.
¿Las amigas de Luis?	No **las** invitamos.

⟫ In Spanish, the *direct object pronoun* usually comes right *before* the verb.

⟫ The pronouns **lo, la, los** and **las** may refer to *people or things.*

¿Buscas **el museo?** Sí, **lo** busco.   *Yes, I am looking for **it.***
¿Buscas a **Miguel?** Sí, **lo** busco.   *Yes, I am looking for **him.***

In Spain the distinction is made between **le, les** (referring to people) and **lo, la, los, las** (referring to things).

ACTIVIDAD 1 La maleta *(The suitcase)*

Roberto is packing his suitcase for a trip. His mother asks whether he is taking certain things. Play both roles according to the model.

• ADDITIONAL CUES: los lápices, el cuaderno, los bolígrafos.
• VARIATIONS: —
— ¿Necesitas la cámara? — Sí, la necesit⊘
— ¿Buscas la cámara?   — Sí, la busco.

⟫ la cámara   la mamá: ¿Llevas la cámara?
            Roberto: Sí, la llevo.

1. el radio
2. el mapa
3. la raqueta de tenis
4. la grabadora

5. los discos
6. los libros
7. las fotos
8. el reloj

ACTIVIDAD 2 Invitaciones

María Mercedes is drawing up a guest list for a party. Juan Carlos asks her whom she is inviting. Play both roles.

⟫ Miguel: sí   Juan Carlos: ¿Invitas a Miguel?
              María Mercedes: Sí, lo invito.

  Raquel: no   Juan Carlos: ¿Invitas a Raquel?
              María Mercedes: No, no la invito.

VARIATION: — ¿Esperas a Miguel?
—Sí, lo espero.

1. Elena: sí
2. Carmen: no
3. el profesor de francés: sí
4. la profesora de español: sí
5. Jaime y Felipe: sí
6. Isabel y Teresa: no
7. Carlos y Antonio: no
8. Ángela, Estela y Roberto: sí

ACTIVIDAD 3   El viaje a la ciudad de México

A group of tourists is visting Mexico City. A tourist asks the guide whether they will visit certain places. Play both roles according to the model.

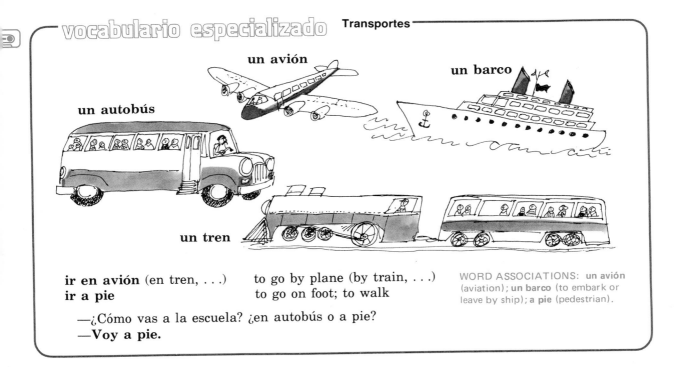

> la catedral: sí

un(a) turista: ¿Visitamos la catedral?
el guía (guide): Sí, la visitamos.

la universidad: no

un(a) turista: ¿Visitamos la universidad?
el guía: No, no la visitamos.

1. el Palacio Nacional: sí
2. el Paseo de la Reforma: sí
3. las ruinas aztecas: no
4. la plaza Garibaldi: sí

5. el Museo Nacional de Antropología: sí
6. los murales de Orozco: no
7. el mercado Merced: no
8. el parque Chapultepec: sí

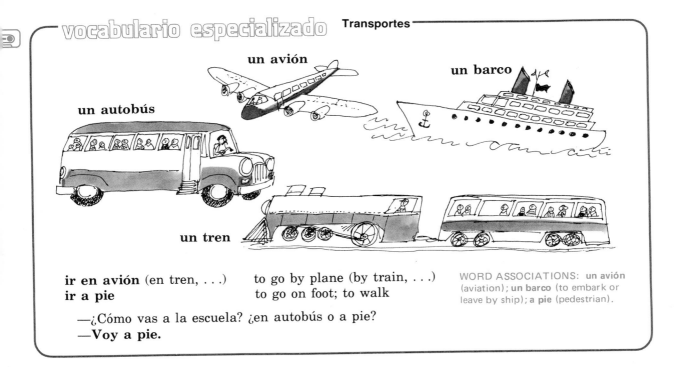

- Mexico City, the capital of Mexico, is given in addresses as México, D.F. (Distrito Federal).
- SUGGESTED REALIA: pictures of these places.

vocabulario especializado   Transportes

un avión

un barco

un autobús

un tren

ir en avión (en tren, . . .)   to go by plane (by train, . . .)
ir a pie   to go on foot; to walk

WORD ASSOCIATIONS: **un avión** (aviation); **un barco** (to embark or leave by ship); **a pie** (pedestrian).

—¿Cómo vas a la escuela? ¿en autobús o a pie?
—**Voy a pie.**

ACTIVIDAD 4   Preguntas personales

1. ¿Cómo vas a la escuela? ¿en auto? ¿en autobús? ¿en bicicleta? ¿a pie?
2. ¿Cómo vas a la casa de tu mejor amigo?
3. ¿Cómo vas a la casa de tu mejor amiga?
4. Cuando vas a España, ¿tomas el avión? ¿el barco? ¿el tren?
5. Cuando vas a México, ¿tomas el avión? ¿el autobús? ¿el tren?

B. Los pronombres con el infinitivo OPTIONAL

Compare the position of the direct object pronouns in the answers to the questions below:

¿Vas a visitar a Carmen?   Sí, voy a visitar**la**.
                            (Sí, **la** voy a visitar.)

¿Desean ellas invitar a Mario?   Sí, desean invitar**lo**.
                                  (Sí, **lo** desean invitar.)

¿Tienes que comprar los periódicos?   Sí, tengo que comprar**los**.
                                       (Sí, **los** tengo que comprar.)

In infinitive constructions, the direct object pronoun may come
—after the infinitive, and attached to it, or
—before the first verb.

The above pattern is also used with the present progressive:

¿Estás escuchando al profesor?   Sí, estoy escuchándo**lo**.
                                  (Sí, **lo** estoy escuchando.)

This construction is presented primarily for recognition. Note: the accent mark on **escuchándolo** is used to retain the original stress pattern of the present participle.

ACTIVIDAD 5   En la tienda

Juan is going to buy all the things the salesperson suggests. Play the two roles according to the model.

el cuaderno   el (la) vendedor(a): ¿Desea Ud. el cuaderno?
                            Juan: Sí, voy a comprarlo.

VARIATIONS: a) **Lo voy a comprar.** b) **No, no voy a comprarlo.**

1. el bolígrafo
2. el mapa
3. los libros
4. los discos
5. la cámara
6. las cintas
7. la revista
8. el lápiz
9. el reloj

ACTIVIDAD 6   Mañana

Luisa asks Roberto if he is doing certain things today. He answers that he is going to do them tomorrow. Play both roles according to the model.

estudiar la lección   Luisa: ¿Vas a estudiar la lección?
                       Roberto: Hoy no. Voy a estudiarla mañana.

VARIATION: **La voy a estudiar mañana.**

1. invitar a David
2. visitar a Manuela
3. buscar el tocadiscos
4. comprar la bicicleta
5. escuchar el disco nuevo
6. escuchar las cintas de inglés
7. sacar fotos
8. tocar la guitarra

ACTIVIDAD 7   Preguntas personales

1. ¿Te gusta mirar la televisión? ¿escuchar discos?
2. ¿Te gusta visitar a amigos? ¿a amigas?
3. ¿Te gusta visitar los museos? ¿las tiendas?
4. ¿Te gusta tomar el avión? ¿el barco?
5. ¿Te gusta escuchar al (a la) profesor(a)? ¿estudiar las lecciones del libro de español?

With **me gusta/te gusta**, the object pronoun always comes after the infinitive:
   —¿Te gusta tomar el café?
   —Sí, me gusta tomarlo.

Palabras frecuentes

si	if	Miro la televisión **si** hace mal tiempo.
casi	almost	**Casi** todos van a estar aquí.
más	more, most	¡Necesito ganar **más** dinero!
cada	each, every	**Cada** verano nadamos en el mar.
sólo	only	Alfredo tiene **sólo** quince años.
solo(a)	alone, single	¿Quién es la muchacha que está **sola**?
todos(as)	all, everybody	¿Vienen **todos** conmigo?
mismo(a)	same	¿Es el **mismo** periódico que compras?

- Note: **solo** (alone) is an adjective; **sólo** (only) is an adverb.
- The singular **todo el/toda la** (all, the whole) was introduced in Unit 3, Lesson 3.

ACTIVIDAD 8   Más preguntas personales

1. ¿Viajas cada verano si tienes dinero? ¿adónde?
2. ¿Viajas solo(a) o con tu familia? ¿Te gusta más viajar solo(a)?
3. ¿Compras regalos para tus amigos en tu viaje? ¿Compras el mismo regalo para todos?
4. Cuando organizas una fiesta, ¿invitas a todos tus amigos?
5. ¿Vas al cine sólo los sábados? ¿Vas siempre con los mismos amigos?
6. ¿Vas casi siempre al mismo cine? ¿a la misma heladería (ice cream parlor)?

Pronunciación   Los acentos

Accent marks in Spanish have three functions.

a) The accent mark indicates that a syllable is stressed as an exception to the regular pattern.

Practice words: joven jóvenes; francés francesa; inglés ingleses; expresión expresiones

b) An accent mark over an **i** or **u** in a diphthong indicates that the two vowels are pronounced separately.

Practice words: día María Raúl frío país

- When a diphthong is accented, the accent mark is on the strong vowel: **pronunciación.**
- Also: **mi** (my), **mí** (me); **tu** (your), **tú** (you)

c) The accent mark is used to distinguish between words which have the same pronunciation but different meanings.

Practice words: el *(the)* él *(he);* cuando *(when)* ¿cuándo? *(when?);*
que *(that; who, which)* ¿qué? *(what?)*

Entre nosotros

Expresión para la conversación

To express uncertainty, you can say:

Creo que . . .   *I think that* . . .   —¿Compras el disco o el libro?
—**Creo que** . . . voy a comprar el libro.

Mini-diálogos

Create new dialogs, replacing the underlined words with the expressions
suggested in the illustrations, and making the necessary changes.

a) Ramón: ¿Tienes el libro?

  Isabel: Creo que no lo tengo.

  Ramón: Entonces, tienes que buscarlo.

  Isabel: ¿Por qué? No lo necesito.

b) Ramón: ¡Mira el libro! ¡Qué bueno!

  Isabel: ¿Lo compras?

  Ramón: Creo que no voy a comprarlo.

  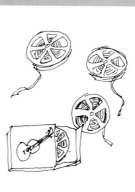 

Tú tienes la palabra

With a classmate, prepare a short dialog about some common object. Use
one of the conversations between Ramón and Isabel as a model.

Variedades

Otros países ... otras lenguas

Hablas inglés, ¿verdad?
Pero ¿hablas como los ingleses?
¡Claro que no! Hablas como los norteamericanos.

Los norteamericanos, los canadienses, los ingleses, los irlandeses, los australianos, los habitantes de Sudáfrica, todos hablan inglés ... con un acento diferente.

Es lo mismo° para los hispanos. Todos hablan español, pero de una manera un poco diferente. Un mexicano no habla exactamente como un puertorriqueño, ni° como un argentino, ni como un panameño, ni como un español. ... Pronuncia con un acento mexicano y de vez en cuando° usa una palabra o una expresión típicamente° mexicana.

Afortunadamente,° las diferencias no son muy importantes. Aquí están algunas° diferencias.

lo mismo: *the same*

ni: *nor*

de vez en cuando:
  from time to time
típicamente: *typically*
Afortunadamente:
  fortunately
algunas: *some*

generalmente:	el auto
en España:	el coche
en Puerto Rico:	la máquina o el carro
en México:	el carro

generalmente:	el autobús
en Puerto Rico y en Cuba:	la guagua
en México:	el camión
en la Argentina:	el ómnibus
en Colombia:	el bus

generalmente:	la estación de servicio
en México:	la gasolinera

generalmente:	la finca
en España:	la granja
en la Argentina:	la chacra

Juego:° ¿De qué país son?

Unos chicos van a hablar de los planes del fin de semana. Los chicos son de países diferentes. Puedes adivinar° la nacionalidad de cada uno. No es muy difícil. Cada chico usa una palabra° especial que revela su° origen. ¡Escucha!

Carlos

El sábado, voy a ir a la playa con mis amigos. Voy a nadar y a jugar° al volibol. ¿Y el domingo? Voy a ir al campo con la familia. Vamos a visitar al tío° Esteban. Tiene una chacra donde pasamos todos los domingos. ¡Qué aburrido!

        Carlos es de ■ España
                  ■ Puerto Rico
                  ■ la Argentina

Isabel

Yo también, voy a ir a la playa. Pero no voy a nadar. Me gusta más tomar el sol, hablar con mis amigas . . . y mirar a los chicos. ¿Y después? Voy a tomar la guagua e ir de compras para comprar discos.

        Isabel es de ■ México
                ■ la Argentina
                ■ Puerto Rico

Ramón

No voy a pasar el fin de semana en la playa ni en el campo. ¡No! Yo tengo que trabajar para ganar un poco de dinero. Trabajo como mecánico en una gasolinera. Reparo los carros y las motos.

        Ramón es de ■ México
                ■ España
                ■ Chile

Enrique

Voy a ir al cine, pero, ¿con quién? Con Manuel o con Francisco. Manuel es un chico simpático pero no tiene máquina. Francisco no es muy simpático pero tiene carro. ¡Qué problema!

        Enrique es de ■ la Argentina
                  ■ España
                  ■ Puerto Rico

Mónica

Voy a pasar el sábado con mis amigas en las tiendas. ¿Cómo vamos a ir al centro? ¡En ómnibus, por supuesto!

        Mónica es de ■ España
                ■ la Argentina
                ■ Puerto Rico

Enriching your vocabulary: recognizing _-ar_ verbs

Many Spanish verbs ending in **-ar** closely resemble English verbs. Some have the same stem:

usar	_to use_
visitar	_to visit_

Others have a slightly different stem:

reparar	_to repair_
revelar	_to reveal_
pronunciar	_to pronounce_

Ejercicio

a) Determine which of the following Spanish verbs have the same stems as their English cognates and which have slightly different stems.

b) Use each verb in an original sentence.

aceptar	comparar	comunicar
observar	practicar	preparar

Also: admirar, criticar, crear.

Unidad 5

Mi familia y yo

OBJECTIVES:

Language

This unit increases the students' flexibility in handling simple sentences. The following elements are presented:

- The concept of possession (as expressed by **de** and by possessive adjectives)
- The present tense of regular **–er** and **–ir** verbs
- The irregular verbs **decir, ver, hacer, dar**
- Third-person indirect object pronouns: forms and position

Communication

By the end of this unit, students will be able to use Spanish:

- To describe their homes
- To talk about their families and others in their lives
- To talk about their belongings and those of others
- To discuss actions and activities involving other people, using direct and indirect object pronouns

Culture

This unit focuses on Hispanic family life. It also presents Caracas (Venezuela) and the Spanish-speaking people of New York.

5.1 Olivia Ortiz, puertorriqueña de Nueva York

Gaudí building, Barcelona

5.2 Las fotos de Amalia   **5.3 El edificio de apartamentos**   **5.4 ¿Eres servicial?**

VARIEDADES — La historia de las cosas que comemos

STRUCTURES TO OBSERVE: –er and –ir verbs.

¡Hola amigos!
Me llamo Olivia Ortiz.
Soy de Puerto Rico, pero ahora no vivo en Puerto Rico. Vivo con mi familia en Nueva York. Tengo una hermana, Claudia, dos hermanos, José y Rubén . . . y un perro, Atila. Todos vivimos en un apartamento muy pequeño, pero bastante confortable. ¿Me gusta vivir en Nueva York?

Depende: hay días buenos y hay días malos.

vivo: *I live*

hermana: *sister,*
  hermanos: *brothers*
perro: *dog*
vivir: *to live*

Depende: *That*
  depends

Lo que no me gusta:

- Asistir a la clase de francés. . .
  El profesor se llama Sr. Moreau. Es francés y es muy simpático . . . pero no comprendo cuando él habla francés . . . ¡o inglés!
- Comer en la cafetería de la escuela. . .
  Cada día como en la cafetería, y cada día comemos las mismas cosas: papas o espaguetis. ¡Qué horror!
- Leer el periódico. . .
  . . . cuando el periódico habla de accidentes o de crímenes. ¡Me disgusta la violencia! ¡Qué terrible!
- Vivir en Nueva York en el invierno. . .
  Me gusta vivir en Nueva York, pero en el invierno, ¡no! Hace frío, y llueve. Y cuando no llueve, nieva.

¿Por qué no vivimos en Puerto Rico en el invierno y en Nueva York en el verano?

Lo que: *What*

Asistir a: *To attend*
se llama: *is called*
comprendo: *I understand*
Comer: *To eat*

papas: *potatoes*

Leer: *To read*
Me disgusta: *I really dislike*

168

¿De dónde es Olivia Ortiz? ¿En qué ciudad vive ahora? ¿Dónde come Olivia cada día? ¿Qué come ella? ¿Qué tiempo hace en Nueva York en el invierno? ¿Con quién va Olivia a los conciertos? ¿Dónde come Olivia los domingos? ¿Qué lee Olivia?

You may review weather expressions (Unit 1, Lesson 6).

Lo que me gusta:

- Asistir a los conciertos. . .
  Soy aficionada a la música clásica. Los sábados, asisto a menudo a los conciertos con Anita, mi mejor amiga.
- Comer en los restaurantes puertorriqueños. . .
  Hay un restaurante puertorriqueño muy bueno en el barrio donde vivimos. Los domingos, siempre comemos allí.
- Leer. . .
  Leo mucho: poesía, literatura inglesa, literatura española, dramas, novelas . . . ¡y por supuesto todas las mañanas leo el horóscopo!
- Vivir en Puerto Rico. . .
  Me gusta nadar y tomar el sol. En Puerto Rico, es posible ir a la playa todos los días. Es magnífico, ¿no?

aficionada a: *fond of*
Los sábados: *On Saturdays*, a menudo: *often*
mi mejor: *my best*

todas las mañanas: *every morning*
tomar el sol: *sunbathe*
todos los días: *every day*

CONVERSACIÓN OPTIONAL

Vamos a hablar de las personas en la vida *(life)* de Olivia.
1. ¿Cómo se llama la hermana *(sister)* **de** Olivia?
2. ¿Cómo se llaman los hermanos *(brothers)* **de** Olivia?
3. ¿Cómo se llama el profesor de francés **de** Olivia?
4. ¿Cómo se llama la mejor amiga **de** Olivia?

OBSERVACIÓN Est. C

Reread the first question.
- How do you say *Olivia's sister* in Spanish?
- Which word comes first, **Olivia** or **hermana?**
- Which word links these two words?
  - La hermana de Olivia
  - hermana
  - de

Puerto Rico is a tropical island of about 4 million people, whose capital is San Juan. It became a U.S. territory after the Spanish-American War (1898). It is now an "associated free state." Puerto Ricans are U.S. citizens.

Nota cultural OPTIONAL

Nueva York, ciudad hispánica

¿Sabes° cuántos puertorriqueños viven° en Nueva York? Tal vez un millón . . . ¡o tal vez más! (¡Hay más puertorriqueños en Nueva York que° en San Juan, la capital de Puerto Rico!) Muchos de los puertorriqueños que viven en Nueva York tienen parientes° en Puerto Rico y mantienen contacto con ellos. Así,° muchos jóvenes visitan Puerto Rico, la «Isla Encantada,»° durante° las vacaciones.

También, hay otra gente que habla español en Nueva York: gente de origen cubano, panameño, dominicano, venezolano, etc. . . .

¡De veras, Nueva York es una gran ciudad hispánica!

Sabes *Do you know* **viven** *live* **que** *than* **parientes** *relatives* **Así** *So* **Isla Encantada** *Enchanted Isle* **durante** *during*

Lección uno
169

Estructura

A. Verbos regulares que terminan en –er y en –ir

Many of the verbs you have been using have infinitives ending in **–ar.**
There are also verbs with infinitives ending in **–er** and **–ir.** Many (but not all) **–er** and **–ir** verbs are conjugated like **aprender** *(to learn)* or like **vivir** *(to live).* Such verbs are called *regular –er and –ir verbs.*

INFINITIVE	**aprender**	**vivir**
PRESENT TENSE		
(yo)	Aprend**o** español.	Viv**o** en Buenos Aires.
(tú)	Aprend**es** español también.	Viv**es** en Lima.
(él, ella, Ud.)	Aprend**e** inglés.	Viv**e** en Nueva York.
(nosotros)	Aprend**emos** portugués.	Viv**imos** en Lisboa.
(vosotros)	Aprend**éis** francés.	Viv**ís** en París.
(ellos, ellas, Uds.)	Aprend**en** italiano.	Viv**en** en Roma.

The endings of **–er** and **–ir** verbs are the same, except in the **nosotros** and **vosotros** forms:

–er verb							
	-o	-es	-e	-emos	-éis		-en
–ir verb				-imos	-ís		

The present participle of most regular **–er** and **–ir** verbs is formed by replacing **–er** and **–ir** with **-iendo.**

aprend**er** *(to learn)*   ¿Qué estás aprend**iendo** hoy en clase?
escrib**ir** *(to write)*   ¿A quién está escrib**iendo** ahora Luisa?

Verbs in **–eer** have present participles in **–yendo: leer →** **leyendo.**

vocabulario especializado — Verbos que terminan en –er y en –ir

verbos en –er

aprender	to learn	¿**Aprendes** francés o español?
beber	to drink	¿Qué **bebe** Carlos? ¿Una Coca-Cola?
comer	to eat	**Comemos** mucho.
comprender	to understand	¿**Comprenden** Uds. cuando el profesor habla español?
creer	to believe, to think	**Creo** que Amalia es de la Argentina.
leer	to read	¿Qué **leen** Uds.?
vender	to sell	**Vendo** mi tocadiscos porque necesito dinero.

• WORD ASSOCIATIONS: **beber** (a *beverage* is a drink), **comprender** (to *comprehend*), **vender** (a *vending* machine sells items), **escribir** (a *scribe* is one who writes), **vivir** (to *revive* is to bring to life).
• EXTRA VOCAB.: **decidir, recibir.**

ACTIVIDAD 1 Los hábitos (*Habits*)

Guillermo and his friends always eat at the same place or with the same
people. Each one also has the habit of drinking the same thing. Express
this according to the model.

⋙ Guillermo: en la cafetería / Coca-Cola   Guillermo siempre come en la cafetería.
                                                 Siempre bebe Coca-Cola.

1. María: en un restaurante / café   5. Uds.: en la cafetería / café
2. nosotros: en casa / chocolate   6. el Sr. García: en la oficina / té (*tea*)
3. tú: en la casa de Arturo / Pepsi-Cola   7. Paco y Delia: conmigo / Pepsi-Cola
4. Juanito: en McDonald's / Coca-Cola   8. yo: con mis amigos / limonada

ACTIVIDAD 2 Correspondencia

For Christmas, the following people write many letters (**cartas**). Express
this according to the model.

VARIATION: The people
receive letters (Introduce
recibir: to receive).

⋙ Amparo   Amparo escribe muchas cartas para Navidad.

1. Alicia   3. tú   5. ellas   7. yo
2. nosotros   4. mis amigos   6. Uds.   8. mi mamá

ACTIVIDAD 3 Diálogo

Ask your classmates whether they do any of these things.

⋙ aprender francés   Estudiante 1: ¿Aprendes francés?
                         Estudiante 2: ¡Claro! Aprendo francés.
                                       (¡Claro que no! No aprendo francés.)

1. aprender español   6. escribir cartas en español
2. aprender italiano   7. vivir en una gran ciudad
3. beber café   8. vivir cerca del mar
4. leer revistas en español   9. creer en el horóscopo
5. comer en la cafetería   10. comprender portugués

verbos en –ir		
asistir a	to attend, to go to	No **asistimos** a la universidad.
escribir	to write	**¿Escribes** poesía?
vivir	to live	¿Dónde **vive** Miguel? ¿En Sevilla o en Toledo?

La lectura is active vocab.

vocabulario especializado — La lectura (Reading)

un cuento story

una carta letter

una novela novel

una tarjeta card, postcard

ACTIVIDAD 4 Preguntas personales

1. ¿Te gusta leer? ¿Lees mucho? ¿Lees novelas? ¿Lees cuentos policíacos *(detective stories)*? ¿Lees cuentos de ciencia-ficción?
2. ¿Lees el periódico? ¿Lees la página de los deportes *(sports)*? ¿las noticias *(news)*? ¿el horóscopo? ¿las historietas cómicas *(comics)*?
3. ¿Qué revista lee tu papá? ¿tu mamá?
4. ¿Comes a menudo *(often)* con tus amigos?
5. ¿Comen Uds. a menudo en la cafetería? ¿Comen Uds. a veces *(sometimes)* en un restaurante mexicano? ¿en un restaurante chino?
6. ¿Te gusta escribir? ¿Escribes cartas a veces? ¿Escribes composiciones para la clase de español? ¿para otras clases?
7. ¿Vives en una ciudad o en un pueblo? ¿en una casa o en un apartamento? ¿Vives cerca de la escuela o lejos de la escuela?
8. ¿Escribes muchas tarjetas de Navidad?

Have students answer 3 and 4 with **él, ella** and **ellos.**

vocabulario especializado — Expresiones de tiempo (Expressions of time)

ahora	now	**Ahora** estoy en clase.
después	later	**Después** voy a visitar a un amigo.
antes	before	**Antes** voy a llamarlo por teléfono.
a veces	sometimes	En el verano, voy a la playa **a veces.**
a menudo	often	No miro la televisión **a menudo.**
siempre	always	**Siempre** hablamos español en clase.
de vez en cuando	once in a while	Voy al cine **de vez en cuando.**

ACTIVIDAD 5 El momento perfecto

Speak about yourself, completing each sentence with an expression of time.

1. _____ estoy en clase.
2. _____ estoy hablando español.
3. _____ voy a comer en la cafetería.
4. _____ hablamos español en clase.
5. Voy al restaurante _____.
6. Leo el periódico _____.
7. Asisto a los conciertos _____.
8. Bebo Coca-Cola _____.

B. *Ver*

Note the present tense forms of the verb **ver** *(to see)* below.

Practice forms of **ver** with the animal pictures on p. 127: ¿Ves la **chinchilla**?

(yo)	**Veo** la calle.	(nosotros)	**Vemos** el mar.
(tú)	**Ves** la iglesia.	(vosotros)	**Veis** el pueblo.
(él, ella, Ud.)	**Ve** la plaza.	(ellos, ellas, Uds.)	**Ven** el museo.

The present tense of **ver** is like that of the regular –er verbs, with the exception of the **yo** form: **veo.**

☞ Note the use of **ver** with the expressions ¡**A ver!**, ¡**Vamos a ver!** *(Let's see!).*

REFRÁN

Ver para creer.

Seeing is believing.

ACTIVIDAD 6   Turistas en San Juan

The following people are visiting Old San Juan, founded in 1521. Say what each one sees.

☞ Josefina: la Plaza Colón   Josefina ve la Plaza Colón.

1. yo: El Morro
2. nosotros: El Morro también
3. Alberto: la iglesia San José
4. tú: la Fortaleza
5. Jaime y Beatriz: la Casa Blanca
6. Ud.: la Catedral de San Juan Bautista

El Morro is the great fortress of the 16th century which protected the city from attack by sea. San José church (begun in 1523) is the oldest Christian place of worship in the Western Hemisphere. La Fortaleza (begun in 1533), the governor's mansion, is the oldest executive mansion in the Western Hemisphere. La Casa Blanca (begun in 1521) was built for Ponce de León, who is buried in the Cathedral of San Juan Bautista. La Casa del Libro is a book museum in an 18th-century house. El Castillo de San Cristóbal was begun in the 17th century to protect the city from land attack.

C. El uso de *de* para indicar posesión

Note the use of **de** in these questions.

¿Dónde está la casa **de Olivia?**	*Where is **Olivia's** house?*
¿Quién es la hermana **de Paco?**	*Who is **Paco's** sister?*
¿Es el coche **del profesor?**	*Is that the **teacher's** car?*

REMINDER: **de + el profesor** → **del profesor.**

To indicate possession or relationship, Spanish speakers use the construction:

noun + **de** + noun

☞ To remember the word order, think of **de** as meaning *of* or *which belongs to.*

Note also the use of **de** in the expressions **¿De quién?** and **¿De quiénes?**

¿De quién es?	*Whose is it?*
¿De quién es la guitarra?	*Whose guitar is it?*
Es la guitarra **de Carlos.**	*It's Carlos' guitar.*
¿De quiénes son las bicicletas?	*Whose bicycles are those?*
Son las bicicletas **de las chicas.**	*They're **the girls'** bicycles.*

ACTIVIDAD 7   ¿De quién es?

Roberto has the bad habit of borrowing things all the time. Identify the owners of the various objects Roberto has.

el radio: Carlos   Tiene el radio de Carlos.

1. el reloj: Inés
2. el tocadiscos: Ramón
3. la guitarra: Luis
4. los discos: la profesora
5. la grabadora: Pepe
6. la cámara: el novio de Sara
7. las cintas: los amigos de Luis
8. los libros: las amigas de Pilar
9. el coche: el señor Gómez

VARIATION: Students make original sentences with the pattern: **A veces uso el (la) _____ de _____ .**

Pronunciación   El sonido de la consonante *b*

a) *b* inicial

Model word: <u>b</u>ueno
Practice words: <u>b</u>usco <u>b</u>olso <u>b</u>arco <u>b</u>onito <u>b</u>arato <u>b</u>olígrafo
Practice sentences: Las <u>b</u>ananas son <u>b</u>uenas, pero no son <u>b</u>aratas.
                          <u>B</u>eatriz y Al<u>b</u>erto están en <u>B</u>il<u>b</u>ao.

At the beginning of a word, and after **l** and **n,** the letter **b** is pronounced like the **b** of the English word "boy."

Since words are often not separated in spoken Spanish, an initial **b** is treated as a medial **b** in the middle of a breath group.

b) *b* medial

Model word: escri<u>b</u>e
Practice words: auto<u>b</u>ús tra<u>b</u>ajar cu<u>b</u>ano gra<u>b</u>adora Este<u>b</u>an
Practice sentences: Isa<u>b</u>el tra<u>b</u>aja y escri<u>b</u>e.
                          Ro<u>b</u>erto <u>b</u>usca una gra<u>b</u>adora muy <u>b</u>arata.
                          Este<u>b</u>an le escri<u>b</u>e a su a<u>b</u>uelo.

Between vowels and after consonants other than **l** and **n,** the letter **b** represents the sound / ƀ /. You have already practiced this sound in words like **primavera** and **noviembre.**

Note that the two pronunciations of **b** are the same as the two pronunciations of **v:** bien, viene; escribe, vive. For the / ƀ / sound the lips do not come together.

Entre nosotros

Expresiones para la conversación

To wish someone good luck you can say:
¡Buena suerte! *Good luck!*

To comment on someone's good fortune, you can say:
¡Qué suerte! *What luck! How lucky!*

You can also use the expression **tener suerte** (to be lucky):
¡Qué suerte tienes! *How lucky you are!*

Mini-diálogos

Create new dialogs by replacing the underlined expressions with the words in the pictures. Make any other needed changes.

Alicia

estudiante   (Madrid)

Martín: ¿Qué lees?

Rosa: Leo una carta de <u>Alicia</u>.

Martín: ¿No viv<u>e</u> aquí?

Rosa: No. <u>Es</u> <u>estudiante</u> en <u>Madrid</u>.

Martín: ¡Qué suerte tien<u>e</u>!

la Srta. Baudillo

arquitecta   (Bogotá)

el Sr. López

profesor   (México)

Juan y Carlos

fotógrafos   (Lima)

Ana y Carmen

periodistas   (Santiago)

Tú tienes la palabra

With a classmate, prepare a short dialog in which you talk about someone who lives in another city. Use the conversation between Martín and Rosa as a model.

Ask the students to identify the countries in which these cities are located.

175

Las fotos de Amalia

¡Hola!
Me llamo Amalia Santana.
Tengo diez y seis años.
Soy de España.
Tengo una familia muy simpática.
Aquí tengo fotos de mi familia.

Another term for *traveling
salesperson* is **viajante
comercial.**

Mi padre
Mi padre trabaja para una compañía
de textiles.
Es vendedor viajero.
Tiene que hacer muchos viajes.
En la foto está preparando el café.
Es un esposo muy moderno: él hace
muchas cosas cuando está en casa.

padre: *father*

vendedor viajero:
*traveling sales-
person*
hacer viajes: *to take
trips*
esposo: *husband,*
hace cosas: *does
things*

Mi mamá
Mi mamá es una persona muy activa.
Trabaja en un salón de belleza.
También trabaja mucho en casa.
¡Las mujeres hispánicas tienen mucho
que hacer!

belleza: *beauty*

mucho que hacer: *a
lot to do*

Mis hermanos
Tengo dos hermanos.
Mi hermano mayor se llama Juan Carlos
y tiene veinte y tres años.
Trabaja en una agencia de viajes.
Mi hermano menor se llama Miguel y
tiene catorce años. Hace muchas cosas:
toca la guitarra, saca fotos, va al cine,
organiza fiestas . . . pero no hace sus
tareas.
¡Mi hermano no es un alumno serio!

hermanos: *brothers*
mayor: *older*

menor: *younger*

no hace sus tareas:
*doesn't do his
homework*

Mis abuelos
Mis abuelos viven con nosotros.
Son viejos y son muy simpáticos.

abuelos: *grandparents*

Mi perro
Se llama Pluto.
Claro, no es una persona . . .
pero es mi perro . . . ¡y mi mejor amigo!

perro: *dog*

¿Para quién trabaja el padre de Amalia? ¿Por qué es un esposo moderno? ¿Dónde trabaja la madre de
Amalia? ¿Cuántos hermanos tiene Amalia? ¿Cómo se llama el hermano menor? ¿Cuántos años tiene?
¿Qué cosas hace? ¿Por qué no es un alumno serio? ¿Cómo se llama el perro de Amalia?

CONVERSACIÓN

Ahora, vamos a hablar de tu familia.

1. ¿Es simpática **tu** familia?
   Sí, **mi** familia . . . (No, **mi** familia . . .)
2. ¿Trabaja mucho **tu** padre?
3. ¿Trabaja mucho **tu** madre?
4. ¿Habla español **tu** mejor amigo?
5. ¿Habla español **tu** mejor amiga?
6. ¿Hablan español **tus** padres *(parents)*?
   Sí, **mis** padres . . . (No, **mis** padres . . .)
7. ¿Son simpáticos **tus** amigos?
8. ¿Son generosos **tus** padres?
9. ¿Son estrictos **tus** profesores?
10. ¿Son muy viejos **tus** abuelos
    (grandparents)?

OBSERVACIÓN   Est. A

Another way of indicating *relationship* (and *possession*) is to use possessive adjectives. In the questions and answers to the left, the words in heavy print are *possessive adjectives*. The questions concern your friends and your family.

- Which Spanish possessive adjective corresponds to *your* before a singular noun (questions 1-5)? before a plural noun (questions 6-10)?   tu/tus

- In the answers, which Spanish possessive adjective corresponds to *my* before a singular noun? before a plural noun?   mi/mis

Nota cultural 🔊   OPTIONAL

La familia hispánica

Cuando un joven hispánico habla de su familia, no habla solamente° de sus padres° y de sus hermanos.° Habla también de sus abuelos,° de sus tíos,° de sus primos,° y de otros parientes° . . . Incluye° a todas las personas emparentadas° por la sangre° o por el matrimonio. Todos son parientes. Todos son miembros de la misma familia.

En muchas familias, los abuelos viven con sus hijos y sus nietos° en la misma casa, o si no, en otra casa que está cerca. Las familias hispanas casi siempre son muy grandes . . . ¡y también muy unidas!°

solamente *only*   **sus padres** *his parents*   **hermanos** *brothers and sisters*   **abuelos** *grandparents*   **tíos** *aunts & uncles*   **primos** *cousins*   **parientes** *relatives*   **Incluye** *He includes*   **emparentadas** *related*   **sangre** *blood*   **nietos** *grandchildren*   **unidas** *united*

- Godparents (**los padrinos**) are also part of the extended family.
- ¿De quiénes habla un joven cuando habla de su familia? ¿Son grandes las familias hispanas? ¿Son unidas?

Estructura

A. Los adjetivos posesivos: *mi* y *tu*

The *possessive adjectives* **mi** *(my)* and **tu** *(your)* correspond to the subject pronouns **yo** and **tú** and have the following forms:

	BEFORE A SINGULAR NOUN		BEFORE A PLURAL NOUN	
(yo)	**mi**	**mi** mamá	**mis**	**mis** hermanos
(tú)	**tu**	**tu** padre	**tus**	**tus** hermanas

The form to use depends on whether the noun that follows is singular or plural.

> Vivo con **mi** padre, **mi** madre y **mis** hermanos.
> ¿Dónde están **tus** amigas y **tu** amigo?

Reminder: Accent marks help to differentiate between mí (me) and mi (my), tú (you) and tu (your).

ACTIVIDAD 1   La maleta de Luisa

Luisa is packing for a trip. Roberto asks her where some of her belongings are. Luisa answers that they are already in the suitcase. Play both roles according to the model.

> el bolso   Roberto: ¿Dónde está tu bolso?
> Luisa: ¿Mi bolso? Está en la maleta.

1. los discos
2. el libro de español
3. el diccionario
4. las revistas
5. la cámara
6. los periódicos
7. las fotos
8. el pasaporte

VARIATION: Roberto is looking for his belongings. Luisa tells him that they are in the suitcase:
—Busco mi bolso.
—¿Tu bolso? Está en la maleta.

vocabulario especializado — La familia

La familia is active vocab.

el hermano	brother	**la hermana**	sister
el hijo	son	**la hija**	daughter
el padre } **el papá** }	father	**la madre** } **la mamá** }	mother
el esposo	husband	**la esposa**	wife
los padres	parents		
el abuelo	grandfather	**la abuela**	grandmother
el primo	cousin	**la prima**	cousin
el tío	uncle	**la tía**	aunt
los parientes	relatives		

mayor older Tengo una hermana **mayor** . . .
menor younger y tres hermanas **menores.**

WORD ASSOCIATIONS: **padre** (*paternal*), **madre** (*maternity*), **esposo** (*spouse*), **mayor** (*majority*), **menor** (*minority*).

ACTIVIDAD 2 Preguntas personales

1. ¿Es grande tu familia? ¿Es pequeña?
2. ¿Cuántos hermanos tienes? ¿Son mayores o menores? ¿Cómo se llaman?
3. ¿Cuántas hermanas tienes? ¿Son mayores o menores? ¿Cómo se llaman?
4. ¿Tienes muchas fotos de tu familia?
5. ¿Tienes primos? ¿Son simpáticos? ¿Los visitas a menudo?
6. ¿Tienes abuelos? ¿Los visitas? ¿Cuándo?
7. ¿Tienes parientes en otros países? ¿Dónde?

ACTIVIDAD 3 Diálogo: Los nombres, por favor

Ask your classmates the names of the persons below.

⟫ el padre Estudiante 1: ¿Cómo se llama tu padre?
  Estudiante 2: Mi padre se llama . . .

1. la madre
2. el mejor amigo *(best friend)*
3. la mejor amiga
4. los hermanos
5. las hermanas
6. los primos
7. las primas
8. el (la) profesor(a) de inglés
9. el (la) dentista
10. el (la) doctor(a)

B. Sustantivo + *de* + sustantivo   OPTIONAL

Compare the word order in the Spanish expressions in heavy print and
their English equivalents.

This can be taught for
recognition only.

Estamos en clase.	Es una **clase de español.**
	It's a Spanish class.
Mi mamá es profesora.	Es **profesora de música.**
	She is a music teacher.
Mi papá trabaja en una agencia.	Es una **agencia de viajes.**
	It is a travel agency.
Voy a un partido.	Es un **partido de béisbol.**
	It's a baseball game.

Expressions like **profesora de música** consist of two nouns:
profesora and **música.** The main noun (**profesora**) comes *first*. The
noun that describes the type of **profesora** (**música**) plays the role of
an adjective: it comes *second* and is preceded by **de.**

ACTIVIDAD 4   Preferencias

People in the left column like music. Say what type of records they listen
to. People in the right column like sports. Say what type of games
(**partidos**) they go to.

Fernando: jazz   Inés: fútbol
   Fernando escucha un disco de jazz.   Inés va a un partido de fútbol.

1. Amalia: música clásica   6. Silvia: básquetbol
2. Roberto: rock   7. Ricardo: tenis
3. Antonio: Beethoven   8. Laura: béisbol
4. Ana: música popular   9. Dolores: volibol
5. Mario: música latina   10. Miguel: hockey

ACTIVIDAD 5   Preguntas personales

1. ¿Tienes una raqueta de tenis? ¿una raqueta de ping pong? ¿un libro de
   español?
2. ¿Tienes discos de música clásica? ¿de música popular? ¿de jazz? ¿de rock?
3. ¿Te gusta ir a los partidos de fútbol? ¿a los partidos de béisbol?
4. ¿Qué programas escuchas en la radio? ¿Escuchas programas de música
   clásica? ¿de música popular?

C. *Hacer*

Note the present tense forms of **hacer** *(to do, to make)* in the following sentences.

(yo)	**Hago** mucho en clase.	(nosotros)	**Hacemos** mucho en casa.
(tú)	**Haces** poco.	(vosotros)	**Hacéis** planes.
(él, ella, Ud.)	**Hace** la tarea.	(ellos, ellas, Uds.)	**Hacen** un viaje.

- **Hacer** has regular **–er** endings. The **yo** form is irregular: **hago.**
- The present participle is regular: ¿Qué estás **haciendo?**
- **Hacer** is used in many expressions:

Also **hacer un papel** (to play a role or part).

hacer las tareas,	*to do homework,*
la tarea	*the assignment*
hacer un viaje	*to go on a trip*
hacer la maleta	*to pack a suitcase*

REFRÁN

La práctica hace al maestro.

Practice makes the master (makes perfect).

ACTIVIDAD 6 Viajeros *(Travelers)*

These people have decided to spend the summer abroad. Say where each one is going.

- Natalia: México   Natalia hace un viaje a México.

1. Pablo: Francia
2. Rebeca: Portugal
3. Paulina: Bolivia
4. nosotros: la Argentina
5. tú: Colombia
6. Ud.: Costa Rica
7. Uds.: Puerto Rico
8. mis amigos: Guatemala

VARIATION: Why are they packing? Because they are going on a trip.
—¿Por qué hace la maleta Natalia?
—Porque hace un viaje a México.

ACTIVIDAD 7 Preguntas personales

1. ¿Haces muchos viajes?
2. ¿Vas a hacer un viaje a España el verano próximo *(next)*?
3. ¿Haces siempre las tareas?
4. ¿Haces muchos errores en tus tareas?
5. ¿Haces muchos planes?

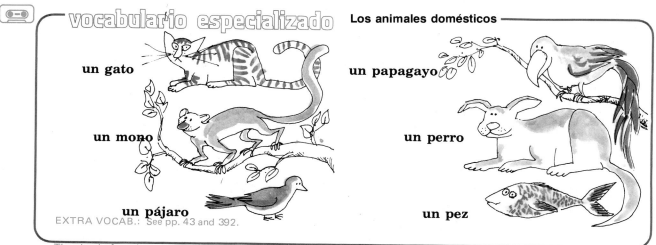

vocabulario especializado — Los animales domésticos

un gato

un mono

un pájaro

un papagayo

un perro

un pez

EXTRA VOCAB.: See pp. 43 and 392.

The plural of **pez** is **peces**. A fish caught to be eaten is **un pescado**.

ACTIVIDAD 8   Diálogo: ¿Tienes animales?

Ask your classmates whether they have any of the following pets. If so, ask their names.

un gato   Estudiante 1: ¿Tienes un gato?
           Estudiante 2: Sí, tengo un gato.
           Estudiante 1: ¿Cómo se llama tu gato?
           Estudiante 2: Mi gato se llama _____.

1. un perro
2. un pájaro
3. un canario

4. un papagayo
5. un hámster
6. un pez

7. un pez de color (*goldfish*)
8. un mono
9. un armadillo

Pronunciación   El sonido «erre»

Model word: pe<u>rr</u>o

Practice words: guita<u>rr</u>a te<u>rr</u>ible ho<u>rr</u>ible ho<u>rr</u>or abu<u>rr</u>ido
<u>r</u>adio <u>r</u>estaurante <u>r</u>eloj <u>R</u>amón <u>R</u>aúl <u>R</u>ita

Practice sentences: <u>R</u>oberto <u>r</u>epara la guita<u>rr</u>a.

Erre con erre cigarro,
Erre con erre barril,
Rápido corren los carros,
Por la línea del ferrocarril.

R + R = cigar.
R + R = barrel.
The railroad cars run rapidly along the train tracks.

The trilled "erre" sound is written **rr** in the middle of a word and **r** at the beginning of a word. The Spanish "erre" sound is produced by tapping or "trilling" the tongue two or more times against the gum ridge behind your teeth. Say the English nonsense word "petter-o" as quickly as you can: you will be very close to producing the Spanish word **"perro."**

Entre nosotros

Expresión para la conversación

To apologize, you can say:
¡Perdón!   *Excuse me.   Pardon me.*

Mini-diálogos

Create new conversations, replacing the underlined words with words
suggested by the pictures.

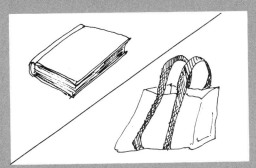

a)   Julia: ¿Dónde está <u>mi</u> <u>libro</u>?
  Rodrigo: ¿<u>Tu</u> <u>libro</u>? Est<u>á</u> en tu <u>bolso</u>.
  Julia: ¡Claro!

b) Rodrigo: ¿Dónde está <u>mi</u> <u>libro</u>?
  Julia: ¿<u>Tu</u> <u>libro</u>?
  Rodrigo: ¡Sí! ¡<u>Mi</u> <u>libro</u>!
  Julia: ¡Perdón! Est<u>á</u> en mi <u>bolso</u>.

Tú tienes la palabra

With a classmate, prepare a short dialog in which you talk about some
object you are looking for. Use one of the conversations between Julia and
Rodrigo as a model.

To ask permission you say: **¡Con permiso!** Excuse me (e.g., may I open the window).

Lección 3

El edificio de apartamentos

Mira el edificio de apartamentos.
Está en la Castellana, un barrio elegante de Caracas.
Tiene siete pisos.

edificio: *building*

pisos: *floors*

En el primer piso vive la familia Vargas.

primer: *first*

En el segundo piso, vive la familia
Martínez: el señor Martínez, su señora y
sus dos hijos.

segundo: *second*

* When the subject consists of several nouns following the verb, the verb often agrees with the noun closest to it.

En el tercer piso, vive la Srta. López. La
Srta. López no está casada pero tiene una
familia muy grande. En su apartamento
viven su perro, sus tres gatos, sus dos
papagayos y su mono, Coco. Mi padre dice
que la Srta. López es un poco loca. Yo
digo que es una señorita muy original.

tercer: *third*
casada: *married*

dice: *says*
loca: *crazy*
digo: *say*

En el cuarto piso, vive la familia Miranda.
El señor Miranda y su esposa no tienen
niños.

cuarto: *fourth*

En el quinto piso, vive mi amigo Pedro
Gómez con su hermana Patricia, sus
padres y su abuela.

quinto: *fifth*

En el sexto piso, vive un muchacho
extraordinario, muy inteligente y muy
simpático. Este muchacho alegre y
simpático soy yo, José Antonio del Río.
Nuestro apartamento no es grandísimo.
No es muy moderno. Pero es confortable
. . . ¡y es nuestro apartamento!

sexto: *sixth*

Este: *This,* alegre:
  happy

Nuestro: *Our*

¿Quién vive en el primer piso? ¿Quién vive en el segundo piso? ¿Quién vive en el tercer piso? ¿Por qué tiene una familia muy grande la Srta. López? ¿Cuántas personas viven en el cuarto piso? ¿Cuántas personas viven en el quinto piso? ¿Cómo se llama el muchacho alegre?

184

Vamos a hablar de tu mejor amigo.

1. ¿Cómo se llama **su** padre?
   Su padre se llama . . .
2. ¿Cómo se llama **su** madre?
3. ¿Cómo se llaman **sus** hermanos?
4. ¿Cómo se llaman **sus** hermanas?

Ahora, vamos a hablar de tu mejor amiga.

5. ¿Cómo se llama **su** padre?
   Su padre se llama . . .
6. ¿Cómo se llama **su** madre?
7. ¿Cómo se llaman **sus** hermanos?
8. ¿Cómo se llaman **sus** hermanas?

OBSERVACIÓN   Est. B

These questions ask about your friends' families. Reread the questions about your best male friend.

- What is the Spanish word that means *his* when the noun that follows is singular (questions 1, 2)? when the noun is plural (questions 3, 4)?   su/sus

Now reread the questions about your best female friend.

- What is the Spanish word that means *her* when the noun that follows is singular (questions 5, 6)? when the noun is plural (questions 7, 8)?   su/sus

Notas culturales   OPTIONAL

Viviendo° en apartamentos

No hay muchas casas individuales en las ciudades hispánicas. La mayoría° de la gente vive en apartamentos. En España los edificios de apartamentos generalmente no son muy altos. Pero en Latinoamérica los edificios modernos tienen diez, veinte o treinta pisos . . . como en los Estados Unidos.

En los países hispánicos, los pisos no son numerados° como en los países norteamericanos. El primer piso hispánico corresponde al segundo piso norteamericano. En español, el primer piso norteamericano se llama la *planta baja*.

Viviendo *Living*   **mayoría** *majority*   **numerados** *numbered*

Caracas

Caracas es la capital de Venezuela. Tiene una población de tres millones de habitantes, y por eso es una de las ciudades más grandes° de Latinoamérica. Es una ciudad muy moderna, pero tiene barrios viejos muy pintorescos.° Es también una ciudad importante en la historia: la independencia de Venezuela fue proclamada° allí en 1811 (mil ochocientos once).

más grandes *biggest*   **pintorescos** *picturesque*   **fue proclamada** *was proclaimed*

En las ciudades, ¿dónde vive la mayoría de la gente? ¿Cómo se llama el primer piso en español? ¿Cómo se llama la capital de Venezuela? ¿Cuántos habitantes tiene Caracas? ¿Por qué es una ciudad importante en la historia de Venezuela?

Estructura

A. Decir

Decir *(to say, to tell)* is an irregular verb. Note the present tense forms of this verb in the following sentences.

(yo)	**Digo** que soy simpático.	(nosotros)	**Decimos** que él es guapo.
(tú)	**Dices** que estudias mucho.	(vosotros)	**Decís** que Ana estudia.
(él)		(ellos)	
(ella)	**Dice** la verdad *(truth)*.	(ellas)	**Dicen** la verdad.
(Ud.)		(Uds.)	

> The present participle of **decir** is irregular: **diciendo.**

> **Decir** is often followed by the construction: **que** + clause.

Note irregularities: irregular **yo** ending, stem vowel change (e → i) in the **yo, tú, él** and **ellos** forms.

Dicen **que** hablas español muy bien.   *They say **(that)** you speak Spanish very well.*
Jaime dice **que** eres loco.   *Jaime says **(that)** you are crazy.*

> Note also the construction: **Dice que sí (no).**   *He says yes (no).*

ACTIVIDAD 1   ¿Son las chicas más inteligentes que los chicos?

Are girls more intelligent than boys? Everyone has a different opinion on that topic. Express these opinions using **decir que.**

VARIATION: They all express their beliefs. **Carmen cree que sí.**

> Carmen: sí   Carmen dice que sí.

1. Ricardo: no
2. Teresa: es la verdad *(truth)*
3. Irene y Pilar: es obvio
4. Paco y Roberto: es una idea tonta
5. nosotros: no es la verdad
6. tú: es imposible
7. Ud.: no es posible
8. ellos: es una observación justa

ACTIVIDAD 2   Preguntas personales

1. ¿Dices siempre la verdad *(truth)*?
2. ¿Dices mentiras *(lies)* a veces?
3. ¿Dicen tus amigos que eres simpático(a)?
4. ¿Dice el (la) profesor(a) que hablas bien el español?

vocabulario especializado   Adjetivos

adjetivos numerales ordinales

primero	first	**cuarto**	fourth	**séptimo**	seventh	**décimo**	tenth
segundo	second	**quinto**	fifth	**octavo**	eighth		
tercero	third	**sexto**	sixth	**noveno**	ninth		

Regular (cardinal) numbers are used beyond 10: **el siglo veinte** (the twentieth century).

otros adjetivos

próximo	next	¿Cuándo llega el **próximo** autobús?
último	last	Diciembre es el **último** mes del año.

NOTAS: 1. Ordinal numbers are used to rank persons or objects and to put them in a given order. They are adjectives and agree in gender and number with the nouns they describe.

Vivo en la **tercera** casa. — *I live in the **third** house.*
Enero y febrero son los **primeros** meses del año. — *January and February are the **first** months of the year.*

2. Before a masculine singular noun, the final **-o** of **primero** and **tercero** is dropped.

Marzo es el **tercer** mes del año. — *March is the **third** month of the year.*

WORD ASSOCIATIONS: *primary, secondary, tertiary, quartet, sextet, September, October, November, December, proximity, ultimatum.*

ACTIVIDAD 3   **La carrera de bicicletas** *(The bicycle race)*   OPTIONAL

Several friends are having a bicycle race. Give their order of arrival at the finishing line.

⇒ Elena: 7   Elena es la séptima.

1. Raúl: 10
2. Luisa: 5
3. Dolores: 2
4. Federico: 9
5. Alfredo: 1

6. Anita: 3
7. Susana: 6
8. Pablo: 4
9. Claudia: 7
10. Ricardo: 8

B. El adjetivo posesivo: *su*

Like **mi** and **tu,** the possessive adjective **su** has two forms.

	BEFORE A SINGULAR NOUN	BEFORE A PLURAL NOUN	
(él, ella, Ud.) (ellos, ellas, Uds.) }	**su**	**sus**	Pedro vive con **su** hermana y **sus** padres. Mis amigos están con **su** tío y **sus** primos.

↳ The form to use depends on whether the noun that follows is singular or plural.

↳ Since **su** and **sus** may refer to all third person subjects and subject pronouns, they have several different English meanings.

la casa de Carlos	**su** casa	*his* house
la casa de María	**su** casa	*her* house
la casa de Ana y Paco	**su** casa	*their* house
la casa de Ud.	**su** casa	*your* house
los discos de Carlos	**sus** discos	*his* records
los discos de María	**sus** discos	*her* records
los discos de Ana y Paco	**sus** discos	*their* records
los discos de Uds.	**sus** discos	*your* records

↳ Because **su** and **sus** have several meanings, you may substitute the following construction for clarification:

noun + de +	{ **él** **ella** **Ud.**	or	**ellos** **ellas** **Uds.**

¿Vamos en el coche de Carlos? Sí, vamos en **su** coche.
Sí, vamos en **el** coche **de él.**

¿Vamos en el coche de las chicas? Sí, vamos en **su** coche.
Sí, vamos en **el** coche **de ellas.**

REFRÁN

Mi casa es su casa.

My house is your house.

ACTIVIDAD 4   La venta en el garaje de Luisa *(Luisa's garage sale)*

VARIATION (for direct object pronouns): Are people selling their belongings?
—¿Vende su bicicleta Ricardo?
—Sí, la vende.

Luisa is selling several things that belong to her friends. Paco wants to know what things she is selling. Play both roles according to the model.

➣   la bicicleta: Ricardo   Paco: ¿Vendes la bicicleta de Ricardo?
                               Luisa: Sí, vendo su bicicleta.

1. la bicicleta: Isabel
2. los discos: Enrique
3. los discos: Silvia
4. el tocadiscos: Rafael

5. el coche: Pedro y Felipe
6. el piano: Elena y Carmen
7. la guitarra: Federico
8. los libros: Ana y Eduardo

ACTIVIDAD 5   En el restaurante

The following people are eating with friends or family. Express this according to the model.

➣   Arturo: los amigos   Arturo come con sus amigos.

1. Ricardo: el padre
2. Elena: la madre
3. Eduardo: los primos
4. Benjamín: las primas

5. el Sr. Gómez: la esposa
6. la Srta. Martínez: la mejor amiga
7. el Sr. Ortega y su esposa: los hijos
8. la Sra. de Díaz: el esposo y las hijas

C. El adjetivo posesivo: *nuestro*

The possessive adjective **nuestro** *(our)* has four forms:

		SINGULAR	PLURAL	
(nosotros)	masculine	**nuestro**	**nuestros**	**Nuestro** profesor y **nuestros** amigos están aquí.
	feminine	**nuestra**	**nuestras**	**Nuestra** profesora y **nuestras** amigas están aquí.

➣   The form to use depends not only on the *number* (singular or plural) of the noun that follows, but also on its *gender* (masculine or feminine).

ACTIVIDAD 6   Bienvenida

Carmen and Federico are at the airport welcoming June, an exchange student from San Francisco. On the way home they point out various things. Play the role of Carmen and Federico according to the model.

➣   el coche   Aquí está nuestro coche.

1. el barrio
2. la escuela
3. el restaurante favorito
4. las tiendas favoritas

5. la casa
6. el perro
7. los amigos
8. las amigas

un apartamento apartment   **un piso** floor

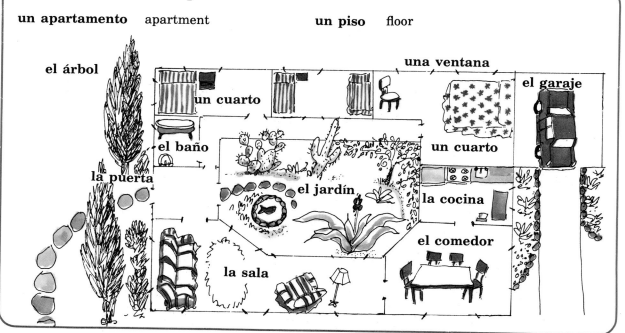

Other words for "apartment": (most of Latin America) **un apartamento**; (Chile, Argentina, Peru) **un departamento**; (Spain) **un piso**.
For "bedroom": (Latin America) **un dormitorio**; (Spain) **una alcoba**.

ACTIVIDAD 7   Preguntas personales

1. ¿Vives en una casa o en un apartamento?
2. Si vives en un apartamento, ¿en qué piso estás?
3. ¿Cuántos pisos tiene tu casa (tu apartamento)?
4. ¿Cuántos cuartos tiene tu casa (tu apartamento)?
5. ¿Cuántos baños tiene tu casa (tu apartamento)?
6. ¿Cuántas ventanas tiene tu cuarto?
7. ¿Hay un jardín? ¿Hay árboles? ¿Cuántos?
8. ¿Hay un garaje?

Pronunciación El sonido de la consonante *g* antes de *a, o, u*

a) *g* **inicial**

Model word: g̲ato
Practice words: g̲araje g̲ordo g̲uapo g̲rande g̲anas G̲uillermo
Practice sentences: G̲uillermo es g̲uapo.
       El domin̲go, G̲abriela va al cine con el gru̲po.

At the beginning of a word, and after **l** and **n**, the letter **g** (before **a, o,** or **u**)
is pronounced like the **g** of the English word "go."

b) *g* medial

Model word: ami**g**o
Practice words: ha**g**o   di**g**o   lle**g**o   me **g**usta   conmi**g**o
Practice sentences: Me **g**usta **g**anar dinero.
                     Mis ami**g**os lle**g**an al cine conmi**g**o.

Between vowels and after consonants other than **l** and **n**, the letter **g** (before **a, o,** or **u**) represents the sound /**g**/ which is similar to the **g** of the English "sugar" when spoken quickly.

OPTIONAL

Entre nosotros

Expresiones para la conversación

To express surprise or astonishment, you can say:
¡Caramba!   *Wow! Hey! What!*
¡Dios mío!   *Gosh!*

Mini-diálogos

Create new dialogs, replacing the underlined words with the expressions suggested in the pictures.

Miguel

Vicente: ¿Qué busca <u>Miguel</u>?

Teresa: Creo que está buscando <u>sus</u> <u>libros</u>. <u>Los</u> tienes, ¿verdad?

Vicente: ¡Caramba! ¡Yo no <u>los</u> tengo!

Jaime   Linda   Aurelio   Maribel

Tú tienes la palabra

With a classmate, prepare a short dialog about some missing object. Use the conversation between Teresa and Vicente as a model.

Lección 4

¿Eres servicial?

Eres una persona simpática, ¿verdad? Pero . . . ¿eres servicial también? Una persona servicial es una persona que ayuda a otros. Es generosa y amable con todos. ¿Eres este tipo de persona? ¿Qué haces tú en los siguientes casos?

servicial: *helpful*
ayuda: *helps*
amable: *kind,*
  este: *this*
siguientes: *following,*
  casos: *cases*

1. Tu padre está trabajando en el jardín. ¿Lo ayudas?
   - Sí, lo ayudo.
   - No, no lo ayudo.

2. Tu mamá está preparando una gran comida para una reunión familiar. ¿La ayudas?
   - Sí, la ayudo.
   - No, no la ayudo.

comida: *meal*
familiar: *family*

3. Tus hermanitas están haciendo una tarea muy difícil. ¿Las ayudas?
   - Sí, las ayudo.
   - No, no las ayudo.

4. Unos amigos están en casa enfermos. ¿Los vas a visitar?
   - Sí, los voy a visitar.
   - No, no los voy a visitar.

5. Tu abuelo está enfermo en el hospital. ¿Le mandas una tarjeta?
   - Sí, le mando una tarjeta.
   - No, no le mando una tarjeta.

mandas: *send*

6. En el autobús no hay asiento para una señora mayor. ¿Le das tu asiento?
   - Sí, le doy mi asiento.
   - No, no le doy mi asiento.

asiento: *seat,*
  das: *you give*

7. Tus compañeros de clase están organizando una fiesta. No tienen tocadiscos. ¿Les prestas tu tocadiscos?
   - Sí, les presto mi tocadiscos.
   - No, no les presto mi tocadiscos.

prestas: *you loan*

8. Unas amigas tienen problemas con sus padres. ¿Les das buenos consejos?
   - Sí, les doy buenos consejos.
   - No, no les doy buenos consejos.

consejos: *advice*

You may want to review the notion of direct and indirect objects in English. Eg.,
Direct object: I help *my parents* (them).
Indirect object: I speak *to the teacher* (to him/her).
Direct and indirect objects: I give *the book to Mary* (it to her).

INTERPRETACIÓN

Cada respuesta afirmativa vale un punto y cada respuesta negativa vale cero. Suma todos tus puntos. ¿Cuántos tienes?

7-8 puntos:	Eres realmente excepcional. ¡Eres un(a) santo(a)!
5-6 puntos:	Eres muy servicial y muy generoso(a). Probablemente tienes muchos amigos.
3-4 puntos:	En general eres generoso(a). A veces eres un poco egoísta. ¡Eres como la mayoría de la gente!
1-2 puntos:	La generosidad no es tu cualidad principal. ¡Tienes que ser más servicial con la familia y los amigos!
0 puntos:	¿Eres realmente tan indiferente y egoísta?

respuesta: *answer*,
vale: *is worth*,
punto: *point*
Suma: *Add*

mayoría: *majority*
cualidad: *quality*

realmente: *really*,
tan: *so*

CONVERSACIÓN OPTIONAL

Vamos a hablar de tu mejor amigo . . .

1. **¿Lo** invitas a tu casa?
   Sí, lo . . . (No, no lo . . .)
2. **¿Le** hablas de tus problemas personales?
   Sí, le . . . (No, no le . . .)

Vamos a hablar de tu mejor amiga . . .

3. **¿La** invitas a tu casa?
   Sí, la . . . (No, no la . . .)
4. **¿Le** hablas de tus problemas personales?
   Sí, le . . . (No, no le . . .)

Ahora vamos a hablar de tus primos . . .

5. **¿Los** visitas a menudo?
   Sí, los . . . (No, no los . . .)
6. **¿Les** escribes a menudo?
   Sí, les . . . (No, no les . . .)

Finalmente, vamos a hablar de tus primas . . .

7. **¿Las** visitas a menudo?
   Sí, las . . . (No, no las . . .)
8. **¿Les** escribes a menudo?
   Sí, les . . . (No, no les . . .)

OBSERVACIÓN Est. B, D

When you say *I invite Jane* or *I visit Jane*, Jane is the *direct* object of the verb. On the other hand, when you say *I speak to Jane* (about my problems) or *I write* (letters) *to Jane*, Jane is the *indirect* object of the verb.

Reread questions 1, 3, 5 and 7. The pronouns in heavy print replace *direct objects*.

- What is the masculine singular form of the direct object pronoun? the feminine singular form? the masculine plural form? the feminine plural form? lo/la/los/las

Now reread questions 2, 4, 6 and 8. The pronouns in heavy print replace *indirect objects*.

- What is the masculine singular form of the indirect object pronoun? Is it the same as the feminine singular form? le/yes

- What is the plural form of the indirect object pronoun? les

La familia unida

En los países hispánicos, las reuniones familiares° son muy frecuentes. A veces toda la familia se reúne° en la casa de un pariente los fines de semana. También se reúne para celebrar los días de fiesta y las fechas importantes, como el Día de la Madre y la Navidad. Hay una gran comida familiar° para celebrar estas° ocasiones felices.°

En la familia hispánica las diversiones incluyen° a todos. A menudo hijos y padres van juntos° al cine, al teatro, al museo, al campo, a la playa. Cuando hacen un viaje, lo hacen juntos. Así,° ¡la familia hispánica permanece° muy unida!°

familiares *family*   **se reúne** *gets together*   **comida familiar** *family meal*   **estas** *these*   **felices** *happy*   **incluyen** *include*   **juntos** *together*   **Así** *Thus*   **permanece** *stays*   **unida** *united*

Estructura

A. Repaso: los adjetivos posesivos

The chart below contains all the forms of the possessive adjectives:

	SINGULAR	PLURAL	
(yo)	**mi**	**mis**	¿Dónde están **mis** discos y **mi** cámara?
(tú)	**tu**	**tus**	**Tu** amiga es muy simpática.
(él) (ella) (Ud.)	**su**	**sus**	Miguel llega con **sus** amigos.
(nosotros)	**nuestro, nuestra**	**nuestros, nuestras**	**Nuestra** abuela vive con nosotros.
(vosotros)	**vuestro, vuestra**	**vuestros, vuestras**	¿Dónde están **vuestros** amigos?
(ellos) (ellas) (Uds.)	**su**	**sus**	Mis primos no tienen **sus** discos.

ACTIVIDAD 1   ¡Hasta luego!

The following persons are taking a trip to South America, and various people are seeing them off. Say with whom each one is arriving at the airport.

ADDITIONAL CUES:
Ud.: el hermano, la novia, los primos
Uds.: los padres, el tío, la tía

⮡ Marina: el novio, las amigas   Marina llega al aeropuerto con su novio y sus amigas.

1. Roberto: los amigos
2. Anita: el padre
3. Rita: los hermanos
4. el Sr. Gómez: la esposa
5. la Sra. de Argías: el esposo
6. Miguel y Felipe: el primo
7. Teresa y María: las primas
8. tú: el padre, la madre, las hermanas
9. nosotros: el tío, las primas
10. yo: los amigos, la abuela
11. los hermanos de Carmen: los amigos
12. la hija del Sr. Vargas: el novio, el padre

boleto de pasajero y cupón de equipaje

B. Repaso: los pronombres *lo, la, los, las*

Review the direct object pronouns in the chart below:

	SINGULAR		PLURAL		
masculine	lo	¿Miguel? No lo invito.	los	¿Mis amigos?	Sí, los invito.
feminine	la	¿María? No la busco,	las	¿Mis cintas?	Sí, las busco.

When the verb is followed by an infinitive, the direct object pronoun is usually attached to that infinitive. (It may come before the first verb.)

¿Vas a invitar a María?   Sí, voy a invitar**la**.
                          (Sí, **la** voy a invitar.)

¿Tienes que hacer las tareas?   Sí, tengo que hacer**las**.
                                (Sí, **las** tengo que hacer.)

vocabulario especializado — Verbos que usan objetos directos

ayudar	to help	¿**Ayudas** a tus amigos? Sí, los **ayudo**.
buscar	to look for	¿**Buscas** a Pepe? No, no lo **busco**.
esperar	to wait for	¿**Esperas** a Juana? Sí, la **espero**.
llamar	to call	¿**Llamas** por teléfono a tus primas?
(por teléfono)	(on the phone)	Sí, las **llamo**.
necesitar	to need	¿**Necesitas** tu cámara? Sí, la **necesito**.

Review other verbs which take direct objects: escuchar, llevar, mirar, leer, recibir, tener, ver, hacer.

ACTIVIDAD 2   Un viaje

Imagine you are going on a trip to South America. Here are some items.
Which ones do you need to take along?

¿tu tocadiscos?   Sí, lo necesito.
                  (No, no lo necesito.)

1. ¿tu cámara?   3. ¿tu bolso?   5. ¿tus discos?   7. ¿tus libros de español?
2. ¿tu grabadora? 4. ¿tu bicicleta? 6. ¿tus cintas?   8. ¿tu bolígrafo y tu lápiz?

ACTIVIDAD 3   El teléfono

Ask your classmates whether they often call the following people.

tu mejor amigo   Estudiante 1: ¿Llamas por teléfono a tu mejor amigo a menudo?
                  Estudiante 2: Sí, lo llamo a menudo.
                               (No, no lo llamo a menudo.)

1. tu profesor   3. tus amigos   5. tus abuelos   7. tu papá
2. tus primos   4. tu mamá   6. tu doctor   8. tus tíos

ACTIVIDAD 4   El cumpleaños de Carolina

Enrique wants to know whom Carolina is going to invite to her birthday
party. She answers him. Play both roles according to the model.

VARIATION: Carolina is not inviting any of these people. No, no voy a invitarlos.

⋙   tus primos   Enrique: ¿Vas a invitar a tus primos?
                    Carolina: Sí, voy a invitarlos. Siempre los invito.

1. María
2. Roberto
3. tus abuelos

4. Paco y Marina
5. el profesor de matemáticas
6. las primas de Eduardo

ACTIVIDAD 5   Una buena razón (A good reason)

Federico asks Claudia if she does the following things, but Claudia doesn't
like to do anything. Play both roles according to the model.

⋙   visitar el museo   Federico: ¿Visitas el museo?
                         Claudia: No, no lo visito.
                         Federico: ¿Por qué no?
                         Claudia: Porque no me gusta visitarlo.

1. hacer las tareas
2. llevar a tu hermana menor al cine
3. leer la revista
4. escuchar las cintas de inglés

5. organizar una fiesta
6. preparar el café
7. ayudar a tu mamá
8. llamar a tus primos

C. Dar

Note the present tense forms of the verb **dar** (to give) in the following
sentences.

(yo)	**Doy** muchas fiestas en mi casa.	(nosotros)	**Damos** muchos consejos (advice).
(tú)	¿**Das** muchas fiestas?	(vosotros)	¿**Dais** buenos consejos?
(él) (ella) (Ud.)	¿**Da** Paco fiestas en su casa?	(ellos) (ellas) (Uds.)	**Dan** malos consejos.

⋙   **Dar** has regular –ar endings except in the **yo** form: **doy.**

⋙   The present participle is regular: ¿Qué están **dando** Uds.?

Note: there is no accent on the vosotros form: **dais.**

ACTIVIDAD 6   Consejos (Advice)

Say what type of advice the following people give.

⋙   Pedro: buenos   Pedro da buenos consejos.

1. yo: magníficos
2. Esteban: tontos
3. nosotros: buenos
4. Ud.: malos

5. tú: excelentes
6. mis padres: útiles (useful)
7. Uds.: serios
8. la profesora: importantes

D. Los pronombres *le, les*

Note the form and the position of the pronouns in heavy print.

Tengo un amigo en Chile.	**Le** escribo a veces.	*I sometimes write (to) him.*
Tengo una amiga aquí.	No **le** escribo.	*I don't write (to) her.*
Tengo dos hermanos.	**Les** presto mis discos.	*I lend them my records.*
		(I lend my records to them.)
Tengo dos primas.	No **les** presto mi radio.	*I don't lend them my radio.*
		(I don't lend my radio to them.)

The pronouns **le** and **les** may refer to either males or females.

The position of the *indirect object pronouns* is the same as that of the direct object pronouns.

Usually the indirect object pronoun comes directly *before* the verb.

When used with an infinitive, the indirect object pronoun usually comes *after* the infinitive and is attached to it. (It may come *before* the first verb.)

¿A Manuel? ¡Claro! Ahora voy a escribir**le**.

(¿A Manuel? ¡Claro! Ahora **le** voy a escribir.)

> **Le** and **les** are used even when the indirect object noun is expressed.

Le presto mi guitarra **a María**.	*I am lending my guitar to María.*
Les escribo **a mis primos**.	*I am writing to my cousins.*

vocabulario especializado — Verbos que usan objetos indirectos

comprar (algo) a (alguien) to buy (something) for (someone)	**Le compramos** una cinta a José.	Review other verbs which take indirect objects: **enseñar, hablar, escribir, decir, dar.**
mandar (algo) a (alguien) to send (something) to (someone)	**Les mando** una carta a mis padres.	
prestar (algo) a (alguien) to lend (something) to (someone)	**Le presto** mi radio a Juanita.	

Practice these verbs by handing pictures of objects to various students. Eg., —¿A quién le presto la cámara? —Ud. le presta la cámara a Ricardo.

ACTIVIDAD 7   Diálogo: Los problemas

Everyone has little problems. Ask your classmates whether they talk about them with the following people.

> tu mejor amigo   Estudiante 1: ¿Le hablas de tus problemas a tu mejor amigo?
> Estudiante 2: Sí, le hablo de mis problemas.
> (No, no le hablo de mis problemas.)

1. tu mejor amiga	4. tus hermanos	7. tu abuela
2. tu papá	5. tus profesores	8. tu familia
3. tu mamá	6. tus primos	

ACTIVIDAD 8 Diálogo: La correspondencia

VARIATION: Do your class-mates send postcards to the same people? ¿Le mandas tarjetas postales a tu mejor amigo?

Ask your classmates to whom they write when they are away on summer vacation.

tu mejor amigo   Estudiante 1: ¿Le escribes a tu mejor amigo?
                      Estudiante 2: Sí, le escribo.
                              (No, no le escribo.)

1. tus padres
2. tus abuelos
3. tus hermanos
4. tus tíos
5. tus amigos favoritos
6. tu profesor(a) de español
7. tu primo(a) favorito(a)
8. tu perro

ACTIVIDAD 9 Regalos de Navidad

VARIATION: Paco and his sister are wondering what to buy.
—¿Qué le compramos a María?
—Vamos a comprarle una cinta.

Paco is thinking about what to get the following people for Christmas. Express his thoughts, according to the model.

María: una cinta   ¿Qué le doy a María? . . . Voy a darle una cinta.

1. mamá: un bolso
2. papá: un libro
3. Pedro: un libro también
4. sus abuelos: unas fotos
5. su hermana menor: un sombrero
6. sus primas: un disco

ACTIVIDAD 10 Preguntas personales

1. ¿Le prestas tu bicicleta a tu hermano? ¿a tu hermana? ¿a tu papá?
2. ¿Les prestas tus discos a tus hermanos? ¿a tus amigos?
3. ¿Qué le vas a dar a tu papá para su cumpleaños? ¿una cámara? ¿un reloj? ¿un radio?
4. ¿Te gusta mandar tarjetas de Navidad?
5. ¿Les mandas tarjetas de Navidad a tus amigos? ¿a tus primos? ¿a tus abuelos? ¿a tus profesores?

Pronunciación   El sonido de la consonante *l*

Model word: Felipe
Practice words: le les lo las leo lápiz lunes
                  abuela sala maleta bailo miércoles
                  árbol sol español hotel abril Isabel
Practice sentences: El lunes, Manuel va al Hotel Plaza.
                      El alumno habla español.
                      Le doy a Luisa la maleta.
                      Leo el libro de Isabel.

The Spanish l never represents the sound of the "dark l" in the English word "lake," in which much of the tongue touches the roof of the mouth.

The sound of the Spanish l is similar to the sound of the l in the English word "leaf." In pronouncing the Spanish l, only the tip of the tongue touches the upper gum ridge.

Entre nosotros

Expresiones para la conversación

To express admiration, you can use one of the following adjectives with a noun and **tan**:

estupendo	¡Qué chico **tan estupendo**!
fabuloso	¡Qué chica **tan fabulosa**!
magnífico	¡Qué regalo **tan magnífico**!
fantástico	¡Qué profesor **tan fantástico**!

Mini-diálogos

Create new dialogs by replacing the underlined words with the words suggested by the pictures.

Miguel

Marta: ¿Qué compras?
Tomás: Compro un tocadiscos.
Marta: ¿Para quién?
Tomás: Para Miguel.
Marta: ¿Y por qué le compras un tocadiscos?
Tomás: Porque mañana es su cumpleaños.
Marta: ¡Qué regalo tan fabuloso!

| tu primo | tus primas | tus hermanas | tu hermano | Manuela |

Tú tienes la palabra

With a classmate, prepare a short dialog about a present you are buying for a friend. Use the conversation between Marta and Tomás as a model.

La historia de las cosas que comemos

En 1492 (mil cuatrocientos noventa y dos), cuando Cristóbal Colón llega a América, los españoles descubren° no sólo un continente nuevo. También descubren otros pueblos,° otras civilizaciones y . . . otros productos. Al mismo tiempo, los españoles introducen en América cosas que se usan° en España.

    Los siguientes productos tal vez no son tus favoritos. Pero los comes a veces, ¿verdad?

    Ahora, adivina° su origen. ¿De dónde crees que son originalmente:

descubren: *discover*
pueblos: *people*

se usan: *are used*

adivina: *guess*

1. la piña? ¿De Hawai? ¿de Florida?

2. el maní? ¿De Georgia? ¿de África?

3. la papa? ¿De Irlanda? ¿de Francia?

4. el tomate? ¿De Italia? ¿de California?

5. la banana? ¿Del Ecuador? ¿de Panamá?

6. el café? ¿Del Brasil? ¿de Colombia?

Éstas° son las respuestas° correctas:

1. Es cierto que casi todas las piñas que venden los supermercados° son de Hawai, pero los cultivadores° originales de las piñas son los indios de Cuba y Puerto Rico.
2. Es cierto que hay una variedad de maní que viene de Georgia, pero los cultivadores originales del maní son los indios de Bolivia, Perú y Ecuador.
3. Es cierto que las papas son muy populares en Irlanda, pero los cultivadores originales de las papas también son los indios de Bolivia, Perú y Ecuador.
4. Es cierto que los italianos preparan una deliciosa salsa° de tomate, pero los cultivadores originales del tomate son los indios de México.
5. Es cierto que el Ecuador es el mayor° productor° de bananas del mundo,° pero las bananas son de origen africano. Llegaron° a América porque los españoles las introdujeron.°
6. Es cierto que el Brasil es el mayor productor de café del mundo, pero el café también es de origen africano. Y también llegó° a América porque los españoles lo introdujeron.

Estas: *These,*
respuestas: *answers*

supermercados:
supermarkets,
cultivadores:
cultivators

salsa: *sauce*

mayor: *largest,*
productor: *producer,*
mundo: *world*
Llegaron: *They came,*
introdujeron:
introduced
llegó: *it came*

201

El arte de la lectura OPTIONAL

Adjetivos de nacionalidad

Adjectives of nationality are derived from the names of countries. These adjectives, however, do not all have the same endings.

The following list of adjectives of nationality covers all the Spanish-speaking countries. Can you match these adjectives with the corresponding countries?

argentino	(la) Argentina	mexicano	México
boliviano	Bolivia	nicaragüense	Nicaragua
colombiano	Colombia	norteamericano	(los) Estados Unidos
costarricense	Costa Rica	panameño	Panamá
cubano	Cuba	paraguayo	(el) Paraguay
chileno	Chile	peruano	(el) Perú
dominicano	la República Dominicana	puertorriqueño	Puerto Rico
ecuatoriano	(el) Ecuador	salvadoreño	El Salvador
español	España	uruguayo	(el) Uruguay
guatemalteco	Guatemala	venezolano	Venezuela
hondureño	Honduras		

Now you can match the following adjectives of nationality with their countries.

alemán	Alemania	indio	(la) India
australiano	Australia	irlandés	Irlanda
belga	Bélgica	israelí	Israel
brasileño	(el) Brasil	neozelandés	Nueva Zelanda
canadiense	(el) Canadá	ruso	Rusia
chino	(la) China	senegalés	Senegal
egipcio	Egipto	sueco	Suecia
griego	Grecia	turco	Turquía
húngaro	Hungría		

Have students find these countries on a map of the world: ¿Dónde está la Argentina? ¡Aquí está!

vista

número tres

3

El mundo de los deportes

El fútbol°
ES MÁS POPULAR EN
España, Chile, Uruguay, Argentina

Es el juego° número uno en Sudamérica. En muchas ciudades grandes y pequeñas hay equipos° de fútbol y cada equipo tiene muchísimos aficionados.° Los partidos° nacionales tienen gran importancia en cada país, pero el gran evento es la Copa Mundial,° cada cuatro años. En 1978, el país ganador° de la copa fue un país hispánico — la Argentina. Otros países hispanos finalistas fueron° México, el Perú y España.

El béisbol
ES MÁS POPULAR EN
México, Puerto Rico, Cuba, Venezuela, La República Dominicana, Nicaragua

Si el fútbol es número uno en Sudamérica y España, el béisbol es rey° en los países del Caribe; el deporte tiene equipos muy populares, especialmente en Venezuela y en la República Dominicana. Hay muchos jugadores° de origen hispánico en las grandes ligas de béisbol en los Estados Unidos.

CONTENIDO

fútbol *soccer*   **juego** *game*   **equipos** *teams*   **aficionados** *fans*   **partidos** *matches*   **Copa Mundial** *World Cup*   **ganador** *winner*   **fueron** *were*   **rey** *king*   **jugadores** *players*

El volibol
ES MÁS POPULAR EN México, Cuba, Colombia, Bolivia

Este° deporte° y pasatiempo°cada día es más y más popular por todas partes.° Muchos profesores de educación física dicen que es excelente para los jóvenes, especialmente para las chicas. Hay varios grupos profesionales de chicas, pero en muchos barrios y parques, grupos mixtos de muchachos y muchachas lo juegan° simplemente como un pasatiempo.

El esquí
ES MÁS POPULAR EN Chile, Argentina, España

Cuando la gente en los Estados Unidos habla del esquí, habla de Colorado, de Vermont, de los Alpes, de los Pirineos y del Japón. Pero en Sudamérica, las montañas de los Andes son fantásticas para este deporte, especialmente en la Argentina y en Chile. En las Olimpíadas de Invierno de 1972 el español Francisco Fernández Ochoa ganó° la medalla de oro° en el slalom especial.

El mundo° hispánico y los deportes°

En los países hispánicos los deportes son tan° populares como en los Estados Unidos, pero hay una gran variedad de deportes en diferentes países.

El ciclismo
ES MÁS POPULAR EN Venezuela, México, Uruguay, Colombia, Chile, Costa Rica, Guatemala, Cuba

Éste es un deporte que tiene millones de aficionados en España y en América Latina. En España el evento principal es la «Vuelta». Es una carrera° de ciclismo que dura° dos o tres semanas durante el verano. Los competidores cruzan° ríos° y montañas con buen clima° o con mal clima. La llegada° de los ciclistas es un evento nacional.

Este *this*   **deporte** *sport*   **pasatiempo** *pastime*   **por todas partes** *everywhere*   **juegan** *they play*
ganó *won*   **medalla de oro** *gold medal*   **mundo** *world*   **deportes** *sports*   **tan** *as*   **carrera** *race*
dura *lasts*   **cruzan** *cross*   **ríos** *rivers*   **clima** *climate*   **llegada** *arrival*

El jai alai
ES MÁS POPULAR EN España, México, Cuba, Venezuela

Es un juego de origen vasco° que quiere decir° «fiesta alegre». Es uno de los deportes más peligrosos° y rápidos; la pelota° viaja a velocidades de más de doscientos kilómetros por hora; por eso las canchas° tienen tres paredes° de catorce metros de altura° y son de cemento sólido. Hoy los mejores° jugadores de jai alai vienen a los Estados Unidos a jugar en las canchas de Florida y de Connecticut.

La corrida de toros
ES MÁS POPULAR EN España, México, Colombia, Perú

Unos dicen que es un arte y otros dicen que es un deporte. Unos dicen que es un acto de barbarie° y otros que es un acto simbólico en que se oponen° la fuerza° bruta de un animal con la valentía° y la gracia del hombre. Ésta es una actividad que no se practica en muchos países del mundo: España, México, Colombia y a veces en el Perú y Guatemala.

LOS JUEGOS PANAMERICANOS

Los Juegos Panamericanos son como las Olimpíadas, excepto que sólo participan los países de Norte y Sudamérica.

Los Juegos Panamericanos se celebran cada cuatro años en uno de los principales países de América. Los atletas compiten en diez y nueve deportes diferentes. Éstos son los países ganadores en los deportes de equipo en 1979:

Deporte	País ganador
Fútbol	Brasil
Béisbol	Cuba
Volibol	Cuba
(masculino y femenino)	
Básquetbol	
(masculino)	Estados Unidos
(femenino)	Cuba

---

vasco *Basque*   **quiere decir** *means*   **peligrosos** *dangerous*   **pelota** *ball*   **canchas** *courts*
paredes *walls*   **altura** *height*   **mejores** *best*   **barbarie** *savagery*   **se oponen** *are opposed*
fuerza *force*   **valentía** *courage*

Los deportes y tu personalidad

¿Cuáles deportes practicas? ¿Qué deporte es tu favorito? El fútbol, el básquetbol, el volibol, el tenis, el ciclismo, el esquí, la natación° . . . Hay deportes de equipo y hay deportes individuales; nuestra preferencia por cierto deporte dice mucho de nuestra personalidad. Primero decide qué tipo de persona eres; después busca cuál es tu deporte.

SI TÚ ERES . . .	TU DEPORTE ES . . .	PORQUE . . .
• independiente y enérgico(a)	el correr°	En las carreras tú compites contigo mismo.°
• inteligente y perseverante	el tenis	Juegas al tenis para ganar, y para ganar necesitas tener buenas tácticas.
• sociable	el ciclismo, la natación, el esquí	El objetivo de estos deportes no es sólo ganar° sino° también hacer ejercicio con otra gente.
• agresivo(a)	el fútbol	Tienes que pegarle° a la pelota, pero ¡primero tienes que llegar a ella!
• seguro de ti mismo°	el básquetbol	No puedes esperar; tienes que saber° qué hacer con la pelota.
• perfeccionista	el volibol	Éste es un deporte que requiere disciplina y precisión.

natación *swimming*   **correr** *running*   **contigo mismo** *with yourself*   **ganar** *to win*   **sino** *but*
pegarle *kick it*   **seguro de ti mismo** *sure of yourself*   **saber** *know*

EL FÚTBOL

campo de fútbol

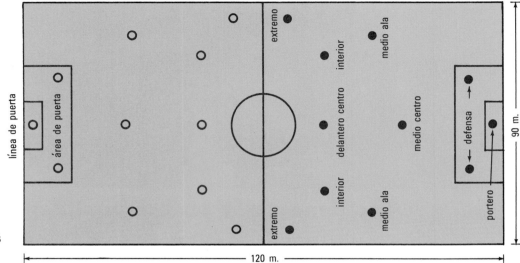

extremo

medio ala

interior

delantero centro

medio centro

defensa

portero

interior

medio ala

extremo

línea de puerta

área de puerta

90 m.

120 m.

las posiciones

los pases

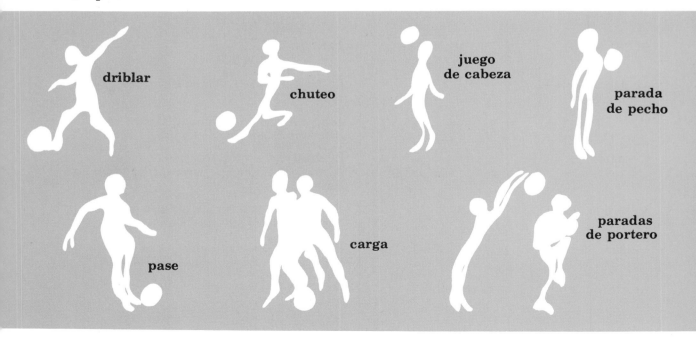

driblar

chuteo

juego de cabeza

parada de pecho

pase

carga

paradas de portero

208

¿¿¿QUÉ SABES DEL FÚTBOL???

¿Cuál es el deporte que llena° más estadios en el mundo, que tiene más jugadores profesionales y aficionados y que paga° más dinero a los equipos profesionales?

¡El fútbol! ... y el fútbol es rey en los países hispánicos. En los Estados Unidos este deporte es cada día más popular. ¿Qué sabes tú del fútbol?

Vamos a ver ...

	sí	no
1. Un equipo de fútbol tiene once jugadores.	■	■
2. La duración de un partido es de dos partes de cuarenta y cinco minutos cada una.	■	■
3. Para° ser buen jugador es necesario ser alto.	■	■
4. El juego consiste en hacer entrar° la pelota en la portería° del equipo contrario.	■	■
5. Los jugadores toman la pelota con las manos.°	■	■
6. El fútbol es un deporte de origen hispánico.	■	■
7. Un gol vale° dos puntos.	■	■
8. En el fútbol los jugadores usan cascos.°	■	■
9. Pelé, el mejor jugador, es de la Argentina.	■	■
10. En los Estados Unidos hay equipos profesionales de fútbol.	■	■

RESPUESTAS

Hay cuatro respuestas afirmativas y seis negativas.

Las respuestas afirmativas son 1-2-4-10.
Las respuestas negativas son 3-5-6-7-8-9.

- Hay excelentes jugadores que son muy bajos.
- Usan los pies,° pero nunca las manos. Solo el portero° toma la pelota con las manos para parar° los goles.

- El fútbol es un deporte de origen inglés.
- Un gol vale sólo un punto.
- Los jugadores de fútbol no usan cascos.
- Pelé es del Brasil.
- Sí, hay equipos profesionales de fútbol en los Estados Unidos, como los Cosmos de Nueva York.

llena *fills*   **paga** *pays*   **Para** *In order*   **hacer entrar** *making enter*   **portería** *goal area*
manos *hands*   **vale** *is worth*   **cascos** *helmets*   **pies** *feet*   **portero** *goalie*   **parar** *stop*

209

★ GALERÍA de CAMPEONES ★

GOLF
Nancy López, Estados Unidos

De origen mexicano-americano, Nancy López es una de las estrellas más brillantes del golf mundial. A la edad de veinte y un años y en su primer año como jugadora profesional, ella hizo° lo imposible: ganar unos diez de los torneos más difíciles en el circuito profesional norteamericano.

BOXEO
Carlos Monzón, Argentina

Cuando la gente habla del boxeo en los Estados Unidos, la gente piensa° generalmente en Mohamed Alí, Joe Frazier o el legendario Joe Louis. Es cierto que este país es el campeón en pesos pesados;° pero en otras categorías, como en peso welter, peso ligero° o peso pluma,° los boxeadores hispánicos son los campeones. Entonces, Carlos Monzón es un campeón de peso medio.

TOROS
Conchita Cintrón, Perú

Es la primera mujer en la historia del toreo° y en abrir° las puertas del toreo a otras mujeres, un deporte exclusivamente para hombres en el pasado.° Cintrón toreó° en su vida° más de cuatrocientos toros.° Hoy día hay varias° jóvenes famosas como Maribel Atienza, quien comenzó° a torear a la edad° de diez y seis años.

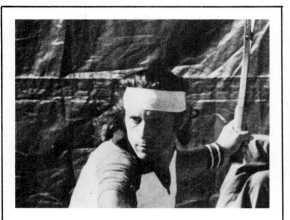

TENIS

Guillermo Vilas, Argentina

Ganador de muchos campeonatos° y torneos° en Francia, Inglaterra y los Estados Unidos, Vilas es uno de los grandes del tenis y parte de la excelente tradición hispánica en este deporte. Otras estrellas° son Manuel Orantes, español; Raúl Ramírez, mexicano; y Ricardo Icaza, ecuatoriano.

CARRERAS DE CABALLOS

Ángel Cordero, Puerto Rico

Ganador del Kentucky Derby en 1974 y 1976, Cordero es uno de los muchos jinetes° latinoamericanos que son grandes estrellas en los hipódromos° de los Estados Unidos.

ATLETISMO

Alberto Juantorena, Cuba

En las Olimpíadas de Montreal en 1976 ganó dos medallas de oro en carreras de cuatrocientos y ochocientos metros. En 1977 Juantorena excedió° el récord mundial de ochocientos metros en sólo un minuto, cuarenta y tres segundos.

Juantorena es extraordinario, pero no es el único° campeón de Cuba. El gobierno° cubano ayuda mucho a los deportes, especialmente en las escuelas. Esto° explica el éxito° de Cuba en los Juegos Panamericanos y en las Olimpíadas.

---

hizo *did*   **piensa** *think*   **pesos pesados** *heavyweights*   **ligero** *light*   **pluma** *feather*   **toreo** *bullfighting*
abrir *opening*   **pasado** *past*   **toreó** *fought*   **vida** *life*   **toros** *bulls*   **varias** *several*
comenzó *began*   **edad** *age*   **campeonatos** *championships*   **torneos** *tournaments*   **estrellas** *stars*
jinetes *jockeys*   **hipódromos** *race tracks*   **excedió** *surpassed*   **único** *only one*   **gobierno** *government*
Esto *This*   **éxito** *success*

El radio deportivo°

Tú estás solo en un desierto . . .
Tienes sólo un radio transistor.
Enciendes° el radio y . . . ¡caramba! ¡una transmisión en
español! ¡El radio está completamente loco!° En cada
estación sólo habla de deportes. Tu única° posibilidad de
pasar el tiempo es adivinar° qué deporte corresponde a
las siguientes palabras:

1. . . . Y ahora Gutiérrez toma la pelota, corre° en zig-zag y . . .
   Goooooooooooooool, Goooooooooooooool de la Argentina . . . *Dos del
   Uruguay, Tres de la Argentina* . . .

2. . . . Rodríguez llega a la segunda base . . . Ted deja caer° la bola° en
   tercera base . . . ¡García marca!°

3. Juanita Torres de México corre a la red° y va detrás de° la pelota en el
   match del torneo de dobles femenino . . .

4. Gamarro gana en este momento el campeonato mundial de peso
   pluma. ¡Gamarro se lleva° en esta ocasión la medalla de oro!

5. El piloto Carlos Perea toma mal la curva: sólo hay humo° en la pista°
   . . . ¡Accidente en la pista! . . . ¡Una ambulancia, una ambulancia! . . .

6. ¡Estrella de repente° pasa a Rayo y gana por una nariz!° Señores,
   ¡sólo una nariz!

RESPUESTAS:

1. fútbol 2. béisbol 3. tenis 4. boxeo 5. carrera° de autos 6. carrera de caballos

deportivo *of sports*   Enciendes *You turn on*   loco *crazy*   única *only*   adivinar *guess*   corre *runs*
deja caer *drops*   bola *ball*   marca *scores*   red *net*   detrás de *behind*   se lleva *takes away*
humo *smoke*   pista *track*   de repente *suddenly*   nariz *nose*   carrera *race*

Actividades

CRUCIGRAMA   You have heard of the World Series in baseball, of the Davis Cup in tennis, of the World Cup in soccer. But there is another sporting event which is more important than all the above. To discover the Spanish name of this event, complete the crossword puzzle below with the words matching the definitions given. To help you, the page numbers on which these words occur are given in dark type. When the puzzle is finished, you will be able to read the name of this sports event in the longest vertical column.

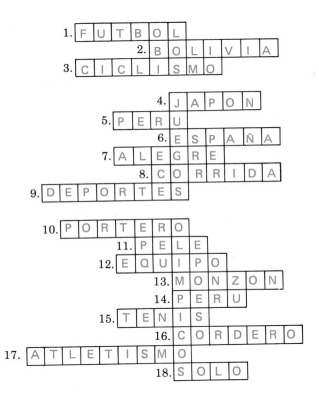

páginas 204-205

1. El deporte número uno del mundo hispánico.
2. Un país de Sudamérica donde es popular el volibol.
3. Si tienes una bicicleta, es posible practicar este deporte.
4. Un país asiático.
5. Un país finalista en la Copa Mundial de fútbol en 1978.
6. El país de origen de Francisco Fernández Ochoa.

página 206

7. Las palabras « jai alai » significan « fiesta ___ ».
8. Para unos, este deporte es un arte; para otros es un acto de barbarie.

página 207

9. El tenis, el fútbol y el volibol son ___.

página 208

10. El jugador que está en el área de puerta.

página 209

11. Este jugador fue el mejor jugador de fútbol del mundo.
12. Once jugadores forman un ___.

páginas 210-211

13. Un boxeador argentino.
14. El país de origen de Conchita Cintrón.
15. El deporte de Manuel Orantes.
16. Un jinete latinoamericano.
17. El deporte de Alberto Juantorena.

página 212

18. Cuando no tienes amigos contigo, estás ___.

213

APPENDIX 1 Los números

A. Cardinal numbers

0	**cero**	12	**doce**	30	**treinta**
1	**uno (un)**	13	**trece**	31	**treinta y uno**
2	**dos**	14	**catorce**	40	**cuarenta**
3	**tres**	15	**quince**	41	**cuarenta y uno**
4	**cuatro**	16	**diez y seis (dieciséis)**	50	**cincuenta**
5	**cinco**	17	**diez y siete (diecisiete)**	60	**sesenta**
6	**seis**	18	**diez y ocho (dieciocho)**	70	**setenta**
7	**siete**	19	**diez y nueve (diecinueve)**	80	**ochenta**
8	**ocho**	20	**veinte**	90	**noventa**
9	**nueve**	21	**veinte y uno (veintiuno)**	100	**ciento (cien)**
10	**diez**	22	**veinte y dos (veintidós)**		
11	**once**	23	**veinte y tres (veintitrés)**		

NOTE:
1. **Uno** becomes **un** before a masculine noun: **treinta y un** chicos
   una before a feminine noun: **treinta y una** chicas
2. **Ciento** becomes **cien** before a noun: **cien pesetas**

B. Ordinal numbers

1°	**primero(a)**	6°	**sexto(a)**
2°	**segundo(a)**	7°	**séptimo(a)**
3°	**tercero(a)**	8°	**octavo(a)**
4°	**cuarto(a)**	9°	**noveno(a)**
5°	**quinto(a)**	10°	**décimo(a)**

NOTE:
1. **Primero** becomes **primer** before a masculine singular noun: **el primer** libro
2. **Tercero** becomes **tercer** before a masculine singular noun: **el tercer** papel

APPENDIX 2 Los verbos

A. Regular verbs

	PRESENT		PRESENT PARTICIPLE
hablar	hablo	hablamos	hablando
(to talk, to speak)	hablas	habláis	
	habla	hablan	
comer	como	comemos	comiendo
(to eat)	comes	coméis	
	come	comen	
vivir	vivo	vivimos	viviendo
(to live)	vives	vivís	
	vive	viven	

B. Irregular forms

Certain verbs have one or several irregular forms.

PRESENT

dar *(to give)*	**doy** das da	damos dais dan
decir *(to say, to tell)*	**digo** **dices** **dice**	decimos decís **dicen**
estar *(to be)*	**estoy** **estás** **está**	estamos estáis **están**
hacer *(to do, to make)*	**hago** haces hace	hacemos hacéis hacen
ir *(to go)*	**voy** **vas** **va**	**vamos** **vais** **van**
ser *(to be)*	**soy** **eres** **es**	**somos** **sois** **son**
tener *(to have)*	**tengo** **tienes** **tiene**	tenemos tenéis **tienen**
venir *(to come)*	**vengo** **vienes** **viene**	venimos venís **vienen**
ver *(to see)*	**veo** ves ve	vemos veis ven

SPANISH-ENGLISH VOCABULARY

The Spanish-English Vocabulary lists the words and expressions in the Student Text. This includes words and expressions in the lessons, in the *Variedades*, and in the *Vistas*. Active words and expressions, that is, vocabulary items that students are expected to know, are followed by a number. The number (2.1), for example, indicates that the item is active in Unit 2, Lesson 1. Nouns referring to persons list the masculine and feminine forms if the English word is the same for both (**un compañero, una compañera**, companion). If the English word is different (**un tío**, uncle; **una tía**, aunt), the words are listed separately. Adjectives are regularly listed in the masculine singular form. Verbs are listed in the infinitive form. Some irregular or unfamiliar verb forms are listed separately. An asterisk (*) in front of a verb means that the verb has irregular forms. See the verb charts in Appendix 2.

The following abbreviations are used:

adj.	adjective	*obj.*	object
adv.	adverb	*part.*	participle
conj.	conjunction	*pl.*	plural
dir.	direct	*prep.*	preposition
f.	feminine	*pres.*	present
fam.	familiar	*pron.*	pronoun
inf.	infinitive	*rel.*	relative
m.	masculine	*sing.*	singular

a

a *not translated when used before a personal dir. obj.* **(4.1)**
a at **(1.4)**; to **(2.1)**
  a casa home **(4.2)**
  a la casa de ... to ...'s (house) **(4.2)**
  a la edad de at the age of
  a la escuela to school
  a la una at one o'clock **(1.4)**
  a las (dos) at (two) o'clock **(1.4)**
  a menudo often **(5.1)**
  a pie on foot **(4.4)**
  ¿a qué hora? at what time? **(1.4)**
  ¿a quién(es)? whom? *(personal dir. obj.)* **(4.1)**; to whom? **(5.1)**

  a veces sometimes **(5.1)**
  a ver let's see **(5.1)**
una a *the letter* a
un abrazo hug
  abril April **(1.5)**
  abrir: en abrir in opening
una abuela grandmother **(5.2)**
un abuelo grandfather **(5.2)**
  los abuelos grandparents
  aburrido boring **(3.2)**
un accidente accident
un acento accent, accent mark
la acentuación stress(ing), accentuation
  aceptar to accept
una actividad activity
  activo active
un acto act
  adelantado early, ahead
  además in addition, moreover, besides
  ¡adiós! goodby! so long! **(1.2)**

  adivinar to guess
un adjetivo adjective
  los adjetivos numerales ordinales ordinal number adjectives
  ¿adónde? where? (to where?) **(4.2)**
un aduanero, una aduanera customs officer
un adulto, una adulta adult
un aeropuerto airport
  aficionado a fond of
un aficionado, una aficionada fan *(enthusiast)*
  afirmativo affirmative
  afortunadamente fortunately
  África Africa
  africano African *(also noun)*
una agencia agency
  una agencia de viajes travel agency

agosto August (1.5)
agresivo aggressive
¡ah! ah! oh!
ahora now (2.1)
al (a + el) to the, at the, the
 (*with personal dir. obj.
 noun*) (4.1)
 al mismo tiempo at the
  same time
ala: el medio ala halfback
 (*soccer*)
alegre happy (4.3)
alemán (*f.* **alemana**) German
 (*also noun*)
el alemán German (*language*)
Alemania Germany
un alfabeto alphabet
algo something
alguien someone, somebody
alguno some, any (*pl.* some,
 a few)
una alpaca alpaca (*South
 American animal related to
 the llama*)
los Alpes the Alps
alto tall (3.2)
**altura: (catorce) metros de
 altura** (fourteen) meters
 high
un alumno, una alumna
 student, pupil (3.1)
allí there (4.2)
amable kind, friendly
 ser amable con to be kind to
una ambición (*pl.* **ambiciones**)
 ambition
ambicioso ambitious
el ambiente atmosphere
una ambulancia ambulance
América America (*North or
 South America*)
 la América Latina Latin
  America
americano American (*from
 North or South America;
 also noun*)
un amigo, una amiga
 friend (3.1)
analizar to analyze
**ancho: (dos) metros de
 ancho** (two) meters wide
los Andes Andes (*mountain
 system extending for 4000
 miles along western coast of
 South America*)

un animal animal
 un animal doméstico pet
antes before (*time*) (5.1)
antipático unpleasant (3.2)
la antropología anthropology
un año year (1.5)
 ¿cuántos años tiene . . .?
  how old is . . .?
 ¿cuántos años tienes?
  how old are you?
 de (diez) años
  (ten)-year-old
 tener (*number*) **años** to be
  (*number*) years old (3.4)
 **(un muchacho) de (16) a
  (18) años** (a boy) (16) to
  (18) years old
un apartamento apartment (5.3)
 un edificio de apartamentos
  apartment building
 viviendo en apartamentos
  apartment living
apreciar to appreciate
aprender to learn (5.1)
el aprendizaje apprenticeship
aproximado approximate,
 close
 aproximado a close to
aproximado *adv.*
 approximately
aquí here (1.1)
 aquí tiene (Ud.) here is,
  here are
un árbol tree (5.3)
el área (*f.*) area
 el área de puerta goal
  area (*soccer*)
la Argentina Argentina
argentino Argentinean (*also
 noun*)
árido arid, dry
un armadillo armadillo (*South
 American animal with an
 armorlike covering*)
**un arquitecto, una
 arquitecta** architect
el arte art
un artículo article
un artista, una artista artist
 un artista de cine movie
  star
artístico artistic
así so, thus, this way, like
 this (that)
 así, así so-so (1.2)

así es que thus, so (it is
 that)
asiático Asian
un asiento seat
una asignatura subject, course
 (*in school*)
asistir a to attend, go
 to (5.1)
un aspecto aspect, appearance
una aspiración (*pl.* **aspiraciones**)
 aspiration, ambition
un asunto topic, subject, matter
**Atlántico: el Océano
 Atlántico** Atlantic Ocean
un atleta, una atleta athlete
atlético athletic (3.2)
el atletismo athletics
atraen: se atraen (they)
 attract
atrasado late, behind
australiano Australian (*also
 noun*)
un auto automobile, car
un autobús (*pl.* **autobuses**)
 bus (4.4)
una avenida avenue
un avión (*pl.* **aviones**)
 airplane (4.4)
¡ay! oh, no!
ayudar to help (5.4)
azteca Aztec (*of the Aztec
 Indians of Mexico*)

b

un bachiller high school
 graduate (*college bound*)
un bachillerato (clásico) high
 school (*college preparatory*)
 diploma
bailar to dance (2.2)
bajo short (3.2); low, lower
 la planta baja ground
  floor, first floor (*USA*)
bajo (*prep.*) below (1.6)
una banana banana
un banco bank
un banjo banjo
un baño bathroom (5.3)
barato inexpensive (3.3)
una barba beard
la barbarie savagery
un barco boat, ship (4.4)

217

un barril barrel
un barrio neighborhood (4.2)
una base base (*baseball*)
el básquetbol basketball (*game*)
 el básquetbol masculino (femenino) men's (women's) basketball
bastante rather, quite (+ *adj.*), enough (+ *noun*) (3.2)
una be *the letter* b
beber to drink (5.1)
el béisbol baseball (*game*)
 un partido de béisbol baseball game
belga (*m. and f.*) Belgian (*also noun*)
la belleza beauty
 un salón de belleza beauty salon
una bicicleta bicycle (3.3)
 en bicicleta by (on a) bicycle
 una carrera de bicicletas bicycle race
bien well, fine (2.1)
 bien, gracias fine, thanks (1.2)
 muy bien, ¿y tú? very well (fine), and you? (1.2)
 ¡bienvenido! welcome!
 bilingüe bilingual
la biología biology
blanco white
una boa boa constrictor (*large South American snake*)
una bola ball
un bolígrafo (ball-point) pen (3.3)
el bolívar the bolivar (*monetary unit of Venezuela*)
Bolivia Bolivia
boliviano Bolivian (*also noun*)
un bolso bag (3.3)
 bonito nice-looking (*m. and f.*), pretty (*f.*) (3.2)
un boxeador boxer
el boxeo boxing
el Brasil Brazil
 brasileño Brazilian (*also noun*)

brillante brilliant, bright
bruto brute
buen good (*used for* **bueno** *before m. sing. noun*) (3.2)
 hace buen tiempo the weather's nice (1.6)
bueno good (3.2)
 ¡buena suerte! good luck! (5.1)
 buenas noches good evening, good night (1.2)
 buenas tardes good afternoon (1.2)
 bueno ... well ... (3.1)
 ¡bueno! all right! (3.1); O.K.! great!
 buenos días good morning (1.2)
 ¡qué bueno! great (1.6)
un burrito burrito (*Mexican dish*)
un bus bus (*Colombia*)
busca look for (*command*)
buscar to look for (4.1)

C

un caballo horse
 las carreras de caballos horse racing
cabeza: un juego de cabeza header (*soccer*)
una cabra goat
cada each, every (4.4)
 cada uno, cada una each one, every one
caer: dejar caer to drop
el café coffee
un café cafe (4.2)
una cafetería cafeteria
calor: hace (mucho) calor it's (very) warm (hot) (*weather*) (1.6)
una calle street (4.2)
una cámara camera (3.3)
un camarero waiter
una camarera waitress
cambiar to change
 cambiar de opinión to change one's mind
un camión (*pl.* **camiones**) bus (*Mexico*)

un campeón (*pl.* **campeones**), **una campeona** champion
un campeonato championship
el campo country(side) (4.2); field
 un campo de fútbol soccer field
el Canadá Canada
 canadiense Canadian (*also noun*)
un canario canary
una cancha court (*sports*)
 cansado tired (4.3)
cantar to sing (2.1)
una capital capital
una cara face
una característica characteristic
 ¡caramba! wow! hey! what! (5.3); oh, no!
una carga charge (*soccer*)
el Caribe the Caribbean
 caro expensive (3.3)
una carrera race
 las carreras de autos auto racing
 las carreras de caballos horse racing
 una carrera de bicicletas bicycle race
 una carrera de ciclismo bicycle race
un carro car (*Puerto Rico, Mexico*), railroad car
una carta letter (5.1)
una casa house, home (4.2)
 a casa home (4.2)
 a la casa de ... to ...'s (house) (4.2)
 en casa at home (4.2)
 en casa de ... at ...'s (house) (4.2)
 mi casa es su casa make yourself at home
 una casa individual private (single-family) home
 casado married
un casco helmet
 casi almost (4.4)
un caso case
el castellano Castilian, Spanish (*language*)
 Castilla Castile
una catedral cathedral

una categoría category
catorce fourteen (1.3)
una ce *the letter* c
celebran: se celebran (they)
    are held
celebrar to celebrate
el cemento cement, concrete
centígrado centigrade
un centímetro centimeter (*1/100
    of a meter*)
el centro downtown (4.2);
    center (*soccer*)
    el delantero centro
        center forward (*soccer*)
    el medio centro center
        halfback (*soccer*)
    (estar) en el centro (to
        be) downtown
    (ir) al centro (to go)
        downtown
cerca (de) near, close (to) (4.2)
cero zero (1.3)
el ciclismo bicycling, bicycle
    racing (*sport*)
    una carrera de ciclismo
        bicycle race
un ciclista, una ciclista cyclist
cien one hundred (*used for
    ciento before a noun*) (1.3)
una ciencia science
    la ciencia-ficción science
        fiction
    las ciencias físico-químicas
        physics and chemistry
    las ciencias (naturales)
        (natural) science
    un cuento de ciencia-ficción
        science-fiction story
ciento one hundred (1.3)
    por ciento percent
cierto certain, sure, true, a
    certain
    ¿cierto? really? are you
        sure? (4.3)
    es cierto que it's true that
un cigarro cigar
cinco five (1.3)
cincuenta fifty (1.3)
el cine movie theater (4.2);
    movie(s)
    un artista de cine movie
        star
una cinta tape (*recording*) (3.3)
un circuito circuit

una cita date (*appointment*) (1.4)
una ciudad city (4.2)
    la ciudad natal hometown
una civilización (*pl.
    civilizaciones*) civilization
la claridad clarity
    con (mucha) claridad
        (very) clearly
claro clear
claro *adv.* clearly, of course
    ¡claro! of course! (2.2)
    ¡claro que no! of course
        not! (2.2)
una clase class (1.4);
    classroom (4.1)
    en clase in class
    en la clase in the
        classroom
    en la clase de (español)
        in (Spanish) class
    un compañero (una
        compañera) de clase
        classmate
    un día de clases day in
        school
    una clase de (español)
        (Spanish) class
clásico classical
    un bachillerato clásico
        high school (*college
        preparatory*) diploma
un cliente, una cliente customer
el clima weather, climate
un club club
una cocina kitchen (5.3)
un cocodrilo crocodile
un coche car (3.3)
    en coche by (in a) car
una colección (*pl.* colecciones)
    collection
un colegio secondary school
    (high school, junior high
    school, middle school)
Colombia Colombia
colombiano Colombian (*also
    noun*)
color: un pez de color
    goldfish
una comedia comedy
    una comedia musical
        musical comedy
un comedor dining room (5.3)
comenzó a (she) began to
comer to eat (5.1)

comercial commercial
    una escuela comercial
        business school
cómicas: las historietas
    cómicas comics, comic
    strips
una comida meal
como like, as (2.1)
    como (mecánico) as a
        (mechanic)
    tan ... como as ... as
¿cómo? how? what? (2.3)
    ¿cómo es ...? what is ...
        like? (3.2)
    ¿cómo está usted? how
        are you (*formal*)? (1.2)
    ¿cómo estás? how are you
        (*fam.*)? (1.2)
    ¿cómo se llama? what's
        his (her) name? what is
        he (she) called? (3.1)
    ¿cómo se llaman? what
        are their names? what
        are they called? (3.1)
    ¿cómo te llamas? what's
        your name? (1.1)
¡cómo!: ¡cómo no! of
    course! (2.2)
un compañero, una compañera
    companion
    un compañero (una
        compañera) de clase
        classmate
una compañía company
comparar to compare
comparativo comparative
un competidor, una competidora
    competitor
    compiten (they) compete
    compites (you) compete
completamente completely
una composición (*pl.
    composiciones*) composition
una compra purchase (*pl.
    purchases, shopping*)
    ir de compras to go
        shopping
comprar to buy (4.1)
comprender to
    understand (5.1)
la comprensión understanding,
    comprehension
común common
comunicar to communicate

con with **(2.1)**
> **con mucho gusto** with
> pleasure **(1.3)**
> **conmigo** with me **(2.4)**
> **contigo** with you
> *(fam.)* **(2.4)**

concentra: se concentra
> (they) are concentrated

un concierto concert

un cóndor condor *(very large*
> *bird of the Andes)*

confortable comfortable

conmigo with me **(2.4)**

un consejero, una consejera
> counselor
> **un consejero (una**
> **consejera) vocacional**
> vocational counselor

consejos: los consejos
> advice

consistir en to consist in

una consonante consonant

un consultor, una consultora
> consultant

el contacto contact
> **mantener contacto** to
> maintain contact, keep in
> touch

el contenido contents

contento happy,
> content **(4.3)**

contestar to answer

contigo with you
> *(fam.)* **(2.4)**
> **contigo mismo** with
> yourself *(fam.)*

un continente continent

una contracción *(pl.*
> **contracciones)** contraction

contrario opposite, opposing

una convención *(pl.*
> **convenciones)** convention

una conversación
> *(pl.* **conversaciones)**
> conversation

una copa cup *(trophy)*
> **la Copa Mundial** World
> Cup

un corazón *(pl.* **corazones)** heart
> **el Sagrado Corazón**
> Sacred Heart

correcto correct, right

correr . to run
> **correr en zigzag** to run
> zigzag

el correr running

la correspondencia
> correspondence *(exchange of*
> *letters),* letters, mail
> **tener correspondencia** to
> correspond *(exchange*
> *letters)*

corresponder to correspond

una corrida bullfight
> **la corrida de toros**
> bullfighting

una cosa thing **(3.3)**

una costa coast

Costa Rica Costa Rica

costarricense Costa Rican
> *(also noun)*

creer to believe, think **(5.1)**
> **ver para creer** seeing is
> believing

creo que . . . I think
> that . . . **(4.4)**

un crimen *(pl.* **crímenes)** crime

Cristóbal Colón Christopher
> Columbus

criticado criticized

criticar to criticize

un crucigrama crossword puzzle

una cruz *(pl.* **cruces)** cross

cruzar to cross

una cu *the letter* q

un cuaderno notebook **(3.3)**

cuadrado square

¿cuál? what?
> **¿cuál es la fecha de hoy**
> **(mañana)?** what is
> today's (tomorrow's)
> date? **(1.5)**
> **¿cuál es la temperatura?**
> what is the temperature?
> **(1.6)**

¿cuáles? which? (which
> ones?)

una cualidad quality

cuando when **(2.3)**
> **de vez en cuando** once in
> a while **(5.1)**

¿cuándo? when? **(2.3)**

¿cuántos? how much? *(pl.*
> how many?) **(3.3)**
> **¿cuánto cuesta . . .?** how
> much does . . . cost?
> **¿cuánto es?** how much is
> it (that)? **(1.3)**
> **¿cuántos años tiene . . .?**
> how old is . . .?

¿cuántos años tienes?
> how old are you?

cuarenta forty **(1.3)**

cuarto fourth **(5.3)**

un cuarto quarter **(1.4);**
> bedroom **(5.3)**
> **(son las dos) menos**
> **cuarto** (it's) quarter to
> (two) **(1.4)**
> **(son las dos) y**
> **cuarto** (it's) quarter
> after (two) **(1.4)**

cuatro four **(1.3)**

cuatrocientos four hundred

Cuba Cuba **(3.4)**

cubano Cuban *(also*
> *noun)* **(3.4)**

cubierto covered
> **cubierto de** covered with

un cuento story **(5.1)**
> **un cuento de ciencia-ficción**
> science-fiction story
> **un cuento policíaco**
> detective story

un cuerpo body
> **el Cuerpo de Paz** Peace
> Corps

cuesta: ¿cuánto cuesta . . .?
> how much does . . . cost?

un cultivador, una cultivadora
> cultivator, grower

una cultura culture

cultural cultural

un cumpleaños birthday **(1.5)**

la curiosidad curiosity

curioso curious

una curva curve

el Cuzco Cuzco *(former imperial*
> *capital of the Incas, in Peru)*

ch

una chacra farm *(Argentina)*

una che *the letter* ch

una chica girl **(3.1)**

un chico boy **(3.1)**

Chile Chile

un chile chili pepper *(red pepper*
> *used as a very hot*
> *seasoning)*

chileno Chilean *(also noun)*

una chinchilla chinchilla *(small South American animal valued for its fur)*
chino chinese *(also noun)*
el chocolate hot chocolate
un chuteo shot *(at goal, in soccer)*

d

*dar to give **(5.4)**
de of, from **(2.1)**; about **(4.2)**; in, than
  de buen humor in a good mood
  de compras shopping
  de (diez) años (ten)-year-old
  ¿de dónde? from where? (where . . . from?) **(3.4)**
  ¿de dónde eres? where are you from?
  de él (ella, Ud., ellos, etc.) his (her, your [*formal*], their, etc.)
  de habla española Spanish-speaking
  de la mañana in the morning, a.m. **(1.4)**
  de la noche in the evening, at night, p.m. **(1.4)**
  de la tarde in the afternoon, p.m. **(1.4)**
  de mal humor in a bad mood
  de nada you're welcome **(1.3)**
  de (Olivia) (Olivia)'s
  de paseo walking down the street
  ¿de quién es? whose is it?
  ¿de quién(es)? whose? **(5.1)**
  de repente suddenly
  de una manera (diferente) in a (different) way
  ¿de veras? really? **(1.5)**

  ¡de veras! really! truly!
  de vez en cuando once in a while **(5.1)**
  de viaje on a trip
  de vuelta going back
  más de *(number)* more than
una de *the letter* d
  decide decide *(command)*
decidir to decide
un decímetro decimeter *(1/10 of a meter)*
décimo tenth **(5.3)**
*decir to say, to tell **(5.3)**
  decir que sí (no) to say yes (no) **(5.3)**
  quiere decir (it) means
dedicado a devoted to
un defecto fault, defect
el defensa fullback *(soccer)*
definido definite
dejar caer to drop
del (de + el) of the, from the, about the **(4.1)**
delgado thin **(3.2)**
el delantero centro center forward *(soccer)*
delicioso delicious
demasiado too (+ *adj.*) **(3.2)**
un dentista, una dentista dentist
depender to depend
  depende it (that) depends
un deporte sport
  la página de los deportes sports page
  un deporte de equipo team sport
deportista athletic, active in sports
deportivo sports
una descripción *(pl.* **descripciones)** description
descubierto discovered
descubrir to discover
desear to want, wish, desire **(2.3)**
un deseo wish, desire
un desierto desert
después later **(5.1)**; then, next
  después de after
determinado determined
detrás de behind

D.F. *abbreviation of* **Distrito Federal,** Federal District *see* **México**
un día day **(1.5)**
  buenos días good morning **(1.2)**
  hoy día today, nowadays
  el Día de la Madre Mother's Day
  el día de mi santo my saint's day
  el día de San Juan Saint John's Day *(June 24)*
  el día del santo saint's day, name day
  ¿qué día es hoy (mañana)? what day is it today (tomorrow)? **(1.5)**
  todos los días every day
  un día one day, someday
  un día de clases day in school
  un día de fiesta holiday
un diagrama chart, diagram
un diálogo dialog
un diario diary
el dibujo drawing *(art)*
un diccionario dictionary
  ¿dices . . .? do you say . . .?
diciembre December **(1.5)**
diez ten **(1.3)**
diez y nueve nineteen **(1.3)**
diez y ocho eighteen **(1.3)**
diez y seis sixteen **(1.3)**
diez y siete seventeen **(1.3)**
una diferencia difference
diferente different
difícil difficult, hard
digas: ¡no me digas! you don't say! **(4.3)**
dinámico dynamic, energetic
el dinero money
¡Dios mío! gosh! **(5.3)**
un diptongo diphthong *(in Spanish, a gliding sound produced when unaccented* **i** *or* **u** *comes next to* **a, e** *or* **o** *and the two vowels are pronounced together rapidly)*
directo direct
un director, una directora principal *(school)*, director
la disciplina discipline
la disciplinado disciplined

un disco record
  (phonograph) **(2.1)**
una discoteca discotheque
disgusta: me disgusta
  I (really) dislike
la distancia distance
una diversión *(pl.* **diversiones)**
  pastime, leisure activity
divertido amusing,
  fun **(3.2)**; festive,
  entertaining
  es muy divertido he's
    (she's, it's) a lot of fun
dobles: un torneo de dobles
  femenino women's doubles
  tournament *(tennis)*
doble ve *the letter* w
doce twelve **(1.3)**
un doctor, una doctora doctor
Dolores: Nuestra Señora de
  los Dolores Our Lady of
  the Sorrows
doméstico: un animal
  doméstico pet
la dominación domination, rule
dominar to dominate
domingo Sunday **(1.5)**
  el domingo on Sunday
  los domingos on Sundays
dominicano Dominican *(from*
  the Dominican Republic;
  also noun)
donde where **(2.3)**; in
  which, on which
¿dónde? where? **(2.3)**
  ¿adónde? where? (to
    where?) **(4.2)**
  ¿de dónde? from where?
    (where . . . from?) **(3.4)**
  ¿de dónde eres? where are
    you from?
dos two **(1.3)**
  a las (dos) at (two)
    o'clock **(1.4)**
  son las (dos) it's (two)
    o'clock **(1.4)**
doscientos two hundred
Dr., Dra. *abbreviation of*
  doctor, doctora
un drama play, drama
el driblar dribbling *(soccer)*
la duración duration
durante during
durar to last

e

e and *(used for* **y** *before*
  words beginning with **i** *or* **hi)**
una e *the letter* e
la economía economics
económico economic
el Ecuador Ecuador
ecuatoriano Ecuadorian
  (also noun)
la edad age
  a la edad de at the age of
un edificio building
  un edificio de
  apartamentos apartment
  building
la educación education
una efe *the letter* f
egipcio Egyptian *(also noun)*
egoísta selfish
¡eh! hey!
un ejercicio exercise
  hacer ejercicio to exercise
el *(pl.* **los)** the *(m.)* **(3.1)**
  el (dos) de (mayo) the
    (second) of (May) **(1.5)**
  el sábado (domingo) on
    Saturday (Sunday)
  él he **(2.2)**; him *(after*
    prep.) **(2.4)**
una ele *the letter* l
eléctrico electric
elegante elegant
un elemento element
El Salvador El Salvador
ella she **(2.2)**; her *(after*
  prep.) **(2.4)**
ellas they *(f.)* **(2.2)**; them *(f.;*
  after prep.) **(2.4)**
una elle *the letter* ll
ellos they *(m.)* **(2.2)**; them
  (m.; after prep.) **(2.4)**
la emancipación emancipation
una eme *the letter* m
emparentado related
en in **(2.1)**; at **(4.2)**; on, of
  en avión (barco, tren,
    autobús, auto o coche,
    bicicleta) by plane
    (boat, train, bus, car,
    bicycle) **(4.4)**
  en casa at home **(4.2)**
  en casa de . . . at . . .'s
    (house) **(4.2)**

en clase in class
en general in general,
  generally
en la clase in the classroom
en total in all, altogether
encantado enchanted
enciendes (you) turn on *(the*
  radio)
una ene *the letter* n
un enemigo, una
  enemiga enemy
enérgico energetic
enero January **(1.5)**
enfermo sick, ill **(4.3)**
enseñar to teach **(4.1)**; to
  show, point out **(4.1)**
entonces so, then, therefore
  entonces . . . well,
    then . . . **(3.4)**
entrar (en) to enter, go into
entre between, among
una eñe *the letter* ñ
un equipo team
  un deporte de equipo
    team sport
  un equipo de (fútbol)
    (soccer) team
una equis *the letter* x
una ere *the letter* r
  eres you are **(3.1)**
  ¿eres de . . .? are you
    from . . .? **(1.1)**
una erre *the trilled* r *(rr) sound*
un error mistake, error
  es (he, she, it) is, (you,
    formal) are **(3.1)**
  es de . . . he's (she's)
    from . . . **(1.1)**
  ¿es de . . .? is he (she)
    from . . .? **(1.1)**
  es el (doce) de
    (octubre) it's the
    (twelfth) of (October), it's
    (October 12) **(1.5)**
  es la una it's one
    o'clock **(1.4)**
  es (sábado) it's
    (Saturday) **(1.5)**
escolar school
  un año escolar school
    year
escribir to write **(5.1)**
escuchar to listen (to) **(2.1)**
  ¡escucha! listen!

una escuela school (4.2)
    la cafetería de la escuela
      the school cafeteria
    una escuela comercial
      business school
    una escuela primaria
      elementary school
    una escuela secundaria
      secondary school
    una escuela técnica
      technical school
una ese *the letter* s
eso that
    por eso therefore, that's
      why (2.4)
el espacio space
los espaguetis spaghetti
España Spain (3.4)
español (*f.* **española**)
    Spanish (*also noun*) (3.4)
el español Spanish (*language*)
    (una clase) de español
      Spanish (class)
especial special
especializado specialized
especialmente especially
esperar to hope (2.3); to
    wait for (4.1); to wait
espléndido splendid
una esposa wife (5.2)
un esposo husband (5.2)
el esquí skiing
esta this (*f.*)
ésta this (*f.*)
está: está nublado it's
    cloudy (1.6)
estable stable, firm
una estación (*pl.* **estaciones**)
    season (1.6); station
    una estación de servicio
      service station, gas station
un estadio stadium
un estado state
los Estados Unidos United
    States (3.4)
    *****estar** to be, be located (4.2)
    estar de vacaciones to be
      on vacation
    estar (*pres. tense*) + *pres.*
      part. to be . . .ing
estas these (*f.*)
éstas these (*f.*)
este this (*m.*)
éste this (*m.*)

el este east
esto this
estos these (*m.*)
éstos these (*m.*)
una estrella star
estricto strict
una estructura structure
un estudiante, una
    estudiante student (3.1)
estudiar to study (2.1)
un estudio studio, study
    los estudios studies
    un estudio de televisión
      television (TV) studio
    un período de estudio
      study period
estupendo stupendous,
    terrific (5.4)
    ¡qué (chico) tan
      estupendo! what a
      terrific (boy)! (5.4)
un evento event
exactamente exactly
exacto exact, right
un examen (*pl.* **exámenes**) test,
    exam
    un examen de (inglés)
      (English) test
excedió (he) surpassed
excelente excellent
excepcional exceptional
excepto except
exclusivamente exclusively
el éxito success
una explicación (*pl.*
    explicaciones) explanation
explicar to explain
expresar to express
una expresión (*pl.* **expresiones**)
    expression
extraordinario extraordinary
el extremo wing (*soccer*)

f

fabuloso fabulous (5.4)
    ¡qué (chica) tan fabulosa!
      what a fabulous
      (girl)! (5.4)
fácil easy
falso false
una familia family (5.2)
    familiar family

famoso famous
¡fantástico! great! (2.1)
    ¡qué (profesor) tan
      fantástico! what a
      fantastic (teacher)! (5.4)
un farmacéutico, una
    farmacéutica pharmacist,
    druggist
favor: por favor
    please (1.3)
favorito favorite
febrero February (1.5)
la fecha date (*on the calendar*)
    (1.5)
    ¿cuál es la fecha de hoy
      (mañana)? what is
      today's (tomorrow's)
      date? (1.5)
feliz (*pl.* **felices**) happy
    Feliz Navidad Merry
      Christmas
femenino feminine, women's
fenomenal terrific,
    phenomenal
feo ugly, plain (3.2)
un ferrocarril railroad
    la línea del ferrocarril
      railroad tracks
la ficción fiction
    la ciencia-ficción science
      fiction
una fiesta party, festival
    un día de fiesta holiday
el fin end
    los fines de semana on
      (the) weekends
    un fin de semana
      weekend (1.5)
un finalista, una finalista
    finalist (*sports*)
    finalmente finally
una finca farm
la física physics
    físico physical
un flamenco flamingo (*large*
    South American wading
    bird)
Florida: la Pascua
    Florida Easter
la Florida Florida
una forma form, shape
    formar: formar parte de to
      be (a) part of
    la formalidad formality

una **fortaleza** fortress
una **foto** photo, picture **(3.3)**
    sacar fotos to take
       pictures **(4.1)**
un **fotógrafo, una**
    fotógrafa photographer
    francés *(f.* **francesa)** French
    (also noun) **(3.4)**
   el francés French *(language)*
   Francia France
una **frase** sentence, phrase
la **frecuencia** frequency
    con (mucha) frecuencia
      (very) frequently, (very)
      often
   frecuente frequent
el **frío** cold
    hace frío it's cold
      (weather) **(1.6)**
   fue (it) was
   fueron (they) were
la **fuerza** force
el **fútbol** soccer
el **futuro** future
    el futuro próximo near
      future
   futuro future

g

una **galaxia** galaxy
    La guerra de las galaxias
      Star Wars
una **galería** gallery
una **gallina** hen
un **gallo** rooster
    ganador *(f.* **ganadora)**
      winning
      el país ganador winning
        country
un **ganador, una ganadora**
    winner
   ganar to earn **(2.2)**; to gain,
    to win
    (el) ganar winning
   ganó (he) won
   ganas: tener ganas de + *inf.*
    to feel like . . . ing **(3.4)**

un **garaje** garage **(5.3)**
    la venta en el garaje (de
     Luisa) (Luisa's) garage
     sale
una **gasolinera** gas station
    (Mexico)
   gastar to spend
un **gato** cat **(5.2)**
una **ge** *the letter* g
un **gemelo, una gemela** twin
   general general
    en general in general,
     generally
   generalmente generally
la **generosidad** generosity
   generoso generous
la **gente** people **(3.1)**
la **geografía** geography
un **gobierno** government
un **gol** goal *(sports)*
el **golf** golf
   gordo fat, chubby **(3.2)**
una **grabadora** tape recorder
   (3.3)
la **gracia** grace
   gracias thank you, thanks
    (1.3)
    bien, gracias fine, thanks
     (1.2)
    muchas gracias thank
     you **(1.3)**
un **grado** degree **(1.6)**; grade
   (year in school)
   gran great *(used for* **grande**
    before sing. noun) **(3.3)**
   grande big, large **(3.3);**
    great
    (la ciudad) más grande
     biggest (city)
    uno de los grandes one of
     the greats
   grandísimo very big (large)
una **granja** farm *(Spain)*
   gratis free *(of charge)*
   gregario sociable, gregarious
   griega: i griega *the letter* y
   griego Greek *(also noun)*
la **gripe** flu
un **grupo** group
una **guagua** bus *(Puerto Rico,*
   Cuba)
   guapo handsome *(m.),*
    good-looking *(m. and f.)*
    (3.2)

   Guatemala Guatemala
   guatemalteco Guatemalan
    (also noun)
   ¡guau! bowwow!
una **guerra** war
un **guía, una guía** guide
    (person)
una **guitarra** guitar
    la música de guitarra
     guitar music
un **guitarrista, una guitarrista**
    guitarist
   gusta: me gusta más
    I prefer
    ¿me gustan las
     matemáticas? do I like
     math?
    (no) me gusta I (don't)
     like **(2.4)**
    (no) te gusta you (don't)
     like
    ¿(no) te gusta? do you
     (don't you) like **(2.4)**
    ¿te gusta más? do you
     prefer?
   gusto: con mucho gusto
    with pleasure **(1.3)**

h

   Habana: La Habana
    Havana *(capital of Cuba)*
    la Pequeña Habana
     Little Havana
un **habitante, una**
    habitante inhabitant
un **hábito** habit
   habla: de habla española
    Spanish-speaking
   hablar to speak **(2.1)**; to
    talk
    hablar de to talk about, to
     speak (tell) of
    hablar (español) bien,
     hablar bien el (español)
     to speak (Spanish) well
   hablo: yo hablo I speak
*hacer to do, to make **(5.2)**

hace buen (mal) tiempo the weather's nice (bad) **(1.6)**

hace (calor, mucho calor, frío, sol, viento) it's (warm (hot), very warm (very hot), cold, sunny, windy) *(weather)* **(1.6)**

hacer ejercicio to exercise

hacer entrar to make *(something)* enter

hacer la maleta to pack a suitcase **(5.2)**

hacer la tarea to do the assignment **(5.2)**

hacer las tareas to do (the) homework **(5.2)**

hacer un viaje to go on a trip **(5.2)**

la práctica hace al maestro practice makes perfect

¿qué tiempo hace? what's the weather like? **(1.6)**

tener (mucho) que hacer to have (a lot) to do

una **hache** *the letter* h

una **hamburguesa** hamburger

un **hámster** hamster

hasta until

hasta la vista so long **(1.2)**

hasta luego see you later **(1.2)**

Hawai Hawaii

hay there is, there are, here is, here are **(3.1)**

no hay there is (are) no **(3.3)**

no hay de qué you're welcome **(1.3)**

¿qué hay . . .? What is there . . .? **(3.3)**

una **heladería** ice cream parlor

la **herencia** heritage

una **hermana** sister **(5.2)**

una **hermanita** little sister

un **hermano** brother **(5.2)**

los hermanos brother(s) and sister(s)

una **hija** daughter **(5.2)**

un **hijo** son **(5.2)**

los hijos children, son(s) and daughter(s)

un **hipódromo** racetrack *(horses)*

hispánico Hispanic

hispano Hispanic *(also noun)*

los hispanos Hispanic people

Hispanoamérica Spanish America

hispanoamericano Spanish-American *(also noun)*

hispanohablante Spanish-speaking *(also noun)*

un **hispanohablante, una hispanohablante** Spanish speaker

la **historia** history

histórico historical

historietas: las historietas cómicas comics, comic strips

hizo: (she) did

el **hockey** hockey

¡hola! hi! hello! **(1.2)**

un **hombre** man **(3.1)**

Honduras Honduras

hondureño Honduran *(also noun)*

una **hora** hour, time **(1.4)**

¿a qué hora? at what time? **(1.4)**

por hora per hour

¿qué hora es? what time is it? **(1.4)**

un **horario** schedule

un horario de clases class schedule

el **horóscopo** horoscope

horror: ¡qué horror! how horrible! how awful!

un **hospicio** orphanage

un **hospital** hospital

un **hotel** hotel **(4.2)**

hoy today **(1.5)**

hoy día today, nowadays

hoy es el (dos) de (mayo) today is the (second) of (May), today is (May 2) **(1.5)**

hoy no not today

¿qué día es hoy? what day is it today? **(1.5)**

el **humo** smoke

el **humor** mood

(estar) de buen (mal) humor (to be) in a good (bad) mood

húngaro Hungarian *(also noun)*

i

una **i** *the letter* i

una **i griega** *the letter* y

ibérico Iberian

la Península Ibérica the Iberian Peninsula (Spain and Portugal)

una **idea** idea

ideal ideal

idealista idealistic

idéntico identical

un **idioma** language

una **iglesia** church **(4.2)**

una **iguana** iguana *(large South American lizard)*

la **imaginación** imagination

imperial imperial

la **importancia** importance

importante important

importa: no importa it (that) doesn't matter

imposible impossible

lo imposible the impossible

un **inca, una inca** Inca *(an Indian of the group of peoples that ruled Peru before the Spanish conquest)*

incluye (he, she) includes

incluyen (they) include

indefinido indefinite

la **independencia** independence

independiente independent **(3.2)**

indicar to indicate

indiferente indifferent

indio Indian *(also noun)*

indirecto indirect

individual individual

una casa individual private (single-family) home

la **individualidad** individuality

individualista individualistic **(3.2)**

un **infinitivo** infinitive

una **influencia** influence

la **información** information

la **informalidad** informality

un **ingeniero, una ingeniera** engineer

Inglaterra England

inglés *(f. inglesa)* English *(also noun)* **(3.4)**
el inglés English *(language)*
(una clase) de inglés English (class)
inicial initial (at the beginning of a word)
una institución *(pl. instituciones)* institution
un instituto secondary school (high school, junior high school, middle school)
intelectual intellectual
inteligente intelligent **(3.2)**
intercambiar to exchange
un intercambio exchange
un programa de intercambio (de estudiantes) (student) exchange program
interesante interesting **(3.2)**
el interior inside *(soccer)*
internacional international
una interpretación *(pl. interpretaciones)* interpretation
un intérprete, una intérprete interpreter
interrogativo interrogative *(asking a question)*
introdujeron (they) introduced
el invierno winter **(1.6)**
las Olimpíadas de Invierno Winter Olympics
una invitación *(pl. invitaciones)* invitation
invitar to invite **(4.1)**
*ir to go **(4.2)**
ir a + *inf.* to be going to **(4.2)**; to go to
ir a la escuela to go to school
ir a pie to go on foot, walk **(4.4)**
ir al centro to go downtown
ir de compras to go shopping
ir en avión (barco, tren, autobús, auto o coche, bicicleta) to go by plane (boat, train, bus, car, bicycle) **(4.4)**

Irlanda Ireland
irlandés *(f. irlandesa)* Irish *(also noun)*
una isla island
la «Isla Encantada» Enchanted Isle *(=Puerto Rico)*
israelí Israeli *(also noun)*
Italia Italy
italiano Italian
el italiano Italian *(language)*

j

un jaguar jaguar *(large South American cat similar to a leopard)*
el jai alai jai alai *(extremely fast court game originating among the Basques of Spain)*
el Japón Japan
el japonés Japanese *(language)*
un jardín *(pl. jardines)* garden **(5.3)**
el jazz jazz
un jefe, una jefa boss
un jinete jockey
una jota *the letter* j
un joven young man **(3.1)**
los jóvenes young people
una joven young woman **(3.1)**
juegan (they) play
juegas (you) play
un juego game, play
los Juegos Olímpicos Olympic Games
los Juegos Panamericanos Pan-American Games
un juego de cabeza header *(soccer)*
jueves Thursday **(1.5)**
un jugador, una jugadora player
jugar to play
jugar al (tenis) to play (tennis)
julio July **(1.5)**
junio June **(1.5)**
juntos together
justo fair, just
la juventud youth *(young people)*

k

una ka *the letter* k
un kilogramo kilogram *(1000 grams, or 2.2 pounds)*
un kilómetro kilometer *(1000 meters)*

l

la *(pl. las)* the *(f.)* **(3.1)**
la *obj. pron.* her, it *(f.)* **(4.4)**
un laboratorio laboratory
un laboratorio de lenguas language laboratory
Láctea: la Vía Láctea Milky Way *(galaxy containing the solar system)*
un lápiz *(pl. lápices)* pencil **(3.3)**
largo: (doscientos) metros de largo (two hundred) meters long
las the *(f. pl.)* **(3.3)**
con las manos with his (their) hands
las *obj. pron.* them *(f.)* **(4.4)**
lástima: ¡qué lástima! too bad! **(2.1)**
latino Latin American *(also noun)*
la América Latina Latin America
Latinoamérica Latin America
latinoamericano Latin American *(also noun)*
le to (for) him, to (for) her **(5.4)**
una lección *(pl. lecciones)* lesson
la lectura reading **(5.1)**
un ejercicio de lectura reading exercise
leer to read **(5.1)**
legendario legendary
lejos (de) far (from) **(4.2)**
una lengua language
un laboratorio de lenguas language laboratory
les to (for) them **(5.4)**
la libertad liberty, freedom
un libertador, una libertadora liberator

Libra Libra *(zodiac sign)*
una librería bookstore
un libro book **(3.3)**
   un libro de (castellano)
     (Spanish) book
un liceo secondary school (high
   school, junior high school,
   middle school)
un líder, una líder leader
una liga league
   las grandes ligas major
     leagues *(baseball)*
   ligero: el peso ligero
     lightweight *(boxing)*
una limonada lemonade
una línea line
   la línea de puerta goal
     line *(soccer)*
   la línea del ferrocarril
     railroad tracks
Lisboa Lisbon *(capital of
   Portugal)*
la literatura literature
lo the *etc.*
   lo imposible the impossible
   lo mismo the same (thing)
   lo que what, that which
   lo *obj. pron.* him, it *(m.)* **(4.4)**
loco crazy
Londres London
la longitud length
los the *(m. pl.)* **(3.3)**
   los sábados (domingos)
     on Saturdays (Sundays)
   usan los pies they use
     their feet
   los *obj. pron.* them **(4.4)**
   luego: hasta luego see you
     later **(1.2)**
un lugar place **(4.2)**
   lunes Monday **(1.5)**

ll

una llama llama *(South American
   animal related to the camel)*
llamar to call **(5.4)**
   llamar por teléfono to
     call on the phone **(5.4)**
   llama: se llama his (her)
     name is, (it) is called
   llaman: se llaman their
     names are

llamas: ¿cómo te llamas?
   what's your name? **(1.1)**
   si te llamas if your name
     is
llamo: me llamo my name
   is **(1.1)**
una llegada arrival
llegar to arrive **(4.1)**
   llegar a + *noun or pron.* to
     reach, get to
llegaron (they) came
llegó (it) came
llenar to fill
lleva: se lleva (he) wins
llevar to carry, take,
   bring **(4.1)**
llueve it's raining **(1.6)**

m

una madre mother **(5.2)**
   el Día de la Madre
     Mother's Day
un maestro, una maestra
   teacher **(3.1)**; master
   **la práctica hace al
     maestro** practice makes
     perfect
magnífico terrific, great,
   magnificent **(5.4)**
   **¡qué (regalo) tan
     magnífico!** what a
     great (gift)! **(5.4)**
el maíz corn, maize
mal bad *(used for* **malo**
   before m. sing. noun) **(3.2)**
   hace mal tiempo the
     weather's bad **(1.6)**
mal *adv.* bad **(1.2)**; badly,
   poorly **(2.1)**
   muy mal very bad,
     terrible **(1.2)**
una maleta suitcase
   hacer la maleta to pack a
     suitcase **(5.2)**
malo bad **(3.2)**
   ¡qué malo! that's bad! **(1.6)**
la mamá mother **(5.2)**
mandar to send **(5.4)**
una manera manner, way
   de una manera (diferente)
     in a (different) way

un maní *(pl.* **maníes** *or* **maníses)**
   peanut
una mano hand
   con las manos with his
     (their) hands
   mantener to maintain, keep
   mantener contacto to
     maintain contact, keep in
     touch
mañana tomorrow **(1.5)**
una mañana morning
   de la mañana in the
     morning, a.m. **(1.4)**
un mapa map
una máquina car *(Puerto Rico)*
el mar sea **(4.2)**
   maravilloso marvelous
   marcar to score *(sports)*
   martes Tuesday **(1.5)**
   marzo March **(1.5)**
más more, most **(4.4)**
   **(los deportes) más
     peligrosos y rápidos**
     fastest and most
     dangerous *(sports)*
   más de *(number)* more
     than
   más grande bigger, biggest
   más que more (better)
     than
masculino masculine, men's
un match match *(sports)*
las matemáticas math
   (una clase) de matemáticas
     math (class)
el matrimonio marriage,
   matrimony
máximo maximum
mayo May **(1.5)**
   el cinco de mayo the
     Fifth of May *(Mexican
     national holiday)*
mayor older **(5.2)**; elderly,
   largest
   una hermana mayor
     older sister, big sister
la mayoría majority
   la mayoría de the
     majority of, most (of)
me me, to me, (to) myself
   me disgusta I (really) dislike
   me llamo my name is **(1.1)**
   (no) me gusta I (don't)
     like **(2.4)**

la **mecánica**   mechanics
mecánico   mechanical
un **mecánico, una mecánica**
   mechanic
una **medalla**   medal
   la **medalla de oro**   gold
      medal
   media: (es la una) y media
      (it's one) thirty, (it's) half
      past (one)   **(1.4)**
   medial   medial (in the middle
      of a word, between vowels)
un **médico, una médica**   doctor,
      physician
una **medida**   measure, measurement
   medio   half, middle
   medio: el medio ala   halfback
      (soccer)
      el **medio centro**   center
         halfback (soccer)
      el **peso medio**
         middleweight (boxing)
   mejor   better, best
   mejorar   to improve
un **melón** (pl. **melones**)   melon
   menor   younger   **(5.2)**
      una **hermana menor**
         younger sister, little sister
   menos   minus, to (telling
      time)   **(1.4)**; less
      menos, no   no less
      (son las dos) menos cinco
         (it's) five to (two)   **(1.4)**
una **mentira**   lie
   menudo: a menudo
      often   **(5.1)**
un **mercado**   market, marketplace
un **mes**   month   **(1.5)**
   métrico   metric
      el **sistema métrico**
         metric system
un **metro**   meter (unit of
      measurement)
   mexicano   Mexican (also
      noun)   **(3.4)**
      mexicano-americano
         Mexican-American (also
         noun)
   México   Mexico   **(3.4)**
      la **ciudad de México**
         Mexico City
      México, D.F. = México,
         Distrito Federal
         Mexico, Federal District

mi, mis   my   **(5.2)**
mí   me (after prep.)   **(2.4)**
un **miembro**   member
   miércoles   Wednesday   **(1.5)**
   mil   a (one) thousand
      mil cuatrocientos noventa
         y dos   1492 (date)
      mil ochocientos once
         1811 (date)
un **milímetro**   millimeter (1/1000
      of a meter)
una **milla**   mile
un **millón** (pl. **millones**)   million
      un **millón de (personas)**
         a (one) million (people)
un **mini-diálogo**   mini-dialog
   mínimo   minimum
un **minuto**   minute
   mío: ¡Dios mío!   gosh!   **(5.3)**
   mirar   to watch, look (at)
      (2.2); to see (a movie)   **(4.4)**
      ¡mira!   look!   **(3.3)**
   mismo   same   **(4.4)**
      al **mismo tiempo**   at the
         same time
      contigo mismo   with
         yourself (fam.)
      lo **mismo**   the same (thing)
   mixto   mixed
   moderno   modern
un **momento**   moment
la **moneda**   currency, money
una **monja**   nun
un **mono**   monkey   **(5.2)**
una **montaña**   mountain
un **monumento**   monument
   moreno   dark-haired,
      brunet(te)   **(3.2)**
   Moscú   Moscow
una **moto**   motorcycle   **(3.3)**
una **muchacha**   girl   **(3.1)**
un **muchacho**   boy   **(3.1)**
   muchísimos   a great many
   mucho   much (pl. many), a
      lot of   **(3.3)**; very (with
      calor, frío, etc.)
      muchas gracias   thank
         you   **(1.3)**
   mucho   adv. a lot   **(2.1)**
una **mujer**   woman   **(3.1)**
   mundial   world
      la **Copa Mundial**   World
         Cup
el **mundo**   world

un **mural**   mural
un **museo**   museum   **(4.2)**
la **música**   music
   musical   musical
   muy   very   **(2.1)**
      muy bien, ¿y tú?   very
         well (fine), and you?   **(1.2)**
      muy mal   very bad,
         terrible   **(1.2)**

n

una **nación** (pl. **naciones**)   nation
   las **Naciones Unidas**
      United Nations
   nacional   national
la **nacionalidad**   nationality
   nada: de nada   you're
      welcome   **(1.3)**
   nadar   to swim   **(2.2)**
una **nariz** (pl. **narices**)   nose
la **natación**   swimming
   natal: la ciudad natal
      hometown
la **naturaleza**   nature
la **Navidad**   Christmas
   Feliz Navidad   Merry
      Christmas
   necesitar   to need   **(2.3)**
la **negación**   negation
   negativo   negative
   neozelandés (f.
      neozelandesa)   from New
      Zealand (also noun)
   nervioso   nervous
   nevado   snow-covered,
      snow-capped (mountain)
   ni   nor, (not) . . . or
   Nicaragua   Nicaragua
   nicaragüense   Nicaraguan
      (also noun)
los **nietos**   grandchildren
   nieva   it's snowing   **(1.6)**
la **nieve**   snow
los **niños**   children
   no   no   **(1.1)**; not   **(2.1)**
      ¡claro que no!   of course
         not!   **(2.2)**
      ¡cómo no!   of course!   **(2.2)**
      decir que no   to say no   **(5.3)**
      hoy no   not today
      ¿no?   no? right?
         isn't it? etc.

no hay there is (are) no **(3.3)**
no hay de qué you're welcome **(1.3)**
no importa it (that) doesn't matter
¡no me digas! you don't say! **(4.3)**
no puedo I can't **(2.3)**
no sólo not only
no tienes que you mustn't (shouldn't)
¿por qué no? why not?
yo no not I (me)
no. *abbreviation of* **número**
una **noche** night, evening
buenas noches good evening, good night **(1.2)**
de la noche in the evening, at night, p.m. **(1.4)**
la **Nochebuena** Christmas Eve
un **nombre** name
normal: una escuela normal teachers' school
el **norte** north
Norteamérica North America
norteamericano (North) American *(from the USA; also noun)* **(3.4)**
nosotros(as) we **(2.4);** us, ourselves *(after prep.)*
una **nota** note; grade *(mark in school)*
sacar una buena (mala) nota to get a good (bad) grade
las **noticias** news
una **novela** novel **(5.1)**
noveno ninth **(5.3)**
noventa ninety **(1.3)**
una **novia** girlfriend **(3.1)**
noviembre November **(1.5)**
un **novio** boyfriend **(3.1)**
los **novios** boyfriend(s) and girlfriend(s)
nublado: está nublado it's cloudy **(1.6)**
nuestro our **(5.3)**
nueve nine **(1.3)**
nuevo new **(3.3)**
Nueva York New York
Nuevo México New Mexico
numerado numbered

numeral numeral, number
los **adjetivos numerales ordinales** ordinal number adjectives
un **número** number **(1.3)**
un **número de teléfono** telephone number
nunca never

o

o or **(2.1)**
una **o** *the letter* o
un **objetivo** purpose, aim, objective
un **objeto** object **(3.3)**
una **obligación** *(pl.* **obligaciones)** obligation
obligatorio required, obligatory
una **observación** *(pl.* **observaciones)** observation
observar to observe
obtener to obtain, get
obvio obvious
una **ocasión** *(pl.* **ocasiones)** occasion
un **océano** ocean
el **Océano Atlántico** Atlantic Ocean
el **Océano Pacífico** Pacific Ocean
octavo eighth **(5.3)**
octubre October **(1.5)**
ochenta eighty **(1.3)**
ocho eight **(1.3)**
ochocientos eight hundred
odiar to hate
el **oeste** west
una **oficina** office
una **oficina de turismo** tourist office
las **Olimpíadas** the Olympics
las **Olimpíadas de Invierno** Winter Olympics
olímpico olympic
los **Juegos Olímpicos** Olympic Games
un **ómnibus** *(pl.* **ómnibus)** bus *(Argentina)*
once eleven **(1.3)**
una **opinión** *(pl.* **opiniones)** opinion
cambiar de opinión to change one's mind

oponen: se oponen (they) are opposed
un **optometrista, una optometrista** optometrist
el **opuesto** opposite
ordinal ordinal
los **adjetivos numerales ordinales** ordinal number adjectives
organizar to organize
el **orgullo** pride
un **origen** *(pl.* **orígenes)** origin
original original
originalmente originally
el **oro** gold
la **medalla de oro** gold medal
una **orquesta** band, orchestra
el **otoño** autumn, fall **(1.6)**
otro another, other **(3.3)**
otros others, other people
ovalado oval
una **oveja** sheep
¡oye! listen! **(3.3)**

p

la **paciencia** patience
con (mucha) paciencia (very) patiently
paciente patient
un **paciente, una paciente** patient
Pacífico: el Océano Pacífico Pacific Ocean
un **padre** father **(5.2)**
los **padres** parents **(5.2)**
los **padrinos** godparents
pagar to pay
una **página** page
la **página de los deportes** sports page
un **país** country **(3.4)**
un **pájaro** bird **(5.2)**
una **palabra** word **(2.1)**
tú tienes la palabra it's your turn to speak
un **palacio** palace
una **palma** palm tree
Panamá Panama
panameño Panamanian *(also noun)*

panamericano Pan-American *(involving North America, South America, and Central America)*
los Juegos Panamericanos Pan-American Games
una pandilla group of friends *(Spain)*
una papa potato
el papá father (5.2)
un papagayo parrot (5.2)
el papel paper
para for (2.4); in order to
¿para qué? why? what for?
parada: las paradas de portero saves *(soccer)*
una parada de pecho chest trap *(soccer)*
el Paraguay Paraguay
paraguayo Paraguayan *(also noun)*
parar to stop, save *(soccer)*
una pared wall
un pariente, una parienta relative
los parientes relatives (5.2)
un parque park
una parte part
formar parte de to be (a) part of
por todas partes everywhere
participar to participate, take part
un participio participle
un partido game, match *(sports)*
un partido de (fútbol) (soccer) game
pasa: ¿qué pasa? what's wrong? what's the matter? (1.4)
el pasado past
un pasaporte passport
pasar to spend *(time)*, to pass
pasar el tiempo to pass (while away) the time
un pasatiempo pastime
la Pascua Florida Easter
un pase pass *(soccer)*
los pases plays *(soccer)*
un paseo walk, stroll, boulevard, avenue

de paseo walking down the street
un patio patio, courtyard
un pato duck
la paz peace
el Cuerpo de Paz Peace Corps
una pe *the letter* p
pecho: una parada de pecho chest trap *(soccer)*
un pediatra, una pediatra pediatrician
pegar a to hit, kick
una película film, movie
peligroso dangerous
una pelota ball
una península peninsula
peor worst
pequeño small, little *(size)* (3.3)
la Pequeña Habana Little Havana
¡perdón! excuse me! pardon me! (5.2)
perezoso lazy
un perezoso sloth *(slow, tree-dwelling animal of South America)*
perfeccionista perfectionist(ic)
perfectamente perfectly
perfecto perfect
un periódico newspaper (3.3)
un puesto de periódicos newsstand
un periodista, una periodista journalist
un período period
un período de estudio study period
permanecer to stay, remain
permisivo lenient, permissive
pero but (2.1)
un perro dog (5.2)
perseverante persevering, persistent
una persona person
las personas persons, people
personal personal
una personalidad personality
el Perú Peru
peruano Peruvian *(also noun)*
pesado: el peso pesado heavyweight *(boxing)*

pesar to weigh
la peseta the peseta *(monetary unit of Spain)*
una peseta peseta
el peso the peso *(Hispanic monetary unit)*
un peso peso, weight
el peso pesado (medio, welter, ligero, pluma) heavyweight (middle-weight, welterweight, lightweight, feather-weight) *(boxing)*
un pez *(pl.* peces*)* fish *(live)* (5.2)
un pez de color goldfish
un piano piano
un pie foot
a pie on foot (4.4)
ir a pie to go on foot, walk (4.4)
usan los pies they use their feet
piensa en: (they) think of
un piloto driver *(auto race)*
el ping pong Ping-Pong
un pingüino penguin
pintoresco picturesque
una piña pineapple
una piraña piranha *(South American carnivorous fish)*
los Pirineos Pyrenees *(mountain range between France and Spain)*
una piscina swimming pool (4.2)
un piso floor *(of a building)* (5.3)
una pista track *(racing)*
un plan plan
un planeta planet
una planta floor *(of a building)*
la planta baja ground floor, first floor *(USA)*
una playa beach (4.2)
una plaza plaza, public square (4.2)
pluma: el peso pluma featherweight *(boxing)*
el plural plural
la población population
pobre poor *(unlucky)*
poco little
un poco a little (2.1)
un poco de + *noun* a little
la poesía poetry
policíaco detective

un cuento policíaco
detective story
la política politics
un pollito chick
un poncho poncho
popular popular **(3.2)**
por for, through, by, along
por ciento percent
por eso therefore, that's why **(2.4)**
por favor please **(1.3)**
por hora per hour
¿por qué? why? **(2.3)**
¿por qué no? why not?
¡por supuesto! of course! **(2.2)**
por teléfono on the (by) phone
por todas partes everywhere
porque because **(2.3)**
la portería goal *(soccer)*
el portero goalie *(soccer)*
las paradas de portero saves *(soccer)*
Portugal Portugal
el portugués portuguese *(language)*
la posesión possession, ownership
posesivo possessive
una posibilidad possibility
posible possible
una posición *(pl.* **posiciones**) position
una postal postcard
practica: se practica (it) is engaged in
la práctica practice
la práctica hace al maestro practice makes perfect
practicar to practice, to take part in, play *(sports)*
práctico practical
la precisión precision
preciso precise
una preferencia preference
prefiero (I) prefer
una pregunta question
preparado prepared
preparar to prepare
una preposición *(pl.* **preposiciones**) preposition

una presentación *(pl.* **presentaciones**) introduction
presente present
el presente present *(tense)*
un presidente, una presidenta president
prestar to lend **(5.4)**
un pretexto excuse
una prima *see* primo
primario primary
una escuela primaria elementary school
la primavera spring *(season)* **(1.6)**
primer first *(used for* **primero** *before m. sing. noun)* **(5.3)**
primero first **(1.5)**
el primero de (agosto) the first of (August), (August) 1 **(1.5)**
primero *adv.* first
un primo, una prima cousin **(5.2)**
principal principal, main
probablemente probably
un problema problem
un proceso process
proclamado proclaimed
un producto product
un productor, una productora producer
profesional professional
un profesor, una profesora teacher, professor **(3.1)**
un(a) profesor(a) de (inglés) (English) teacher
un programa program
un programa de intercambio (de estudiantes) (student) exchange program
un programa de televisión television (TV) program
un programador, una programadora programmer
un pronombre pronoun
la pronunciación pronunciation
pronunciar to pronounce
próximo next **(5.3);** near
el verano próximo next summer

un proyecto project, plan
en proyectos económicos in economic planning
la psicología psychology
psicológico psychological
público public
un pueblo town, village **(4.2);** people *(national group)*
otros pueblos other peoples
puedes (you) can
puedo: no puedo I can't **(2.3)**
una puerta door **(5.3);** goal *(soccer)*
el área de puerta goal area *(soccer)*
la línea de puerta goal line *(soccer)*
un puerto port
Puerto Rico Puerto Rico **(3.4)**
puertorriqueño Puerto Rican *(also noun)* **(3.4)**
un puesto stand
un puesto de periódicos newsstand
un puma puma *(large cat of the Andes)*
un punto point
puntual punctual

q

que *(conj.)* that, as, than
que *(rel. pron.)* that, which, who, whom **(3.4)**
¿qué? what? **(2.3)**
¿a qué hora? at what time? **(1.4)**
¿para qué? why? what for?
¿por qué? why? **(2.3)**
¿qué día es hoy (mañana)? what day is it today (tomorrow)? **(1.5)**
¿qué hay . . .? what is there . . .? **(3.3)**
¿qué hora es? what time is it? **(1.4)**
¿qué pasa? what's wrong? what's the matter? **(1.4)**
¿qué tal? how are you? how's it going? how are things? **(1.2)**

¿qué tiempo hace? what's the weather like? **(1.6)**
(saber) qué hacer (to know) what to do
¡qué! how! what!
no hay de qué you're welcome **(1.3)**
¡que + adj.! how . . .! **(3.2)**
¡qué bueno! great! **(1.6)**
¡qué horror! how horrible! how awful!
¡qué lástima! too bad! **(2.1)**
¡qué malo! that's bad! **(1.6)**
¡qué (noun or adj. + noun)! what (a, an) . . .!
¡qué (noun) **tan** (adj.)! what a (an) . . .! **(5.4)**
¡qué suerte! what luck! how lucky! **(5.1)**
¡qué suerte (tengo, etc.)! how lucky (I am, etc.)!
¡qué suerte tienes! how lucky you are! **(5.1)**
¡qué terrible! how terrible! how awful!
quédate: ¡quédate en casa! stay at home!
querido dear
el quetzal the quetzal (monetary unit of Guatemala)
un quetzal quetzal (Central American bird with brilliant plumage)
¿quién(es)? who? whom? (after prep.) **(2.3)**
¿a quién(es)? whom? (personal dir. obj.) **(4.1);** to whom?
¿de quién(es)? whose? **(5.1)**
¿de quién es? whose is it?
¿quién eres? who are you?
¿quién es? who is that?
quien rel. pron. who
quiere: quiere decir (it) means
la química chemistry
químico chemical
quince fifteen **(1.3)**
quinto fifth **(5.3)**
quiquiriquí cock-a-doodle-doo

r

la radio radio (broadcasting)
escuchar la radio to listen to the radio
un radio radio (set) **(3.3)**
un radio transistor transistor radio
una rana frog
un rancho ranch
rápido fast, rapid
rápido adv rapidly
una raqueta racket
una raqueta de tenis tennis racket
un rayo (flash of) lightning
una razón (pl. **razones**) reason
realista realistic
realmente really, truly
un récord record (sports)
rectangular rectangular
un recuerdo souvenir
una red net
redondo round
un refrán (pl. **refranes**) proverb, saying
un regalo gift, present **(3.3)**
regatear to bargain
una regla rule (grammar)
regular fair, not bad, pretty well, O.K. **(1.2);** regular
una relación (pl. **relaciones**) relation
relativo relative
religioso religious
un reloj watch **(3.3)**
reparar to repair, fix
repente: de repente suddenly
un repaso review
representar to represent
una república republic
la República Dominicana Dominican Republic
requiere (it) requires
respetado respected
responsivo responsive (answering a question)
una respuesta answer, response
un restaurante restaurant **(4.2)**
un retrato portrait
una reunión (pl. **reuniones**) party, (social) gathering
reúne: se reúne (it) gets together

revelar to reveal
una revista magazine **(3.3)**
un rey king
ridículo ridiculous
un río river
el rock rock 'n' roll
rojo red
Roma Rome
romántico romantic
rosa pink
rubio blond(e) **(3.2)**
las ruinas ruins
ruso Russian (also noun)
el ruso Russian (language)

s

sábado Saturday **(1.5)**
el sábado on Saturday
los sábados on Saturdays
saber to know (facts, information)
¿sabes? do you know?
sacar to take (pictures) **(4.1);** to get (a grade)
sacar fotos to take pictures **(4.1)**
sacar una buena (mala) nota to get a good (bad) grade
sagrado sacred, holy
el Sagrado Corazón Sacred Heart
una sala living room **(5.3)**
una salida departure
salir to leave, depart
un salón (pl. **salones**) salon
un salón de belleza beauty salon
una salsa sauce
la salsa de tomate tomato sauce
saltar to jump, leap
saludando greeting (someone)
saludar to greet
un saludo greeting
Salvador: El Salvador El Salvador
salvadoreño Salvadorian (also noun)
san saint
un sándwich sandwich
la sangre blood

un santo, una santa saint
    el día del santo saint's day, name day
se atraen (they) attract
se celebran (they) are held
se concentra (they) are concentrated
se llama his (her) name is, (it) is called
se llaman their names are
se lleva (he) wins
se oponen (they) are opposed
se practica (it) is engaged in
se reúne (it) gets together
se usan (they) are used
un secretario, una secretaria secretary
un secreto secret
secundario secondary
segundo second (5.3)
un segundo second (unit of time)
seguro sure
    seguro de ti mismo sure of yourself (fam.)
seis six (1.3)
una semana week (1.5)
    los fines de semana on (the) weekends
    un fin de semana weekend (1.5)
el SENA (Servicio Nacional de Aprendizaje) technical and vocational training program in Colombia
senegalés (f. senegalesa) Senegalese (also noun)
sensacional sensational
la sensibilidad sensitivity
un sentido sense
    el sentido común common sense
un sentimiento feeling, sentiment
señor (Sr.) Mr., sir (1.2)
    señores (Srs.) Mr. and Mrs.
    ¡señores! ladies and gentlemen!
un señor man, gentleman (3.1)
    señora (Sra.) Mrs., ma'am (1.2)
una señora lady (3.1); wife
    Nuestra Señora de los Dolores Our Lady of the Sorrows
    señorita (Srta.) Miss, miss (1.2)

una señorita young lady
septiembre September (1.5)
séptimo seventh (5.3)
*ser to be (3.1)
    ser aficionado a to be fond of
    ser amable con to be kind to
una serenata serenade
serio serious (3.2)
servicial helpful
un servicio service
    una estación de servicio service station, gas station
sesenta sixty (1.3)
setenta seventy (1.3)
Sevilla Seville (city in southwestern Spain)
sexto sixth (5.3)
si if (4.4)
    si te llamas if your name is
sí yes (1.1)
    decir que sí to say yes (5.3)
siempre always (2.1)
siete seven (1.3)
significar to mean, signify
siguiente following
una sílaba syllable
simbólico symbolic
simpático nice (3.2)
simplemente simply, merely
sincero sincere
el singular singular
sino but
un sistema system
situado located, situated
el slalom slalom
sobre on, about, concerning
sociable sociable
el sol the sol (monetary unit of Peru)
el sol sun
    hace sol it's sunny (1.6)
    tomar el sol to sunbathe
solamente only
solar solar
    el sistema solar solar system
sólido solid
solo alone, single (4.4)
sólo only (4.4)
    no sólo not only

un sombrero hat
son (they, you pl.) are (3.1)
    son las (dos) it's (two) o'clock (1.4)
un sonido sound
soy de I'm from (1.1); I'm of
Sr. abbreviation of señor (1.2)
Sra. abbreviation of señora (1.2)
Srta. abbreviation of señorita (1.2)
su, sus his, her, your (formal, pl.), their (5.3)
el sucre the sucre (monetary unit of Ecuador)
Sudáfrica South Africa
Sudamérica South America
sudamericano South American (also noun)
sueco Swedish (also noun)
la suerte luck
    ¡buena suerte! good luck! (5.1)
    ¡qué suerte! what luck! how lucky! (5.1)
    ¡qué suerte (tengo, etc.)! how lucky (I am, etc.)!
    ¡qué suerte tienes! how lucky you are! (5.1)
    tener suerte to be lucky (5.1)
Suiza Switzerland
sumar to add up, total
un supermercado supermarket
supersticioso superstitious
supuesto: ¡por supuesto! of course! (2.2)
el sur south
el suroeste southwest
un sustantivo noun

t

un taco taco (Mexican sandwich)
las tácticas tactics (skillful maneuvering)
tal: ¿qué tal? how are you? how's it going? how are things? (1.2)
    tal vez maybe (2.2)
el talento talent
también also, too (2.1)

tan: ¡qué (noun) tan (adj.)! what a (an) ...! (5.4)

tan ... como as ... as

un taquillero, una taquillera ticket seller

tarde late

más tarde later

una tarde afternoon

buenas tardes good afternoon (1.2)

de la tarde in the afternoon, p.m. (1.4)

una tarea assignment

hacer la tarea to do the assignment (5.2)

hacer las tareas to do (the) homework (5.2)

las tareas homework

una tarjeta card, postcard (5.1)

un taxi taxi

una te the letter t

te you, to you, (to) yourself (fam.)

¿cómo te llamas? what's your name? (1.1)

¿(no) te gusta? do you (don't you) like? (2.4)

si te llamas if your name is

el té tea

el teatro theater

técnico technical

una escuela técnica technical school

un técnico, una técnica technician

una teja tile

un teléfono telephone

llamar por teléfono to call on the phone (5.4)

un número de teléfono telephone number

la televisión television, TV (broadcasting)

un estudio de televisión television (TV) studio

un televisor television (TV) set (3.3)

un temperamento temperament

la temperatura temperature (1.6)

*tener to have (3.3)

tener correspondencia to correspond (exchange letters)

tener ganas de + inf. to feel like ... ing (3.4)

tener (mucho) que hacer to have (a lot) to do

tener (number) años to be (number) years old (3.4)

tener que + inf. to have to (3.4)

tener suerte to be lucky (5.1)

tengo (I) have

el tenis tennis

una raqueta de tenis tennis racket

la teoría theory

tercer third (used for tercero before m. sing. noun) (5.3)

tercero third (5.3)

terminar to end, to finish

el terreno field

terrible terrible, awful

¡qué terrible! how terrible! how awful!

un territorio territory

los textiles textiles

ti you (fam., after prep.) (2.4)

una tía aunt (5.2)

el tiempo time; weather (1.6)

al mismo tiempo at the same time

hace buen (mal) tiempo the weather's nice (bad) (1.6)

¿qué tiempo hace? what's the weather like? (1.6)

una tienda store, shop, boutique (4.2)

tienes: no tienes que you mustn't (shouldn't)

tú tienes la palabra it's your turn to speak

la tierra earth, land

tímido shy, timid

un tío uncle (5.2)

los tíos aunt(s) and uncle(s)

típicamente typically

un tipo type, sort, kind

un título title

un tocadiscos record player (3.3)

tocar to play (musical instrument) (2.1)

todo all (3.3)

por todas partes everywhere

todo el, toda la + noun all (the), the whole (3.3)

todos los, todas las +noun all (the) (3.3)

todos los días every day

todos, todas all, everybody (4.4)

Tokio Tokyo

tolerante tolerant

tomar to take, to have (something to eat or drink) (4.1)

tomar el sol to sunbathe

un tomate tomato

la salsa de tomate tomato sauce

tonto foolish, stupid (3.2)

torear to fight (bulls)

el toreo bullfighting

un torneo tournament

un torneo de dobles femenino women's doubles tournament (tennis)

un toro bull

la corrida de toros bullfighting

una tortilla tortilla (in Mexico, a thin cornmeal pancake; in Spain, an omelet)

total: en total in all, altogether

trabajar to work (2.1)

el trabajo job, work

un trabajo de verano summer job

una tradición (pl. tradiciones) tradition

traduce (he) translates

transistor: un radio transistor transistor radio

una transmisión (pl. transmisiones) broadcast

los transportes (means of) transportation

trece thirteen (1.3)

treinta thirty (1.3)

un tren train (4.4)

tres three (1.3)

triangular triangular

triste sad (4.3)

tu, tus your *(fam.)* **(5.2)**

tú you *(fam.)* **(2.3)**

muy bien, ¿y tú? very well (fine), and you? **(1.2)**

turco Turkish *(also noun)*

el turismo tourism

una oficina de turismo tourist office

un turista, una turista tourist

u

u or *(used for **o** before words beginning with **o** or **ho**)*

una u *the letter* u

Ud. *abbreviation of* **usted (2.3)**

Uds. *abbreviation of* **ustedes (2.4)**

último last **(5.3)**

un, una a, an **(3.1)**

una *see* **un, uno**

unas *see* **unos**

único only

una unidad unit

unido united, close

las Naciones Unidas United Nations

los Estados Unidos United States **(3.4)**

un uniforme uniform

la unión joining, linking *(of vowels, words)*

una universidad university, college

uno, una one *(number)* **(1.3)**

a la una at one o'clock **(1.4)**

cada uno, cada una each one, every one

es la una it's one o'clock **(1.4)**

(veinte) y uno (twenty-)one

unos *(pl. of* **un***)*, **unas** *(pl. of* **una***)* some, a few, any *(in negative and interrogative sentences)* **(3.3)**; about, approximately *(with number)*

unos some (people)

unos diez about ten, ten or so

el Uruguay Uruguay

uruguayo Uruguayan *(also noun)*

usar to use, to wear

se usan (they) are used

el uso use

usted (Ud.) you *(formal)* **(2.3)**

ustedes (Uds.) you *(pl.)* **(2.4)**

útil useful

v

una vaca cow

las vacaciones vacation

estar de vacaciones to be on vacation

vale (it) is worth

la valentía courage

un valor value

¡vamos! let's go! **(4.2)**

vamos a + *inf.* let's (verb) **(4.2)**

vamos a + *place* let's go to (the) **(4.2)**

vamos a ver let's see **(5.1)**

una variedad variety

varios several, various

vasco Basque *(also noun)*

Vd. *abbreviation of* **usted (2.3)**

una ve *the letter* v

ve: doble ve *the letter* w

veces: a veces sometimes **(5.1)**

muchas veces many times, often

veinte twenty **(1.3)**

veinte y uno twenty-one

una velocidad *(pl.* **velocidades***)* speed, velocity

un vendedor, una vendedora vendor, salesperson

un vendedor viajero traveling salesperson

vender to sell **(5.1)**

venezolano Venezuelan *(also noun)*

Venezuela Venezuela

*venir to come **(3.4)**

una venta sale

una ventana window **(5.3)**

*ver to see **(5.1)**

(vamos) a ver let's see **(5.1)**

ver para creer seeing is believing

el verano summer **(1.6)**

un trabajo de verano summer job

veras: ¿de veras? really? **(1.5)**

¡de veras! really! truly!

un verbo verb

la verdad truth

es verdad it's true

¿verdad? right? doesn't he (she, it)? isn't he (she, it)? etc. **(2.2)**

la vez *(pl.* **veces***)* time

a veces sometimes **(5.1)**

de vez en cuando once in a while **(5.1)**

muchas veces many times, often

tal vez maybe **(2.2)**

Vía: la Vía Láctea the Milky Way

viajar to travel **(2.2)**

un viaje trip, voyage

de viaje on a trip

hacer un viaje to go on a trip **(5.2)**

una agencia de viajes travel agency

viajero traveling

un vendedor viajero traveling salesperson

un viajero, una viajera traveler

la vida life

viejo old **(3.3)**

el viento wind

hace viento it's windy **(1.6)**

viernes Friday **(1.5)**

vigoroso vigorous

la violencia violence

una visa visa

visitar to visit **(2.2)**

una vista sight, view, vista, panorama

hasta la vista so long **(1.2)**

viviendo: viviendo en apartamentos apartment living

vivir to live **(5.1)**

un **vocabulario**   vocabulary
vocacional   vocational
una **vocal**   vowel
el **volibol**   volleyball *(game)*
vosotros(as)   you *(fam. pl.;
used in Spain)* **(2.4)**
vuelta: de vuelta   going back
la «**Vuelta**»   *long-distance bicycle
race around Spain*
el **vuelto**   change *(money)*
vuestro   your *(fam. pl.; used
in Spain)*

y

y   and   **(2.1)**
(es la una) y media   (it's
one) thirty, (it's) half
past (one)   **(1.4)**
(son las dos) y cinco   (it's)
five after (two)   **(1.4)**
yo   I   **(2.1)**
como yo   like me, as I am
yo no   not I (me)

z

una **zeta**   *the letter* **z**
zigzag: correr en zigzag   to
run zigzag
una **zona**   zone

ENGLISH-SPANISH VOCABULARY

The English-Spanish Vocabulary lists only the active words and expressions.

a

a, an un, una **(3.1)**
  a few unos, unas **(3.3)**
  a little un poco **(2.1)**
  a lot (of) mucho, muchos **(2.1)**
about de **(4.2)**
afternoon: good afternoon buenas tardes **(1.2)**
  in the afternoon de la tarde **(1.4)**
airplane un avión *(pl.* aviones) **(4.4)**
all todo **(3.3)**
all right! ¡bueno! **(3.1)**
almost casi **(4.4)**
alone solo **(4.4)**
also también **(2.1)**
always siempre **(2.1)**
a.m. de la mañana **(1.4)**
amusing divertido **(3.2)**
an un, una **(3.3)**
and y (e *before* i *or* hi) **(2.1)**
another otro **(3.3)**
any unos, unas **(3.3)**
apartment un apartamento **(5.3)**
April abril **(1.5)**
to arrive llegar **(4.1)**
as como **(2.1)**
assignment: to do the assignment hacer la tarea **(5.2)**
at a **(1.4)**; en **(4.2)**
  at ...'s (house) en casa de · · · **(4.2)**
  at home en casa **(4.2)**
  at (two) o'clock a las (dos) **(1.4)**
  at what time? ¿a qué hora? **(1.4)**
athletic atlético **(3.2)**
to attend asistir a **(5.1)**
August agosto **(1.5)**
aunt una tía **(5.2)**
autumn el otoño **(1.6)**

b

bad mal, malo **(3.2)**
  badly mal **(2.1)**
  that's bad! ¡qué malo! **(1.6)**
  the weather's bad hace mal tiempo **(1.6)**
  too bad! ¡qué lástima! **(2.1)**
  very bad muy mal **(1.2)**
bag un bolso **(3.3)**
bathroom un baño **(5.3)**
to be *ser **(3.1)**; *estar **(4.2)**
  to be ... years old tener ... años **(3.4)**
  to be from ser de **(3.1)**
  to be located estar **(4.2)**
  to be going to ir a + *inf.* **(4.2)**
beach una playa **(4.2)**
because porque **(2.3)**
bedroom un cuarto **(5.3)**
before antes **(5.1)**
to believe creer **(5.1)**
below bajo *(prep.)* **(1.6)**
bicycle una bicicleta **(3.3)**
big grande **(3.3)**
bird un pájaro **(5.2)**
birthday un cumpleaños **(1.5)**
blond(e) rubio **(3.2)**
boat un barco **(4.4)**
book un libro **(3.3)**
boring aburrido **(3.2)**
boutique una tienda **(4.2)**
boy un chico, un muchacho **(3.1)**
boyfriend un novio **(3.1)**
to bring llevar **(4.1)**
  brother un hermano **(5.2)**
brunet(te) moreno **(3.2)**
bus un autobús *(pl.* autobuses) **(4.4)**
but pero **(2.1)**
to buy comprar **(4.1)**

c

cafe un café **(4.2)**
to call llamar **(5.4)**
  to call on the phone llamar por teléfono **(5.4)**
camera una cámara **(3.3)**
can: I can't no puedo **(2.3)**
car un coche **(3.3)**
card una tarjeta **(5.1)**
to carry llevar **(4.1)**
cat un gato **(5.2)**
chubby gordo **(3.2)**
church una iglesia **(4.2)**
city una ciudad **(4.2)**
close (to) cerca (de) **(4.2)**
cloudy: it's cloudy está nublado **(1.6)**
cold: it's cold hace frío **(1.6)**
to come *venir **(3.4)**
content contento **(4.3)**
country un país **(3.4)**
country(side) el campo **(4.2)**
course: of course! ¡claro!, ¡cómo no!, ¡por supuesto! **(2.2)**
  of course not! ¡claro que no! **(2.2)**
cousin un primo, una prima **(5.2)**
Cuba Cuba **(3.4)**
Cuban cubano **(3.4)**

d

to dance bailar **(2.1)**
dark-haired moreno **(3.2)**
date *(appointment)* cita **(1.4)**; *(on the calendar)* fecha **(1.5)**
  it is (May 5) es (el 5) de (Mayo) **(1.5)**
  what is today's (tomorrow's) date? ¿cuál es la fecha de hoy (mañana)? **(1.5)**
daughter una hija **(5.2)**

day un día (1.5)
   good day buenos días (1.2)
   what day is it today
      (tomorrow)? ¿qué día
      es hoy (mañana)? (1.5)
December diciembre (1.5)
degree un grado (1.6)
to desire desear (2.3)
   dining room un comedor
      (5.3)
to do *hacer (5.2)
   to do homework hacer
      las tareas (5.2)
   to do the assignment
      hacer la tarea (5.2)
   doesn't he (she,
      it)? ¿verdad? (2.2)
   dog un perro (5.2)
   door una puerta (5.3)
   downtown el centro (4.2)
to drink tomar (4.1);
      beber (5.1)

e

each cada (4.4)
to earn ganar (2.2)
to eat comer (5.1)
   eight ocho (1.3)
   eighteen diez y ocho (1.3)
   eighth octavo (5.3)
   eighty ochenta (1.3)
   eleven once (1.3)
English inglés (f. inglesa) (3.4)
   enough bastante (3.2)
   evening: good evening
      buenas noches (1.2)
   in the evening de la
      noche (1.4)
   every cada (4.4)
   everybody todos (4.4)
   excuse me! ¡perdon! (5.2)
   expensive caro (3.3)

f

fabulous fabuloso (5.4)
   what a fabulous (noun)!
      ¡qué (noun) tan
      fabuloso! (5.4)
fair regular (1.2)
fall (season) el otoño (1.6)
family una familia (5.2)

fantastic! ¡fantástico! (2.1)
   what a fantastic (noun)!
      ¡qué (noun) tan
      fantástico! (5.4)
far (from) lejos (de) (4.2)
fat gordo (3.2)
father un padre, el papá (5.2)
February febrero (1.5)
to feel like tener ganas de + inf.
      (3.4)
few: a few unos, unas (3.3)
fifteen quince (1.3)
fifth quinto (5.3)
fifty cincuenta (1.3)
fine bien (2.1)
first primero (1.5);
      primer (5.3)
fish un pez (pl. peces) (5.2)
five cinco (1.3)
floor (of a building) un piso
      (5.3)
foolish tonto (3.2)
for para (2.4)
forty cuarenta (1.3)
four cuatro (1.3)
fourteen catorce (1.3)
fourth cuarto (5.3)
French francés (f. francesa) (3.4)
Friday viernes (1.5)
friend un amigo, una amiga (3.1)
from de (2.1)
   are you from? ¿eres de? (1.1)
   from where? ¿de dónde? (3.4)
   he (she) is from . . . es
      de . . . (1.1)
   I'm from . . . soy de . . . (1.1)
   you are from . . . eres de . . .
      (1.1)
fun divertido (3.2)

g

garage un garaje (5.3)
garden un jardín (pl.
      jardines) (5.3)
gentleman un señor (3.1)
gift un regalo (3.3)
girl una chica, una muchacha
      (3.1)
girlfriend una novia (3.1)
to give *dar (5.4)
to go *ir (4.2)
   let's . . . vamos a + inf. (4.2)
   let's go! ¡vamos! (4.2)

let's go to . . . vamos a
      place (4.2)
   to be going to ir a + inf.
      (4.2)
   to go by plane (by
      train, . . .) ir en avión
      (en tren, . . .) (4.4)
   to go on a trip hacer un
      viaje (5.2)
   to go on foot ir a pie (4.4)
   to go to asistir a (5.1)
good buen, bueno (3.2)
   good afternoon buenas
      tardes (1.2)
   good day buenos días (1.2)
   good evening buenas
      noches (1.2)
   good-looking guapo (3.2)
   good luck! ¡buena
      suerte! (5.1)
   good morning buenos
      días (1.2)
   good night buenas
      noches (1.2)
   goodby adiós (1.2)
   it's good weather hace
      buen tiempo (1.6)
gosh! ¡Dios mío! (5.3)
grandfather un abuelo (5.2)
grandmother una abuela (5.2)
great ¡qué bueno! (1.6); gran
      (3.3)

h

hair: dark-haired
      moreno (3.2)
half: it's half past one es la
      una y media (1.4)
handsome guapo (3.2)
happy alegre, contento (4.3)
to have *tener (3.3)
   to have (food, drink)
      tomar (4.1)
   to have to tener que + inf.
      (3.4)
he él (2.2)
hello! ¡hola! (1.2)
to help ayudar (5.4)
her ella (after prep.) (2.4); la
      (dir. obj.) (4.4); su, sus
      (poss. adj.) (5.3)
   to her le (5.4)

here   aquí (1.1)
   here is, here are   hay (3.1)
hey!   ¡caramba! (5.3)
hi!   ¡hola! (1.2)
him   él *(after prep.)* (2.4); lo
   (dir. obj.) (4.4)
   to him   le (5.4)
his   su, sus (5.3)
home   una casa (4.2)
   at home   en casa (4.2)
   (to) home   a casa (4.2)
homework: to do homework
   hacer las tareas (5.2)
to hope   esperar (2.3)
hot: it's hot   hace calor (1.6)
   it's very hot   hace mucho
   calor (1.6)
hotel   un hotel (4.2)
hour   una hora (1.4)
house   una casa (4.2)
   at . . .'s house   en casa
   de . . . (4.2)
   to . . .'s house   a la casa
   de . . . (4.2)
how?   ¿cómo? (2.3)
   how *(adj.)*!   ¡qué *(adj.)*!
   (3.2)
   how are you?   ¿qué tal?
   ¿cómo está Ud.?, ¿cómo
   estás? (1.2)
   how's it going?   ¿qué tal? (1.2)
   how lucky!   ¡qué suerte! (5.1)
   how lucky you are!   ¡qué
   suerte tienes! (5.1)
   how many?   ¿cuántos? (3.3)
   how much?   ¿cuánto? (3.3)
   how much is it?   ¿cuánto
   es? (1.3)
hundred   ciento (cien) (1.3)
husband   un esposo (5.2)

i

I   yo (2.1)
if   si (4.4)
ill   enfermo (4.3)
in   en (2.1)
   in the afternoon   de la
   tarde (1.4)
   in the evening   de la
   noche (1.4)
   in the morning   de la
   mañana (1.4)

independent   independiente
   (3.2)
individualistic   individualista
   (3.2)
inexpensive   barato (3.3)
intelligent   inteligente (3.2)
interesting   interesante (3.2)
to invite   invitar (4.1)
isn't it?   ¿verdad? (2.2)
it   él, ella *(after prep.)* (2.4);
   la, lo *(dir. obj.)* (4.4)
   how's it going?   ¿qué tal?
   (1.2)
   **it is (cold, hot, very hot,
   sunny, windy)**   hace
   (frío, calor, mucho calor,
   sol, viento) (1.6)
   it is cloudy   está nublado
   (1.6)
   it is one o'clock   es la una
   (1.4)
   it is two o'clock   son las
   dos (1.4)
   what time is it?   ¿qué hora
   es? (1.4)

j

January   enero (1.5)
July   julio (1.5)
June   junio (1.5)

k

kitchen   una cocina (5.3)

l

lady   una señora (3.1)
large   grande (3.3)
last   último (5.3)
later   después (5.1)
   see you later   hasta
   luego (1.2)
to learn   aprender (5.1)
to lend   prestar (5.4)
let's: let's . . .   vamos a + *inf.*
   (4.2)
   let's go!   ¡vamos! (4.2)
   let's go to . . .   vamos
   a . . . (4.2)

let's see   a ver, vamos a
   ver (5.1)
letter   una carta (5.1)
like   como (2.1)
   do you like?   ¿te gusta? (2.4)
   I like   me gusta (2.4)
   to feel like   tener ganas de
   + *inf.* (3.4)
   what is . . . like?   ¿cómo
   es . . .? (3.2)
listen!   ¡oye! (3.3)
to listen (to)   escuchar (2.1)
little   pequeño (3.3)
   a little   un poco (2.1)
to live   vivir (5.1)
   living room   una sala (5.3)
look!   ¡mira! (3.3)
to look (at)   mirar (2.2)
to look for   buscar (4.1)
lot: a lot   mucho (3.3)
luck: good luck!   ¡buena suerte!
   (5.1)
   how lucky!   ¡qué suerte! (5.1)
   how lucky you are!   ¡qué
   suerte tienes! (5.1)
   what luck!   ¡qué suerte
   tienes! (5.1)

m

magazine   una revista (3.3)
magnificent   magnífico (5.4)
   what a magnificent *(noun)*!
   ¡qué *(noun)* tan
   magnífico! (5.4)
to make   *hacer (5.2)
ma'am   señora (1.2)
man   un hombre, un señor (3.1)
   young man   un joven *(pl.*
   jóvenes) (3.1)
many   muchos (3.3)
   how many?   ¿cuántos? (3.3)
March   marzo (1.5)
May   mayo (1.5)
maybe!   ¡tal vez! (2.1)
me   mí *(after prep.)* (2.4)
   with me   conmigo (2.4)
Mexican   mexicano (3.4)
Mexico   México (3.4)
minus   menos (1.4)
Miss   señorita (Srta.) (1.2)
mister (Mr.)   señor (Sr.) (1.2)

Monday lunes (1.5)
monkey un mono (5.2)
month mes (1.5)
more más (4.4)
morning: good morning
  buenos días (1.2)
  in the morning de la
    mañana (1.4)
most más (4.4)
mother una madre, la mamá
  (5.2)
motorcycle una moto (3.3)
movie theater un cine (4.2)
Mr. señor (1.2)
Mrs. señora (Sra.) (1.2)
much mucho (3.3)
  how much? ¿cuánto? (3.3)
  how much is it? ¿cuánto
    es? (1.3)
  too much demasiado (3.2)
museum un museo (4.2)
my mi, mis (5.2)

n

name: my name is . . . me
  llamo . . . (1.1)
  what are their names?
    ¿cómo se llaman? (3.1)
  what is his (her) name?
    ¿cómo se llama? (3.1)
  what is your name?
    ¿cómo te llamas? (1.1)
near cerca (de) (4.2)
to need necesitar (2.3)
neighborhood un barrio (4.2)
new nuevo (3.3)
newspaper un periódico (3.3)
next próximo (5.3)
nice simpático (3.2)
  the weather's nice hace
    buen tiempo (1.6)
night: at night de la noche
  (1.4)
  good night buenas noches
    (1.2)
nine nueve (1.3)
nineteen diez y nueve (1.3)
ninety noventa (1.3)
ninth noveno (5.3)
no no (1.1)
(North) American
  norteamericano (3.4)

not no (2.1)
  of course not! ¡claro que
    no! (2.2)
notebook un cuaderno (3.3)
novel una novela (5.3)
November noviembre (1.5)
now ahora (2.1)
number un número (1.3)

o

object un objeto (3.3)
October octubre (1.5)
of de (2.1)
  of course! ¡por supuesto!,
    ¡cómo no!, ¡claro! (2.2)
  of course not ¡claro que no!
    (2.2)
often a menudo (5.1)
O.K. regular (1.2)
old viejo (3.3)
  to be . . . years old
    tener . . . años (3.4)
older mayor (5.2)
once: once in a while de vez
  en cuando (5.1)
one un, uno, una (1.3)
  it's one o'clock es la
    una (1.4)
  one hundred cien,
    ciento (1.3)
only sólo (4.4)
or o (u *before* o *or* ho) (2.1)
other otro, otros (3.3)
our nuestro (5.3)

p

to pack: to pack a suitcase
  hacer la maleta (5.2)
pardon me! ¡perdón! (5.2)
parents los padres (5.2)
parrot un papagayo (5.2)
past: it's (five) past (two)
  son las (dos) y (cinco) (1.4)
pen un bolígrafo (3.3)
pencil un lápiz (*pl.* lápices) (3.3)
people la gente (3.1)
photo una foto (3.3)
picture una foto (3.3)
  to take pictures sacar
    fotos (4.1)

place un lugar (4.2)
plain feo (3.2)
to play (*music, a musical
  instrument*) tocar (2.1)
  player: record player un
    tocadiscos (3.3)
plaza una plaza (4.2)
pleasant simpático (3.2)
please por favor (1.3)
  it pleases me me gusta (2.4)
pleasure: with pleasure con
  mucho gusto (1.3)
p.m. de la tarde, de la noche
  (1.4)
to point out enseñar (4.1)
  pool: swimming pool una
    piscina (4.2)
popular popular (3.2)
postcard una tarjeta (5.1)
present un regalo (3.3)
pretty bonito (3.2)
professor un profesor, una
  profesora (3.1)
public square una plaza (4.2)
Puerto Rican puertorriqueño
  (3.4)
Puerto Rico Puerto Rico
  (3.4)
pupil un alumno, una
  alumna (3.1)
purse un bolso (3.3)

q

quarter un cuarto (1.4)
quite bastante (3.2)

r

radio (*set*) un radio (3.3)
rain: it's raining llueve (1.6)
rather bastante (3.2)
to read leer (5.1)
reading la lectura (5.1)
really? ¿de veras? (1.5);
  ¿cierto? (4.3)
record un disco (2.1)
  record player un
    tocadiscos (3.3)
recorder: tape recorder una
  grabadora (3.3)
relatives los parientes (5.2)

restaurant un restaurante (4.2)

right? ¿verdad? (2.2)

all right buen, bueno (3.1)

room un cuarto (5.3)

    bathroom un baño (5.3)

    bedroom un cuarto (5.3)

    dining room un comedor (5.3)

    kitchen una cocina (5.3)

    living room una sala (5.3)

s

sad triste (4.3)

same mismo (4.4)

Saturday sábado (1.5)

to say *decir (5.3)

    you don't say! ¡no me digas! (4.3)

    to say yes (no) decir que sí (no) (5.3)

school una escuela (4.2)

sea el mar (4.2)

season una estación (pl. estaciones) (1.6)

second segundo (5.3)

to see *ver (5.1)

    let's see ¡a ver!, ¡vamos a ver! (5.1)

    see you later hasta luego (1.2)

to sell vender (5.1)

to send mandar (5.4)

September septiembre (1.5)

serious serio (3.2)

seven siete (1.3)

seventeen diez y siete (1.3)

seventh séptimo (5.3)

seventy setenta (1.3)

she ella (2.2)

    she is from es de (1.1)

ship barco (4.4)

shop una tienda (4.2)

short bajo (3.2)

to show enseñar (4.1)

sick enfermo (4.3)

to sing cantar (2.1)

single solo (4.4)

sir señor (1.2)

sister una hermana (5.2)

six seis (1.3)

sixteen diez y seis (1.3)

sixth sexto (5.3)

sixty sesenta (1.3)

small pequeño (3.3)

snow: it's snowing nieva (1.6)

so long hasta la vista (1.2)

some unos, unas (3.3)

sometimes a veces (5.1)

son un hijo (5.2)

so-so así, así (1.2)

Spain España (3.4)

Spanish español (f. española) (3.4)

to speak hablar (2.1)

spring la primavera (1.6)

square: public square una plaza (4.2)

store una tienda (4.2)

story un cuento (5.1)

street una calle (4.2)

student un alumno, una alumna, un (una) estudiante (3.1)

to study estudiar (2.1)

stupid tonto (3.2)

suitcase: to pack a suitcase hacer la maleta (5.2)

summer el verano (1.6)

sun: it's sunny hace sol (1.6)

Sunday domingo (1.5)

sure: are you sure? ¿cierto? (4.3)

to swim nadar (2.2)

swimming pool una piscina (4.2)

t

to take tomar (4.1)

    to take pictures sacar fotos (4.1)

    to take (someone, something) llevar (4.1)

to talk (about) hablar de (4.1)

tall alto (3.2)

tape una cinta (3.3)

tape recorder una grabadora (3.3)

to teach enseñar (4.1)

teacher un maestro, una maestra, un profesor, una profesora (3.1)

television set un televisor (3.3)

to tell *decir (5.3)

temperature la temperatura (1.6)

    what is the temperature? ¿cuál es la temperatura? (1.6)

ten diez (1.3)

tenth décimo (5.3)

terrible muy mal (1.2)

terrific fantástico (2.1); estupendo, magnífico (5.4)

thank you gracias, muchas gracias (1.3)

that (rel. pron.) que (3.4)

    that's bad! ¡qué malo! (1.6)

    that's why por eso (2.4)

the el, la (3.1); los, las (3.3)

theater: movie theater un cine (4.2)

their su, sus (5.3)

them ellos, ellas (after prep.) (2.4); los, las (dir. obj.) (4.4)

    to (for) them les (5.4)

then: well, then . . . entonces . . . (3.4)

there allí (4.2)

there is, there are hay (3.1)

    there is (are) no no hay (3.3)

    what is there? ¿qué hay? (3.3)

therefore por eso (2.4)

they ellos, ellas (2.2)

thin delgado (3.2)

thing una cosa (3.3)

to think *creer (5.1)

    I think that . . . creo que . . . (4.4)

third tercero (5.3)

tired cansado (4.3)

thirteen trece (1.3)

thirty treinta (1.3)

three tres (1.3)

Thursday jueves (1.5)

time la hora (1.4)

    at what time? ¿a qué hora? (1.4)

    what time is it? ¿qué hora es? (1.4)

to a (2.1)

    to . . . 's (house) a la casa de . . . (4.2)

    today hoy (1.5)

    today is (May 2) hoy es el (2) de (mayo) (1.5)

tomorrow mañana (1.5)
too también (2.1)
  too, too much (many) demasiado (3.2)
  too bad! ¡qué lástima! (2.1)
town un pueblo (4.2)
train un tren (4.4)
to travel viajar (2.2)
tree un árbol (5.3)
trip: to go on a trip hacer un viaje (5.2)
Tuesday martes (1.5)
twelve doce (1.3)
twenty veinte (1.3)
two dos (1.3)
  it's two o'clock son las dos (1.4)

u

ugly feo (3.2)
uncle un tío (5.2)
to understand comprender (5.1)
United States los Estados Unidos (3.4)
unpleasant antipático (3.2)

v

very muy (2.1)
  very bad muy mal (1.2)
  very well, and you? muy bien, ¿y tú? (1.2)
village un pueblo (4.2)
to visit visitar (2.2)

w

to wait for esperar (4.1)
to walk ir a pie (4.4)
to want desear (2.3)
  warm: it's warm hace calor (1.6)
  watch un reloj (3.3)
to watch mirar (2.2)
  we nosotros, nosotras (2.4)
weather el tiempo (1.6)
  the weather's bad hace mal tiempo (1.6)
  the weather's nice hace buen tiempo (1.6)
  what's the weather like? ¿qué tiempo hace? (1.6)

Wednesday miércoles (1.5)
week una semana (1.5)
weekend el fin de semana (1.5)
welcome: you're welcome de nada, no hay de qué (1.3)
well bien (2.1)
  well . . . bueno . . . (3.1)
  well, then . . . entonces . . . (3.4)
what? ¿qué? (2.3)
  what! ¡caramba! (5.3)
  what a *(adj. + noun)*! ¡qué *(noun)* tan *(adj.)*! (5.4)
  what are they called?, what are their names? ¿cómo se llaman? (3.1)
  what day is it today (tomorrow)? ¿qué día es hoy (mañana)? (1.5)
  what (did you say)? ¿cómo? (2.3)
  what is . . . like? ¿cómo es . . .? (3.2)
  what is he (she) called?, what is his (her) name? ¿cómo se llama? (3.1)
  what is the matter? ¿qué pasa? (1.4)
  what is the temperature? ¿cuál es la temperatura? (1.6)
  what is the weather like? ¿qué tiempo hace? (1.6)
  what is there . . .? ¿qué hay . . .? (3.3)
  what is today's (tomorrow's) date? ¿cuál es la fecha de hoy (mañana)? (1.5)
  what is your name? ¿cómo te llamas? (1.1)
  what luck! ¡qué suerte! (5.1)
  what time is it? ¿qué hora es? (1.4)
  what's wrong? ¿qué pasa? (1.4)
when cuando (2.3)
when? ¿cuándo? (2.3)
where donde (2.3)
where? ¿dónde? (2.3)
  from where? ¿de dónde? (3.4)
  to where? ¿adónde? (4.2)
which que *(rel. pron.)* (3.4)
while: once in a while de vez en cuando (5.1)

who, whom que *(rel. pron.)* (3.4)
who?, whom? ¿quién(es)? (2.3)
  whom? ¿a quién(es)? (4.1)
whole: the whole todo el, toda la (3.3)
whose? ¿de quién(es)? (5.1)
why? ¿por qué? (2.3)
  that's why por eso (2.4)
wife una mujer (3.1); una esposa (5.2)
window una ventana (5.3)
windy: it's windy hace viento (1.6)
winter el invierno (1.6)
to wish desear (2.3)
with con (2.1)
  with me conmigo (2.4)
  with pleasure! ¡con mucho gusto! (1.3)
  with you contigo (2.4)
woman una mujer (3.1)
  young woman una joven *(pl.* jóvenes) (3.1)
word una palabra (2.1)
to work trabajar (2.1)
wow! ¡caramba! (5.3)
to write escribir (5.1)

y

year un año (1.5)
  to be . . . years old tener . . . años (3.4)
yes sí (1.1)
you tú *(fam.)*, usted *(formal)* (2.3); vosotros(as) *(fam. pl.)* ustedes *(pl.)*, ti *(after prep.)* (2.4)
  how are you? ¿cómo está Ud. *(formal)*?, ¿cómo estás *(fam.)*? (1.2)
  with you contigo (2.4)
young: young man, young woman un joven, una joven *(pl.* jóvenes) (3.1)
younger menor (5.2)
your tu, tus *(fam.)* (5.2); su, sus *(formal)* (5.3)

z

zero cero (1.3)

INDEX

1 2 3 4 5 6 7 8 9 0